Kritik der politischen Ökonomie

Michael Heinrich

Kritik der politischen Ökonomie
Eine Einführung

Reihe
Theorie.org

Schmetterling Verlag

Bibliografische Informationen *Der Deutschen Bibliothek*
Die Deutsche Bibliothek verzeichnet diese Publikation in der
Deutschen Nationalbibliografie; detaillierte Daten sind im Internet über
http://dnb.ddb.de abrufbar

Schmetterling Verlag GmbH
Lindenspürstr. 38b
70176 Stuttgart
www.schmetterling-verlag.de
Website zur Reihe: www.theorie.org
Der Schmetterling Verlag ist Mitglied von aLiVe,
der assoziation Linker Verlage

ISBN 3-89657-588-0
2., durchgesehene und erweiterte Auflage 2004
Printed in Germany
Alle Rechte vorbehalten
Redaktionelle Betreuung und
Titelbildgestaltung: Jörg Exner
Satz und Reproduktionen: Schmetterling Verlag
Druck: GuS-Druck GmbH, Stuttgart
Binden: IDUPA, Owen

Inhalt

Vorwort 7
1. Kapitalismus und «Marxismus» 12
1.1 Was ist Kapitalismus? 12
1.2 Die Entstehung der Arbeiterbewegung 17
1.3 Marx und der «Marxismus» 19
2. Der Gegenstand der Kritik der politischen Ökonomie 27
2.1 Theorie und Geschichte 27
2.2 Theorie und Kritik 30
2.3 Dialektik – eine marxistische Wunderwaffe? . . . 34
3. Wert, Arbeit, Geld 37
3.1 Gebrauchswert, Tauschwert und Wert 37
3.2 Ein Beweis der Arbeitswerttheorie? (Individuelles Handeln und gesellschaftliche Struktur) 42
3.3 Abstrakte Arbeit: Realabstraktion und Geltungsverhältnis 45
3.4 «Gespenstische Wertgegenständlichkeit»– Produktions- oder Zirkulationstheorie des Werts? . 51
3.5 Wertform und Geldform (Ökonomische Formbestimmungen) 54
3.6 Geld und Austauschprozess (Handlungen der Warenbesitzer) 60
3.7 Geldfunktionen, Geldware und das moderne Geldsystem 62
3.8 Das «Geheimnis» von Waren- und Geldfetisch . . 69
4. Kapital, Mehrwert und Ausbeutung 78
4.1 Marktwirtschaft und Kapital: Der «Übergang vom Geld zum Kapital» 78
4.2 Die «okkulte Qualität» des Werts: $G - W - G'$ . . . 83
4.3 Klassenverhältnisse: «Doppelt freie» Arbeiter . . . 87
4.4 Der Wert der Ware Arbeitskraft, Mehrwert und Ausbeutung 90
4.5 Wert der Arbeit – ein «imaginärer Ausdruck» . . . 94
5. Der kapitalistische Produktionsprozess 97
5.1 Konstantes und variables Kapital, Mehrwertrate, Arbeitstag 97
5.2 Absoluter und relativer Mehrwert, Zwangsgesetze der Konkurrenz 102
5.3 Methoden der Produktion des relativen Mehrwerts: Kooperation, Teilung der Arbeit, Maschinerie . . 107

5.4	Das destruktive Potential kapitalistischer Produktivkraftentwicklung	113
5.5	Formelle und reelle Subsumtion, Fordismus, produktive und unproduktive Arbeit	117
5.6	Akkumulation, industrielle Reservearmee, Verelendung	122
6.	**Die Zirkulation des Kapitals**	**131**
6.1	Der Kreislauf des Kapitals. Zirkulationskosten, industrielles Kapital und Kaufmannskapital	131
6.2	Der Umschlag des Kapitals. Fixes und zirkulierendes Kapital	135
6.3	Die Reproduktion des gesellschaftlichen Gesamtkapitals	137
7.	**Profit, Durchschnittsprofit und das «Gesetz des tendenziellen Falls der Profitrate»**	**140**
7.1	Kostpreis, Profit, Profitrate – Kategorien und alltägliche Mystifikationen	140
7.2	Durchschnittsprofit und Produktionspreise	144
7.3	Das «Gesetz des tendenziellen Falls der Profitrate» – eine Kritik	148
8.	**Zins, Kredit und «fiktives Kapital»**	**154**
8.1	Zinstragendes Kapital, Zins und Unternehmergewinn – Vollendung des Kapitalfetischs	154
8.2	Kreditgeld, Banken und «fiktives Kapital»	158
8.3	Das Kreditsystem als Steuerungsinstanz der kapitalistischen Ökonomie	165
9.	**Krise**	**169**
9.1	Zyklus und Krise	169
9.2	Gibt es bei Marx eine Zusammenbruchstheorie?	175
10.	**Der Fetischismus der bürgerlichen Verhältnisse**	**179**
10.1	Die «trinitarische Formel»	179
10.2	Exkurs zum Antisemitismus	186
10.3	Klassen, Klassenkampf und Geschichtsdeterminismus	193
11.	**Staat und Kapital**	**202**
11.1	Der Staat – ein Instrument der herrschenden Klasse?	202
11.2	Formbestimmungen des bürgerlichen Staates: Rechtsstaat, Sozialstaat, Demokratie	206
11.3	Weltmarkt und Imperialismus	218
12.	**Kommunismus – Gesellschaft jenseits von Ware, Geld und Staat**	**225**
Literatur		231
Sachregister		237

Vorwort

Protest findet wieder statt. Vielfältige, vor allem «globalisierungskritische» Protestbewegungen sind in den letzten Jahren entstanden. Die Auseinandersetzungen beim Treffen der Welthandelsorganisation (WTO) in Seattle 1999 oder beim G8-Treffen in Genua 2001 sind bereits zum Symbol für einen neuen Widerstand gegen die Zumutungen des Kapitalismus geworden. Auch jenseits traditionell linker Zirkel wird inzwischen über die destruktiven Konsequenzen eines «ungezügelten» Kapitalismus diskutiert.

Dass dies nicht selbstverständlich ist, zeigt ein kurzer Blick zurück. Anfang der 90er Jahre, nach dem Zusammenbruch der Sowjetunion, sah es so aus, als hätte sich der Kapitalismus weltweit und endgültig als alternativloses Wirtschafts- und Gesellschaftsmodell durchgesetzt. Zwar hatte es immer schon viele Linke gegeben, die im sowjetischen «Realsozialismus» nicht die erstrebenswerte Alternative zum Kapitalismus erblickten, doch spielten solche Unterschiede jetzt anscheinend keine Rolle mehr. Eine Gesellschaft jenseits kapitalistischer Marktwirtschaft erschien den meisten Menschen nur noch als eine völlig realitätsferne Utopie. Statt Protest dominierten Anpassung und Resignation.

Gerade die 90er Jahre machten aber deutlich, dass der Kapitalismus auch nach seinem scheinbaren «Endsieg» weiterhin mit Krisen- und Verelendungsprozessen einherging; und Kosovo, Afghanistan und Irak zeigten, dass Kriege, in welche die entwickelten kapitalistischen Länder nicht nur indirekt, sondern auch ganz direkt verwickelt sind, keineswegs der Vergangenheit angehören. All das wurde von den neuen Bewegungen in unterschiedlichen Formen aufgegriffen und zum Ansatzpunkt von Kritik gemacht. Häufig ging es dabei zunächst nur um punktuellen Protest und systemimmanente Verbesserungen und nicht selten beruhte die Kritik auf einer einfachen moralischen Schwarz-Weiß-Malerei. Im Verlauf der Auseinandersetzungen wurden aber auch immer wieder grundsätzliche Fragen gestellt: nach der Funktionsweise des gegenwärtigen Kapitalismus, nach dem Zusammenhang von Kapitalismus,

Staat und Krieg und auch danach, was innerhalb des Kapitalismus überhaupt an Veränderung möglich ist.

Linke Theorie wurde wieder wichtig. Jede auf Veränderung zielende Praxis geht von einem bestimmten Verständnis des Bestehenden aus. Wird z.B. die Einführung einer Tobin-Steuer (d.h. die Besteuerung von Devisengeschäften) als ein entscheidendes Mittel zur «Zähmung» des «entfesselten» Kapitalismus gefordert, dann sind damit bestimmte theoretische Konzepte über die Bedeutung von Finanzmärkten, über gezähmten und ungezähmten Kapitalismus unterstellt, ob sie nun ausgesprochen werden oder nicht. Die Frage, wie der gegenwärtige Kapitalismus funktioniert, ist somit keine abstrakt akademische, vielmehr hat die Antwort auf diese Frage unmittelbar praktische Relevanz für jede kapitalismuskritische Bewegung.

Daher ist es nicht verwunderlich, dass in den letzten Jahren auch wieder theoretische Großentwürfe Konjunktur hatten, wie zuletzt «Empire» von Antonio Negri und Michael Hardt, «Das Informationszeitalter» von Manuel Castells oder speziell in Deutschland, Robert Kurz «Schwarzbuch Kapitalismus». In allen drei, inhaltlich und politisch ganz unterschiedlich ausgerichteten Büchern wird mehr oder weniger stark auf Marxsche Kategorien zurückgegriffen: teils werden sie zur Analyse der gegenwärtigen Entwicklung benutzt, teils werden sie als überholt kritisiert. Offensichtlich kommt man auch heute nicht um das Marxsche «Kapital» herum, will man sich grundsätzlich mit dem Kapitalismus auseinandersetzen. Allerdings ist den drei genannten Büchern, wenn auch in unterschiedlicher Weise, ein recht oberflächlicher Umgang mit den Marxschen Kategorien gemeinsam, häufig tauchen sie nur als Floskeln auf. Eine Auseinandersetzung mit dem Original ist angebracht, nicht nur um solche Oberflächlichkeiten zu kritisieren, sondern auch weil das vor über 100 Jahren geschriebene «Kapital» in vieler Hinsicht aktueller ist, als manch großspurig aufgemachtes Werk, das in der Gegenwart verfasst wurde.

Beginnt man das «Kapital» zu lesen, stößt man auf einige Schwierigkeiten. Gerade am Anfang ist der Text nicht immer ganz einfach zu verstehen. Abschreckend dürfte auch der Umfang der drei Bände wirken. Allerdings sollte man sich bei der Lektüre auf keinen Fall nur mit dem ersten Band begnügen. Da Marx seinen Gegenstand auf verschiedenen, sich wechselseitig voraussetzenden und ergänzenden Abstraktionsstufen darstellt, kann die im ersten Band behandelte Wert- und

Mehrwerttheorie erst am Ende des dritten Bandes vollständig begriffen werden. Was man nach der isolierten Lektüre des ersten Bandes zu wissen glaubt, ist nicht nur unvollständig, sondern auch schief.

Nicht ohne weiteres zu verstehen ist auch der Anspruch des «Kapital», der in seinem Untertitel zum Ausdruck kommt und den Marx auch zur Charakteristik seines gesamten wissenschaftlichen Projektes benutzte: Kritik der politischen Ökonomie. Als *politische Ökonomie* wurde im 19. Jahrhundert thematisch ungefähr das bezeichnet, was man heute Volkswirtschaftslehre oder Wirtschaftswissenschaft nennt. Mit der Bezeichnung Kritik der politischen Ökonomie deutet Marx an, dass es ihm nicht allein um eine neue Darstellung der politischen Ökonomie geht, sondern um eine fundamentale *Kritik* an der gesamten bisherigen Wirtschaftswissenschaft: Es geht Marx um eine «wissenschaftliche Revolution», allerdings um eine in politischer, sozialrevolutionärer Absicht. Trotz all dieser Schwierigkeiten sollte man die Lektüre des «Kapital» auf sich nehmen. Die folgende Einführung kann diese Lektüre nicht ersetzen; sie soll lediglich eine erste Orientierung bieten.[1]

Dabei sollten sich die Leser und Leserinnen bewusst machen, dass sie ein bestimmtes Vorverständnis davon mitbringen, was Kapital ist, was Krise ist, aber auch worum es in der Marxschen Theorie geht. Dieses *Vorverständnis*, das sich automatisch durch Schule und Medien, durch Gespräche und Auseinandersetzungen herausbildet, gilt es kritisch zu hinterfragen. Es geht nicht nur darum, sich mit Neuem auseinander zu setzen, auch scheinbar Bekanntes und Selbstverständliches ist zu überprüfen.

Diese Überprüfung sollte bereits mit Kapitel 1 beginnen. Hier wird einerseits ein erster vorläufiger Begriff von Kapitalismus entwickelt, der sich von vielen «alltäglichen» Kapitalismusvorstellungen unterscheidet. Andererseits geht es um die Rolle des Marxismus in der Arbeiterbewegung. Dabei sollte deutlich werden, dass es «den» Marxismus gar nicht gibt. Es war immer umstritten, um was es bei der Marxschen Theorie

---

1 Ein ausführlicher, jedes Kapitel berücksichtigender Kommentar zum ersten Band des «Kapital» findet sich in Altvater u.a. (1999). Im Unterschied dazu geht es hier nur um den groben Zusammenhang der Marxschen Argumentation, allerdings unter Berücksichtigung von allen drei Bänden des «Kapital». Eine Einführung anhand ausgewählter Texte gibt Berger (2003).

im Kern eigentlich geht – und zwar nicht nur zwischen «Marxisten» und «Marx-Kritikern» sondern auch unter den «Marxisten» selbst.

Nach dem ebenfalls noch vorbereitenden Kapitel 2, das einer vorläufigen Charakterisierung des Gegenstands des «Kapital» gewidmet ist, folgen die weiteren Kapitel sehr grob dem Argumentationsgang der drei «Kapital»-Bände: die Kapitel 3-5 handeln vom Stoff des ersten Bandes, Kapitel 6 vom Stoff des zweiten und Kapitel 7-10 vom Stoff des dritten Bandes.

Eine Untersuchung des Staates, die ähnlich systematisch vorgehen sollte wie seine Analyse der Ökonomie, hatte Marx zwar geplant, er kam aber nie dazu, sie durchzuführen. Im «Kapital» finden sich lediglich vereinzelte Bemerkungen zum Staat. Kapitalkritik ist aber ohne Staatskritik nicht nur unvollständig, sie lädt zu Missverständnissen geradezu ein. In Kapitel 11 wird es deshalb wenigstens kurz um eine Kritik des Staates gehen. Im abschließenden 12. Kapitel folgt dann eine kurze Auseinandersetzung mit dem, was bei Marx Sozialismus/Kommunismus bedeutet – und was nicht.

Viele Verkürzungen des traditionellen, «weltanschaulichen» Marxismus (vgl. zu diesem Begriff Kapitel 1.3) wurden insbesondere in den letzten Jahrzehnten kritisiert. Dabei wurde Marx nicht mehr, wie in der traditionellen Perspektive, einfach als der bessere Ökonom aufgefasst, sondern in erster Linie als Kritiker der über den Wert vermittelten und damit «fetischisierten» Vergesellschaftung. Diese neue Lektüre der ökonomiekritischen Marxschen Texte bildet die Grundlage der vorliegenden Einführung. Mit meiner Darstellung knüpfe ich also an bestimmte Interpretationen der Marxschen Theorie an, während andere verworfen werden. Um aber den Umfang dieser Einführung nicht zu sprengen, musste auf die Auseinandersetzung mit anderen Auffassungen zum größten Teil verzichtet werden. Ausführlich begründe ich meine Sicht der Kritik der politischen Ökonomie in Heinrich (1999), eine Besprechung der wichtigsten Literatur findet sich in Heinrich (1999a).

In Kapitel 3 geht es um die Marxsche Werttheorie. Dieses Kapitel empfehle ich zu einer besonders gründlichen Lektüre, und zwar auch denjenigen, die glauben, die Werttheorie schon zu kennen, und sich nur über darauf aufbauende Themen wie etwa Kredit und Krise informieren wollen. Dieses Kapitel ist nicht nur die Voraussetzung für alles weitere, hier wird die angesprochene «neue Marx-Lektüre» auch besonders deutlich.

Eine Anmerkung zu geschlechtsspezifischen Schreibweisen: Es ist mir bewusst, dass die deutsche Sprache Frauen ignoriert, indem die männlichen Formen zugleich geschlechtsübergreifend benutzt werden. Als Reaktion wurde das große «I» eingeführt. Dessen konsequente Anwendung würde gerade beim vorliegenden Thema aber zu einer neuen Ignoranz führen: während es bei «ArbeiterInnen» seine Berechtigung hat, verdeckt es bei «KapitalistInnen» oder «PolitikerInnen», dass Frauen nur recht selten Kapitalistinnen oder Politikerinnen sind. Ich habe deshalb auf das große «I» verzichtet, spreche aber häufig von «Arbeitern und Arbeiterinnen» etc.

Zur Zitierweise: «Das Kapital» und weitere Marxsche Texte werden nach Marx-Engels-Werke (MEW), Berlin 1956 ff. zitiert, die drei «Kapital»-Bände sind in MEW 23-25 enthalten. Nicht in MEW enthaltene Texte werden nach der Historisch kritischen Marx-Engels-Gesamtausgabe (MEGA), Berlin 1975 ff. zitiert.

Bei der Fertigstellung dieser Einführung habe ich vielfältige Unterstützung erfahren. Für die teils mehrmalige kritische Lektüre einzelner Teile des Manuskripts, für intensive Diskussionsrunden und wichtige Anregungen gilt mein ganz besonderer Dank Marcus Bröskamp, Alex Gallas, Jan Hoff, Martin Krzywdzinski, Ines Langemeyer, Henrik Lebuhn, Kolja Lindner, Urs Lindner, Arno Netzbandt, Bodo Niendl, Sabine Nuss, Alexis Petrioli, Thomas Sablowski, Dorothea Schmidt, Anne Steckner und Ingo Stützle.

Zur zweiten Auflage

Unerwartet schnell wurde eine zweite Auflage nötig. Diese gibt mir die Gelegenheit eine Unzulänglichkeit der Darstellung zu verbessern. Am Ende von Kapitel 10 gehe ich in dem neuen Abschnitt 10.3 zusammenfassend und etwas grundsätzlicher auf Fragen der Klassentheorie ein, die bisher nur recht kurz und verstreut im Text behandelt wurden. Dieser zusätzliche Abschnitt kann von meiner Website
 www.oekonomiekritik.de oder von www.theorie.org
heruntergeladen werden.

1. Kapitalismus und «Marxismus»

1.1 Was ist Kapitalismus?

Die gegenwärtigen Gesellschaften sind von einer Vielzahl von Herrschafts- und Unterdrückungsverhältnissen durchzogen, die sich in unterschiedlichen Formen zeigen. Wir finden asymmetrische Geschlechterverhältnisse, rassistische Diskriminierungen, enorme Besitzunterschiede mit entsprechenden Unterschieden im gesellschaftlichen Einfluss, antisemitische Stereotypen, Diskriminierung bestimmter sexueller Orientierungen. Über den Zusammenhang dieser Herrschaftsverhältnisse und insbesondere über die Frage, ob eines davon fundamentaler sei als die anderen, wurde schon viel debattiert. Wenn im folgenden ökonomisch begründete Herrschafts- und Ausbeutungsverhältnisse im Vordergrund stehen, dann nicht deshalb, weil es die einzig relevanten Herrschaftsverhältnisse wären. Allerdings kann man nicht gleichzeitig von allem reden. In Marx' Kritik der politischen Ökonomie geht es in erster Linie um die ökonomischen Strukturen der kapitalistischen Gesellschaft, sie stehen in dieser Einführung daher im Mittelpunkt. Doch sollte man sich nicht der Illusion hingeben, dass mit der Analyse der Grundlagen der *kapitalistischen Produktionsweise* bereits alles Entscheidende über *kapitalistische Gesellschaften* gesagt wäre.

Ob wir in einer «Klassengesellschaft» leben, scheint vor allem in Deutschland umstritten zu sein. Hier ist bereits die Verwendung des Begriffs «Klasse» verpönt. Während Englands erzreaktionäre frühere Premierministerin Margret Thatcher keine Probleme hatte, von der «working class» zu reden, kommt dieses Wort in Deutschland bereits Sozialdemokraten nur schwer über die Lippen. Hierzulande gibt es nur Arbeitnehmer, Unternehmer, Beamte und vor allem den «Mittelstand». Dabei ist die Rede von Klassen keineswegs an sich schon besonders kritisch. Das gilt nicht nur für Vorstellungen von «sozialer Gerechtigkeit», die einen Ausgleich zwischen den Klassen suchen, sondern auch für so manche angeblich «linken» Vorstellungen von bürgerlicher Politik als einer Art Verschwörung der «herrschenden» Klasse gegen den Rest der Gesellschaft.

Dass eine «herrschende Klasse» einer «beherrschten» und «ausgebeuteten» Klasse gegenübersteht, mag vielleicht für einen konservativen Sozialkundelehrer, der nur «Bürger» kennt, eine Überraschung sein, viel ausgesagt ist damit jedoch noch nicht. Alle uns bekannten Gesellschaften sind «Klassengesellschaften». «Ausbeutung» bedeutet zunächst einmal nur, dass die beherrschte Klasse nicht nur ihren eigenen Lebensunterhalt produziert, sondern auch den der herrschenden Klasse. Historisch sahen diese Klassen ganz unterschiedlich aus (Sklaven und Sklavinnen standen im antiken Griechenland den Sklavenbesitzern gegenüber, leibeigene Bauern im Mittelalter den Grundherren, und im Kapitalismus stehen sich Bourgeoisie [Besitzbürgertum] und Proletariat [lohnabhängige Arbeiter und Arbeiterinnen] gegenüber). Entscheidend ist *wie* Klassenherrschaft und Ausbeutung in einer Gesellschaft funktionieren. Und hier unterscheidet sich der Kapitalismus in zweierlei Hinsicht ganz grundlegend von vorkapitalistischen Gesellschaften:

(1) In vorkapitalistischen Gesellschaften beruhte die Ausbeutung auf einem *persönlichen Herrschafts- und Abhängigkeitsverhältnis*: der Sklave war Eigentum seines Herrn, der leibeigene Bauer war an den jeweiligen Grundherren gebunden. Der «Herr» hatte unmittelbar Gewalt über den «Knecht». Gestützt auf diese Gewalt eignete sich der «Herr» einen Teil des Produktes an, welches der «Knecht» herstellte. Unter kapitalistischen Verhältnissen gehen die Lohnarbeiter einen Arbeitsvertrag mit den Kapitalisten ein. Die Lohnarbeiter sind *formell frei* (es gibt keine äußere Gewalt, die sie zum Vertragsabschluß zwingt, eingegangene Verträge können gekündigt werden) und den Kapitalisten *formell gleich gestellt* (es gibt zwar die faktischen Vorteile eines großen Besitzes, es gibt aber keine «angeborenen» rechtlichen Privilegien wie in einer Adelsgesellschaft). Ein *persönliches* Gewaltverhältnis existiert nicht – zumindest in den entwickelten kapitalistischen Ländern nicht als Regel. Für viele Gesellschaftstheoretiker erschien deshalb die *bürgerliche Gesellschaft* mit ihren freien und gleichen Bürgern als Gegenteil der mittelalterlichen Feudalgesellschaft mit ihren Standesprivilegien und persönlichen Abhängigkeitsverhältnissen. Und viele Ökonomen bestreiten, dass es so etwas wie Ausbeutung im Kapitalismus überhaupt gibt, und reden zumindest in Deutschland lieber von «Marktwirtschaft». Hier wirken, so wird behauptet, verschiedene «Produktionsfakto-

ren» (Arbeit, Kapital und Boden) zusammen und erhalten dann entsprechende Anteile am Ertrag (Lohn, Profit und Grundrente). Wie sich Herrschaft und Ausbeutung im Kapitalismus aber gerade *vermittels* der formellen Freiheit und Gleichheit der «Tauschpartner» realisiert, wird später noch diskutiert werden.

2) In vorkapitalistischen Gesellschaften dient die Ausbeutung der beherrschten Klasse in erster Linie dem Konsum der herrschenden Klasse: deren Mitglieder führen ein luxuriöses Leben, benutzen den angeeigneten Reichtum zur eigenen oder öffentlichen Erbauung (Theateraufführungen im antiken Griechenland, Spiele im alten Rom) oder auch um Kriege zu führen. Die Produktion dient *unmittelbar* der *Bedarfsdeckung*: der Deckung des (erzwungenermaßen) einfachen Bedarfs der beherrschten Klasse und des umfangreichen Luxus- und Kriegsbedarfs der herrschenden Klasse. Nur in Ausnahmefällen wird der von der herrschenden Klasse angeeignete Reichtum dazu verwendet, die Basis der Ausbeutung zu vergrößern, indem z.B. auf Konsum verzichtet wird und stattdessen noch mehr Sklaven gekauft werden, so dass diese einen noch größeren Reichtum produzieren können. Unter kapitalistischen Verhältnissen ist dies aber der typische Fall. Der Gewinn eines kapitalistischen Unternehmens dient *nicht* in erster Linie dazu, dem Kapitalisten ein angenehmes Leben zu ermöglichen, der Gewinn soll vielmehr erneut investiert werden, damit in Zukunft noch mehr Gewinn gemacht wird. Nicht Bedarfsdeckung, sondern *Kapitalverwertung* ist der *unmittelbare* Zweck der Produktion; Bedarfsdeckung und damit auch das angenehme Leben des Kapitalisten ist nur ein Nebenprodukt dieses Prozesses, aber nicht sein Zweck: Sind die Gewinne groß genug, dann genügt bereits ein kleiner Teil davon, um das luxuriöse Leben des Kapitalisten zu finanzieren, der größte Teil kann für die «Akkumulation» (die Vergrößerung des Kapitals) benutzt werden.

Dass der Gewinn nicht in erster Linie dem Konsum des Kapitalisten dient, sondern der beständigen Kapitalverwertung, d.h. der rastlosen Bewegung des Immer-noch-mehr-Gewinnens, hört sich vielleicht absurd an. Doch geht es hier nicht um eine individuelle Verrücktheit. Die einzelnen Kapitalisten werden zu dieser Bewegung des rastlosen Gewinnens (beständige Akkumulation, Ausweitung der Produktion, Einführung neuer Techniken etc.) durch die Konkurrenz der anderen Kapitalisten *gezwungen*: Wird nicht akkumuliert, wird nicht der

Produktionsapparat ständig modernisiert, droht das eigene Unternehmen von Konkurrenten, die billiger produzieren oder bessere Produkte herstellen, überrollt zu werden. Will sich ein einzelner Kapitalist der ständigen Akkumulation und Innovation entziehen, droht ihm der Bankrott. Er ist deshalb gezwungen mitzumachen, ob er will oder nicht. «Maßloses Gewinnstreben» ist im Kapitalismus kein moralischer Mangel der Einzelnen, sondern notwendig, um als Kapitalist zu überleben. Wie in den nächsten Kapiteln noch deutlicher werden wird, beruht der Kapitalismus auf einem *systemischen* Herrschaftsverhältnis, das Zwänge produziert, denen sowohl die Arbeiter und Arbeiterinnen als auch die Kapitalisten unterworfen sind. Daher greift auch eine Kritik zu kurz, die auf das «maßlose Gewinnstreben» einzelner Kapitalisten, nicht aber auf das kapitalistische System als Ganzes abzielt.

Unter *Kapital* verstehen wir (vorläufig, später wird es präziser) eine bestimmte Wertsumme, deren Zweck es ist, sich zu «verwerten», d.h. Gewinn abzuwerfen. Dabei kann dieser Gewinn auf unterschiedliche Weise erzielt werden. Beim zinstragenden Kapital wird Geld gegen Zins verliehen. Der Zins bildet hier den Gewinn. Beim *Handelskapital* werden Produkte an einem Ort billig gekauft und an einem anderen Ort (oder zu einer anderen Zeit) teurer verkauft. Die Differenz zwischen Einkaufspreis und Verkaufspreis bildet (abzüglich anfallender Unkosten) den Gewinn. Beim *industriellen Kapital* wird schließlich der Produktionsprozess selbst kapitalistisch organisiert: Kapital wird zum Kauf von Produktionsmitteln (Maschinen, Rohstoffen) und der Beschäftigung von Arbeitskräften vorgeschossen, so dass ein Produktionsprozess unter der Leitung des Kapitalisten (oder seiner Beauftragten) zustande kommt. Die hergestellten Produkte werden verkauft. Liegt ihr Erlös über den für Produktionsmittel und Löhne aufgewendeten Kosten, dann hat sich das ursprünglich vorgeschossene Kapital nicht nur reproduziert, sondern auch noch einen Gewinn abgeworfen.

Kapital in der eben skizzierten Bedeutung (vor allem als zinstragendes und als Handelskapital, weniger als industrielles Kapital) hat es in praktisch allen Gesellschaften gegeben, die Tausch und Geld kannten, allerdings spielte es meistens nur eine untergeordnete Rolle, während die Produktion für den Bedarf dominierte. Von *Kapitalismus* kann man erst sprechen, wenn der Handel und vor allem die Produktion überwiegend kapitalistisch also gewinn- und nicht mehr bedarfsorientiert betrieben werden. Kapitalismus *in diesem Sinne* ist eine vorwiegend neuzeitlich-europäische Erscheinung.

Die Wurzeln dieser neuzeitlichen kapitalistischen Entwicklung reichen in Europa bis ins Hochmittelalter zurück. Zunächst wurde der Fernhandel auf kapitalistischer Basis organisiert, wobei die mittelalterlichen «Kreuzzüge» – groß angelegte Raubkriege – eine wichtige Rolle für die Ausweitung des Handels spielten. Allmählich begannen dann die Kaufleute, die zunächst nur vorgefundene Produkte gekauft und an einem anderen Ort wieder verkauft hatten, die Produktion zu kontrollieren: sie gaben bestimmte Produkte in Auftrag, schossen die Kosten für das Rohmaterial vor und diktierten den Preis, zu dem sie das fertige Produkt abnahmen.

Einen entscheidenden Aufschwung erfuhr die Entwicklung europäischer Kultur und europäischen Kapitals dann im 16. und 17. Jahrhundert. Was in Schulbüchern gerne als «Zeitalter der Entdeckungen» bezeichnet wird, fasste Marx folgendermaßen zusammen:

«Die Entdeckung der Gold- und Silberländer in Amerika, die Ausrottung, Versklavung und Vergrabung der eingebornen Bevölkerung in die Bergwerke, die beginnende Eroberung und Ausplünderung von Ostindien, die Verwandlung von Afrika in ein Gehege zur Handelsjagd auf Schwarzhäute bezeichnen die Morgenröte der kapitalistischen Produktionsära. (...) Der außerhalb Europa direkt durch Plünderung, Versklavung und Raubmord erbeutete Schatz floß ins Mutterland zurück und verwandelte sich hier in Kapital.» (MEW 23, S. 779, 781)

Innerhalb Europas ergriff die kapitalistische Produktion immer weitere Bereiche, es entstanden Manufakturen und Fabriken, und neben den kaufmännischen Kapitalisten etablierten sich schließlich industrielle Kapitalisten, die in immer größeren Produktionsanlagen immer mehr Arbeitskräfte als Lohnarbeiter beschäftigten. Im späten 18. und frühen 19. Jahrhundert entwickelte sich dieser Industriekapitalismus zunächst in England, im 19. Jahrhundert zogen dann Frankreich, Deutschland und die USA nach. Im 20. Jahrhundert kam es zur Durchkapitalisierung fast der gesamten Welt, aber auch zum Versuch einiger Länder wie Russland oder China, sich dieser Entwicklung durch den Aufbau eines «sozialistischen Systems» (vgl. dazu Kapitel 12) zu entziehen. Mit dem Zusammenbruch der Sowjetunion und der Orientierung Chinas auf marktwirtschaftlich-kapitalistische Strukturen kennt der Kapitalismus zu Beginn des 21. Jahrhunderts zumindest geographisch keine Grenzen mehr. Zwar ist noch längst nicht die gesamte Welt durchkapitalisiert (wie ein Blick auf große Teile Afrikas zeigt), aber nicht weil der Kapitalismus auf Widerstand stoßen würde, sondern weil die Verwertungsbedingungen unterschiedlich günstig sind und Kapital immer nach den besten Gewinnmöglichkeiten sucht und die weniger günstigen erst einmal links liegen lässt (vgl. zur Einführung in die Entwicklungsgeschichte des Kapitalismus Conert 1998).

1.2 Die Entstehung der Arbeiterbewegung

Voraussetzung für die Entwicklung des *Industriekapitalismus* war nicht nur die Entstehung von entsprechend großen Vermögen, sondern die «Freisetzung» von Arbeitskräften: Menschen, die einerseits nicht mehr den feudalen Abhängigkeitsverhältnissen unterlagen, sondern formal frei waren und damit überhaupt erst die Möglichkeit hatten, ihre Arbeitskraft zu verkaufen, die andererseits aber auch «frei» von jeder Einkommensquelle waren, die vor allem kein Land besaßen, von dessen Bewirtschaftung sie hätten leben können, so dass sie ihre Arbeitskraft *verkaufen mussten*, um zu überleben.

Verarmte oder von ihrem Land vertriebene Kleinbauern (die Grundherren verwandelten häufig Ackerland in Weideland, weil das für sie einträglicher war), sowie ruinierte Handwerker und Tagelöhner bildeten den Kern dieses «Proletariats», das häufig unter Einsatz brutalster staatlicher Gewalt (Verfolgung von «Vagabunden» und «Bettlern», Einrichtung von «Arbeitshäusern») zur permanenten Lohnarbeit gezwungen wurde. Die Entstehung des neuzeitlichen Kapitalismus war kein friedlicher, sondern ein zutiefst gewaltsamer Prozess, über den Marx im «Kapital» schrieb:
«Wenn das Geld, nach Augier [französischer Journalist, M.H.], ‹mit natürlichen Blutflecken auf einer Backe zur Welt kommt›, so das Kapital von Kopf bis Zeh, aus allen Poren, blut- und schmutztriefend.» (MEW 23, S. 788)

Unter ungeheuren menschlichen Opfern entwickelte sich in Europa (am frühesten in England) zu Beginn des 19. Jahrhunderts der industrielle Kapitalismus: Arbeitszeiten von bis zu 15, 16 Stunden täglich und Kinderarbeit, zu der bereits Sechs- oder Siebenjährige gezwungen wurden, waren genauso verbreitet wie extrem gesundheitsgefährdende und unfallträchtige Arbeitsbedingungen. Und für all das gab es Löhne, die kaum zum Überleben reichten.

Gegen diese Verhältnisse regte sich von unterschiedlichen Seiten Widerstand. Arbeiter und Arbeiterinnen versuchten höhere Löhne und bessere Arbeitsbedingungen zu erreichen. Die Mittel dazu waren ganz verschieden, sie reichten von Bittschriften über Streiks bis zu militanten Auseinandersetzungen. Streiks wurden häufig gewaltsam durch Einsatz von Polizei und Militär niedergeschlagen, die ersten Gewerkschaften und Arbeitervereine wurden als «aufrührerische» Vereinigungen verfolgt, ihre Wortführer oft verurteilt. Das ganze 19. Jahrhundert über wurden Kämpfe um die Anerkennung von Gewerkschaften und Streiks als legitime Mittel der Auseinandersetzung geführt.

Mit der Zeit kritisierten auch aufgeklärte Bürger und selbst einzelne Kapitalisten die elenden Bedingungen, unter denen ein großer Teil des im Laufe der Industrialisierung beständig wachsenden Proletariats vegetierte.

Und schließlich musste auch der Staat feststellen, dass die jungen Männer, die bereits als Kinder in den Fabriken überlangen Arbeitszeiten ausgesetzt waren, kaum noch zum Kriegsdienst taugten. Teils unter dem Druck der stärker werdenden Arbeiterklasse, teils aus Einsicht, dass Kapital und Staat als Arbeitskräfte und Soldaten halbwegs gesunde Menschen benötigen, begann im 19. Jahrhundert die «Fabrikgesetzgebung»: In einer ganzen Reihe von Gesetzen (wieder zuerst in England) wurde ein minimaler Gesundheitsschutz für die Beschäftigten vorgeschrieben sowie das Mindestalter für Kinderarbeit herauf- und deren maximale tägliche Arbeitszeit herabgesetzt. Schließlich wurde auch die Arbeitszeit für Erwachsene begrenzt. In den meisten Branchen wurde ein Normalarbeitstag von zwölf, später von zehn Stunden eingeführt.

Während des 19. Jahrhunderts wurde die Arbeiterbewegung immer stärker, es entstanden Gewerkschaften, Arbeitervereine und schließlich auch Arbeiterparteien. Mit der Ausdehnung des Wahlrechts, das zunächst den Besitzenden (genauer: den besitzenden Männern) vorbehalten war, wurden auch die Parlamentsfraktionen dieser Parteien immer größer. Stets umstritten war das Ziel des Kampfes der Arbeiterbewegung: Sollte es nur um einen reformierten Kapitalismus oder um dessen Abschaffung gehen? Ebenfalls umstritten war, ob Staat und

Regierung Gegner sind, die genauso wie das Kapital bekämpft werden müssen, oder ob es sich um mögliche Bündnispartner handelte, die man lediglich von der richtigen Sache überzeugen musste.

Seit den ersten Jahrzehnten des 19. Jahrhunderts entstanden eine Fülle von Kapitalismusanalysen, utopischen Sozialismuskonzepten, Reformvorschlägen und strategischen Entwürfen, wie die jeweiligen Ziele am besten zu erreichen seien. In diesen Auseinandersetzungen gewannen Marx und Engels seit der Mitte des Jahrhunderts zunehmend an Einfluss. Gegen Ende des 19. Jahrhunderts, beide waren schon gestorben, dominierte dann der «Marxismus» innerhalb der internationalen Arbeiterbewegung. Allerdings ließ sich schon damals fragen, wie viel dieser «Marxismus» mit der Marxschen Theorie noch zu tun hatte.

1.3 Marx und der «Marxismus»

Karl Marx (1818-1883) wurde in Trier geboren. Er stammte aus einer gebildeten kleinbürgerlichen Familie, sein Vater war Rechtsanwalt. In Bonn und Berlin studierte Marx pro forma Jura, setzte sich aber vor allem mit der immer noch dominierenden Philosophie Hegels (1770-1831) und der Junghegelianer (einer radikalen Gruppe von Hegelschülern) auseinander.

1842/43 war Marx Redakteur der «Rheinischen Zeitung», die als Organ der liberalen rheinländischen Bourgeoisie oppositionell gegenüber der autoritären preußischen Monarchie (die damals auch das Rheinland beherrschte) eingestellt war. In seinen Artikeln kritisierte Marx die preußische Politik, wobei ihm als Maßstab der Kritik die Hegelsche Auffassung vom «Wesen» des Staates diente, nämlich Verwirklichung einer über den Klasseninteressen stehenden «vernünftigen Freiheit» zu sein. Bei seiner publizistischen Tätigkeit kam Marx zunehmend mit ökonomischen Fragen in Berührung, was ihm die Hegelsche Staatsphilosophie dann immer zweifelhafter erscheinen ließ.

Unter dem Einfluss der radikalen Hegel-Kritik Ludwig Feuerbachs (1804-1872) versuchte Marx nun statt von den Hegelschen Abstraktionen vom «wirklichen Menschen» auszugehen. Dabei entstanden 1844 die zu seinen Lebzeiten nie veröffentlichten «Ökonomisch-philosophischen Manuskripte». Hier entwickelte er seine im 20. Jahrhundert außerordentlich bekannt gewordene «Entfremdungstheorie». Marx versuchte aufzuzeigen, dass die wirklichen Menschen unter kapitalistischen Verhältnissen von ihrem «Gattungswesen» – also von dem, was sie vom Tier unterscheidet, dass sie nämlich in ihrer Arbeit ihre Fähigkeiten und Kräfte entwickeln – «entfremdet» seien: Als Lohnarbeiter verfügen sie weder über die Produkte ihrer Arbeit, noch kontrollieren sie ihren Arbeitsprozess, beides unterliegt vielmehr der Herrschaft des Kapitalisten. *Kommunismus*, die Beseitigung des Kapitalismus, wird von Marx daher als Aufhebung der Entfremdung, als Wiederaneignung des menschlichen Gattungswesens durch die wirklichen Menschen aufgefasst.

Bereits während seiner Arbeit für die «Rheinische Zeitung» hatte Marx Friedrich Engels (1820-1895) kennen gelernt, einen Fabrikantensohn aus Barmen (heute ein Teil von Wuppertal). Von seinen Eltern wurde Engels 1842 zur Vollendung seiner kaufmännischen Ausbildung nach England geschickt und sah dort das Elend des englischen Industrieproletariats. Seit Ende 1844 standen Marx und Engels in engem freundschaftlichem Kontakt, der bis an ihr Lebensende nicht abreißen sollte.

1845 verfassten sie gemeinsam die «Deutsche Ideologie», eine (zu ihren Lebzeiten nicht veröffentlichte) Schrift, die nicht nur mit der «radikalen» junghegelianischen Philosophie, sondern, wie Marx später schrieb, auch «mit unserm ehemaligen philosophischen Gewissen» (MEW 13, S. 10) abrechnen sollte. Kritisiert wurde hier, ebenso wie in den kurz zuvor von Marx niedergeschriebenen «Thesen über Feuerbach», insbesondere die philosophische Auffassung eines «menschlichen Wesens» und der «Entfremdung». Stattdessen sollen die wirklichen gesellschaftlichen Verhältnisse, unter denen Menschen leben und arbeiten, untersucht werden. In der Folge taucht der Begriff eines menschlichen (Gattungs-)Wesens bei Marx überhaupt nicht mehr auf, und von Entfremdung ist nur noch ganz selten und unbestimmt die Rede. In der Diskussion über Marx ist allerdings heftig umstritten, ob er die Entfremdungstheorie tatsächlich aufgegeben hat oder bloß nicht mehr in den Vordergrund stellte. Beim Streit, ob es einen konzeptionellen Bruch zwischen den Schriften des «jungen» und denen des «alten» Marx gibt, geht es vor allem um diese Frage.

Weithin bekannt wurden Marx und Engels durch das 1848, kurz vor Ausbruch der 1848er Revolution, erschienene «Manifest der kommunistischen Partei», einer Programmschrift, die sie im Auftrag des «Bundes der Kommunisten» verfassten, einer kleinen revolutionären Gruppe, die nur kurz existierte. Im «Kommunistischen Manifest» skizzierten sie sehr knapp und in einer überaus prägnanten Sprache den Aufstieg des Kapitalismus, den immer schärfer hervortretenden Klassengegensatz zwischen Bourgeoisie und Proletariat und die Unausweichlichkeit einer proletarischen Revolution. Diese Revolution sollte zu einer kommunistischen, auf der Abschaffung des Privateigentums an Produktionsmitteln beruhenden Gesellschaft führen.

Nach der Niederschlagung der Revolution von 1848 musste Marx aus Deutschland fliehen. Er übersiedelte nach London, damals das kapitalistische Zentrum schlechthin und damit der beste Ort, um die Entwicklung des Kapitalismus zu studieren. Darüber hinaus konnte er in London auch auf die riesige Bibliothek des British Museum zurückgreifen.

Das «Kommunistische Manifest» war eher einer genialen Intuition als tiefgreifender wissenschaftlicher Kenntnis entsprungen (einige Aussagen, wie etwa die behauptete Tendenz einer absoluten Verelendung der Arbeiter, wurden später revidiert). Zwar hatte sich Marx schon in den 1840er Jahren mit ökonomischer Literatur beschäftigt, eine umfassende und vertiefte wissenschaftliche Auseinandersetzung mit der politischen Ökonomie begann aber erst in London. Sie führte ihn Ende der 1850er Jahre zum Projekt einer auf mehrere Bücher angelegten «Kritik der politischen Ökonomie», für das ab 1857 eine Reihe von recht umfangreichen Manuskripten entstanden, die aber nicht vollendet und von Marx nicht veröffentlicht wurden (unter anderem die «Einleitung» von 1857, die «Grundrisse» von 1857/58 und die «Theorien über den Mehrwert» von 1861-1863).

Bis zu seinem Lebensende arbeitete Marx an diesem Projekt, konnte aber nur weniges veröffentlichen: 1859 erschien als Auftakt «Zur Kritik der politischen Ökonomie. Erstes Heft», eine kleine Schrift über Ware und Geld, die aber nicht fortgesetzt wurde. Stattdessen kam 1867 der erste Band des «Kapital» heraus, 1872 erschien die überarbeitete zweite Auflage des ersten Bandes. Erst nach Marx Tod wurden 1885 und 1894 die Bände zwei und drei von Friedrich Engels herausgegeben (siehe zur Editionsgeschichte Hecker 1999).

Marx beschränkte sich nicht auf die wissenschaftliche Arbeit. 1864 war er maßgeblich an der in London erfolgten Gründung der «Internationalen Arbeiter-Assoziation» beteiligt, er formulierte sowohl deren «Inauguraladresse», die die programmatischen Ideen enthielt, als auch die Statuten. Als Mitglied des Generalrats der Internationale übte er auch in den folgenden Jahren maßgeblichen Einfluss auf deren Politik aus. Nicht zuletzt durch ihre verschiedenen nationalen Sektionen wurde in vielen europäischen Ländern die Gründung von sozialdemokratischen Arbeiterparteien unterstützt. In den 1870er Jahren löste sich die Internationale auf, teils aufgrund interner Streitigkeiten, teils weil sie als zentralistische Organisation neben den einzelnen Parteien überflüssig geworden war.

Für die sozialdemokratischen Parteien bildeten Marx und Engels eine Art «think tank»: Sie standen in Briefwechsel mit vielen Parteiführern und schrieben Artikel für die sozialdemokratische Presse. Zu den unterschiedlichsten politischen und wissenschaftlichen Fragen wurde um ihre Stellungnahme gebeten. Am größten war ihr Einfluss in der 1869 gegründeten deutschen sozialdemokratischen Partei, die sich besonders schnell entwickelte und den anderen Parteien gegenüber bald eine Vorbildfunktion einnahm.

Für die Sozialdemokratie verfasste Engels eine Reihe von popularisierenden Schriften, insbesondere den so genannten «Anti-Dühring». Der «Anti-Dühring» und vor allem die in viele Sprachen übersetzte Kurzfassung «Die Entwicklung des Sozialismus von der Utopie zur Wissenschaft» gehörten vor dem Ersten Weltkrieg in der Arbeiterbewegung zu den am meisten gelesenen Schriften. Das «Kapital» wurde dagegen nur von einer kleinen Minderheit zur Kenntnis genommen. Im «Anti-Dühring» setzte sich Engels kritisch mit den Auffassungen Eugen Dührings, eines Berliner Privatdozenten, auseinander. Dieser beanspruchte, ein neues, umfassendes System der Philosophie, der politischen Ökonomie und des Sozialismus geschaffen zu haben und fand damit in der deutschen Sozialdemokratie zunehmend Anhänger.

Der Erfolg Dührings beruhte auf dem in der Arbeiterbewegung stärker werdenden Bedürfnis nach «Weltanschauung», nach einer Orientierung bietenden umfassenden Welterklärung, die auf alle Fragen eine Antwort liefert. Nachdem die schlimmsten Auswüchse des Frühkapitalismus beseitigt waren und das alltägliche Überleben der Lohnabhängigen einigermaßen gesichert war, entwickelte sich eine spezifisch sozialdemokratische Arbeiterkultur: In den Arbeitervierteln entstanden Arbeitersportvereine, Arbeitergesangsvereine und Arbeiterbildungsvereine. Von der gehobenen bürgerlichen Gesellschaft und der bürgerlichen Kultur weitgehend ausgeschlossen entwickelte sich in der Arbeiterklasse eine parallele Alltags- und Bildungskultur, die sich zwar von ihrem bürgerlichen Gegenüber bewusst absetzen wollte, es aber oft unbewusst kopierte; so wurde am Ende des 19. Jahrhunderts August Bebel, der langjährige SPD Vorsitzende, ähnlich huldvoll verehrt wie Kaiser Wilhelm II. vom Kleinbürgertum. In diesem Klima entstand das Bedürfnis nach einer umfassenden geistigen Orientierung, die den vorherrschenden bürgerlichen Werten und Weltbildern, in denen die Arbeiterklasse nicht oder nur ganz untergeordnet vorkam, entgegengesetzt werden konnte.

Indem nun Engels Dühring nicht nur kritisierte, sondern ihm auf verschiedenen Gebieten auch die «richtigen» Positionen eines «wissenschaftlichen Sozialismus» entgegensetzen wollte, legte er die Grundlagen für einen weltanschaulichen «Marxismus», der von der sozialdemokratischen Propaganda dankbar aufgenommen und immer weiter verflacht wurde. Seinen wichtigsten Repräsentanten fand dieser «Marxismus» in Karl Kautsky (1854-1938), der nach dem Tod von Engels bis zum Ersten Weltkrieg als der führende marxistische Theoretiker galt. Was Ende des 19. Jahrhunderts in der Sozialdemokratie als «Marxismus» dominierte, bestand aus einer Sammlung von ziemlich schematischen Auffassungen: Ein äußerst simpel gestrickter Materialismus, bürgerliches Fortschrittsdenken, ein paar stark vereinfachte Elemente der Hegelschen Philosophie und Versatzstücke Marxscher Begrifflichkeiten wurden zu einfachen Formeln und Welterklärungen kombiniert. Besonders hervorstechende Merkmale dieses Populärmarxismus waren ein oftmals recht kruder *Ökonomismus* (d.h. Ideologie und Politik werden auf eine unmittelbare und bewusste Übersetzung ökonomischer Interessen reduziert) sowie ein ausgeprägter historischer *Determinismus*, der das Ende des Kapitalismus und die proletarische Revolution als naturnotwendig eintretende Ereignisse betrachtet. In der Arbeiterbewegung verbreitet war nicht die Marxsche Kritik der politischen Ökonomie, sondern dieser «Weltanschauungsmarxismus», der vor allem identitätsstiftend wirkte: Er zeigte, wo man als Arbeiter und Sozialist hingehörte, und erklärte alle Probleme auf denkbar einfachste Weise.

Eine Fortsetzung und noch weitere Verflachung dieses weltanschaulichen Marxismus erfolgte dann im Rahmen des «Marxismus-Leninismus». Lenin (1870-1924), zu Beginn des 20.

Jahrhunderts der einflussreichste Vertreter der russischen Sozialdemokratie, war in seinem Denken ganz in dem gerade skizzierten Weltanschauungsmarxismus verwurzelt. Das überhöhte Selbstverständnis dieses «Marxismus» spricht Lenin ganz offen aus:

«Die Lehre von Marx ist allmächtig, weil sie wahr ist. Sie ist in sich geschlossen und harmonisch, sie gibt den Menschen eine einheitliche Weltanschauung.» (Lenin 1913, S. 3 f.).

Politisch unterstützte Lenin vor 1914 stets das sozialdemokratische Zentrum um Karl Kautsky gegen den von Rosa Luxemburg (1871-1919) repräsentierten linken Flügel. Der Bruch erfolgte erst zu Beginn des Ersten Weltkriegs, als die SPD den von der Regierung geforderten Kriegskrediten zustimmte. Von da an nahm die Spaltung der Arbeiterbewegung ihren Lauf: Einem sozialdemokratischen Flügel, der sich in den nächsten Jahrzehnten sowohl praktisch als auch theoretisch immer weiter von der Marxschen Theorie und dem Ziel einer Überwindung des Kapitalismus entfernte, stand ein kommunistischer Flügel gegenüber, der zwar eine marxistische Phraseologie und eine revolutionäre Rhetorik pflegte, aber vor allem die innen- wie außenpolitischen Wendungen der Sowjetunion (wie etwa später den Hitler-Stalin-Pakt) rechtfertigte.

Nach seinem Tod wurde Lenin vom kommunistischen Flügel der Arbeiterbewegung schnell in einen marxistischen Säulenheiligen verwandelt. Seine meist aus aktuellem Anlass entstandenen polemischen Kampfschriften wurden als höchster Ausdruck «marxistischer Wissenschaft» geadelt und mit dem bereits vorhandenen «Marxismus» zu einem dogmatischen System von Philosophie («Dialektischer Materialismus»), Geschichte («Historischer Materialismus») und politischer Ökonomie vereint, dem «Marxismus-Leninismus». Auch diese Variante des Weltanschauungsmarxismus diente vor allem der Identitätsbildung und in der Sowjetunion insbesondere dazu, die Herrschaft der Partei zu legitimieren und jede offene Diskussion zu ersticken.

Die heute allgemein verbreiteten Vorstellungen, worum es bei Marx und in der Marxschen Theorie geht – egal ob diese nun positiv oder negativ bewertet wird – beruhen ganz wesentlich auf diesem Weltanschauungsmarxismus. Auch viele Leser und Leserinnen dieser Einführung dürften manche, ihnen ganz selbstverständlich erscheinende Aussage über die Marxsche Theorie aus diesem Weltanschauungsmarxismus schöpfen. Für den Großteil dessen, was im 20. Jahrhundert als «Marxismus» oder «Marxismus-Leninismus» firmierte, gilt aber wohl dasselbe, was Marx gegenüber seinem Schwiegersohn Paul Lafargue äußerte, als dieser ihm vom französischen «Marxismus» berichtete: «Wenn das Marxismus ist, dann bin ich kein Marxist.» (MEW 35, S. 388)

Allerdings blieb es nicht bei diesem Weltanschauungsmarxismus. Vor dem Hintergrund der Spaltung der Arbeiterbewegung in einen sozialdemokratischen und einen kommunistischen Flügel sowie der Enttäuschung der revolutionären Hoffnungen nach dem Ersten Weltkrieg entwickelten sich in den 20er und 30er Jahren unterschiedliche (und unterschiedlich weit gehende) Varianten einer «marxistischen» Kritik am Weltanschauungsmarxismus. Diese neuen Strömungen, die u.a. mit den Namen Karl Korsch, Georg Lukács, Antonio Gramsci (dessen Gefängnishefte aber erst nach dem Zweiten Weltkrieg publiziert wurden) und der von Max Horkheimer, Theodor W. Adorno und Herbert Marcuse begründeten «Frankfurter Schule» verbunden sind, werden im Rückblick häufig unter dem Label «Westlicher Marxismus» zusammengefasst (vgl. dazu den Band von Diethard Behrens in dieser Reihe).

Lange Zeit wurden von diesem westlichen Marxismus aber nur die philosophischen und geschichtstheoretischen Grundlagen des traditionellen Marxismus, der «dialektische» und der «historische Materialismus», kritisiert. Dass im Weltanschauungsmarxismus die Kritik der politischen Ökonomie zu einer «marxistischen politischen Ökonomie» zusammengeschrumpft und die umfassende Bedeutung von «Kritik» verloren gegangen war, geriet so richtig erst in den 1960er und 70er Jahren in den Blick. Im Gefolge der Studentenbewegung und der Proteste gegen den US-amerikanischen Krieg in Vietnam gab es seit den 1960er Jahren weltweit einen Aufschwung linker Bewegungen jenseits der sozialdemokratischen oder kommunistischen Parteien der Arbeiterbewegung und erneute Diskussionen über die Marxsche Theorie. Jetzt setzte auch eine tief greifende Diskussion der Marxschen Ökonomiekritik ein. Dabei waren u.a. die Schriften von Louis Althusser und seiner Mitarbeiter (Althusser 1965; Althusser/Balibar 1965) sehr einflussreich. Darüber hinaus beschränkte sich die Diskussion jetzt nicht mehr nur auf das «Kapital», es wurden auch weitere ökonomiekritische Schriften wie die «Grundrisse» mit einbezogen, letztere wurden vor allem durch das Buch von Rosdolsky

(1968) populär. Für die (west-)deutsche Diskussion über Aufbau und Theoriestruktur der Marxschen Ökonomiekritik spielten insbesondere die Aufsätze von Backhaus (gesammelt in Backhaus 1997) sowie das Buch von Reichelt (1970) eine zentrale Rolle; sie gaben wichtige Anstöße für die neue Lektüre der ökonomiekritischen Marxschen Schriften, von der oben im Vorwort die Rede war. Im inhaltlichen Kontext dieser «neuen Marx-Lektüre» steht auch die vorliegende Einführung.[2] Die hier nur angedeuteten Differenzen zwischen der «Kritik der politischen Ökonomie» und einer «marxistischen politischen Ökonomie» werden im Folgenden deutlicher hervortreten.

---

2 Die Bezeichnung «neue Marx-Lektüre» benutzte zuerst Hans-Georg Backhaus im Vorwort zu seinen Gesammelten Aufsätzen (Backhaus 1997). Einen konzentrierten Überblick über die einzelnen Stufen dieser neuen Marx-Lektüre gibt Elbe (2003). Neuere Beiträge dazu sind u.a. Brentel (1989), Behrens (1993a, 1993b), Heinrich (1999), Backhaus (2000), Rakowitz (2000), Milios/Dimoulis/Economakis (2002), Reichelt (2002). Auch Postone (2003) gehört in diesen Zusammenhang.

2. Der Gegenstand der Kritik der politischen Ökonomie

*I*m «Kapital» untersucht Marx die kapitalistische Produktionsweise. Die Frage ist allerdings, *in welcher* Weise der Kapitalismus hier zum Gegenstand wird: Im Text finden sich sowohl abstrakt-theoretische Untersuchungen zu Geld und Kapital, als auch historische Passagen, etwa zur Herausbildung kapitalistischer Verhältnisse in England. Geht es demnach in erster Linie um die Grundzüge einer allgemeinen *Entwicklungsgeschichte* des Kapitalismus, oder geht es um eine ganz bestimmte *Phase* des Kapitalismus, oder handelt es sich um eine *abstrakt-theoretische Darstellung der Funktionsweise* des Kapitalismus? Allgemeiner gefragt: In welchem Verhältnis stehen theoretische Darstellung und Geschichte innerhalb der Kritik der politischen Ökonomie?

Eine weitere Frage betrifft das Verhältnis der Marxschen Darstellung der kapitalistischen Produktionsweise zur bürgerlichen Wirtschaftstheorie: Präsentiert Marx einfach eine weitere Theorie über die Funktionsweise des Kapitalismus? Besteht die «Kritik» bei der Kritik der politischen Ökonomie lediglich darin, dass den vorhandenen Theorien an der einen oder anderen Stelle ein Fehler nachgewiesen wird, um dann eine bessere Theorie zu präsentieren? Oder hat «Kritik» hier einen umfassenderen Anspruch? Allgemeiner formuliert: Was bedeutet «Kritik» im Rahmen der Kritik der politischen Ökonomie?

2.1 Theorie und Geschichte

*B*ereits Engels legte eine «historisierende» Lesart der Marxschen Darstellung nahe. In einer Rezension der frühen Schrift «Zur Kritik der politischen Ökonomie. Erstes Heft» von 1859 hatte er geschrieben, die von Marx präsentierte «logische» Darstellung der Kategorien (logisch meint hier soviel wie begrifflich, theoretisch) sei «in der Tat nichts andres als die historische, nur entkleidet der historischen Form und der störenden Zufälligkeiten» (MEW 13, S. 474). Und Karl Kautsky, der 1887 einen populären Abriss des ersten «Kapital»-Bandes veröffentlicht hatte, schrieb, das «Kapital» sei «ein im wesentlichen historisches Werk» (Kautsky 1887, S. XI).

Zu Beginn des 20. Jahrhunderts war es dann Allgemeingut unter den führenden Köpfen der Arbeiterbewegung, dass der Kapitalismus in eine neue Entwicklungsphase eingetreten sei, den «Imperialismus». Das Marxsche «Kapital» wurde als Analyse des «Konkurrenzkapitalismus» aufgefasst, einer dem Imperialismus vorausgegangenen Entwicklungsphase des Kapitalismus. Die Marxsche Untersuchung müsse nun historisch fortgeschrieben und die nächste Phase des Kapitalismus – der Imperialismus – analysiert werden. Hilferding (1910), Luxemburg (1913) und Lenin (1917) machten sich dann in unterschiedlicher Weise an diese Aufgabe.

Auch von heutigen Ökonomen ist häufig zu hören, dass die Marxsche Analyse, wenn sie nicht schon von vornherein abgelehnt wird, allenfalls für das 19. Jahrhundert eine gewisse Gültigkeit habe. Im 20. Jahrhundert hätten sich die ökonomischen Verhältnisse aber so weitgehend geändert, dass man mit der Marxschen Theorie nichts mehr anfangen könne (weshalb man in den meisten volkswirtschaftlichen Fakultäten auch nichts über sie hören kann).

Derart «historisierenden» Lesarten, die auch für viele Einführungen ins Marxsche «Kapital» typisch sind, steht zumindest das Marxsche Selbstverständnis entgegen. Im Vorwort zum ersten Band schreibt Marx über den Gegenstand seiner Untersuchung:

«Was ich in diesem Werk zu erforschen habe, ist die kapitalistische Produktionsweise und die ihr entsprechenden Produktions- und Verkehrsverhältnisse. Ihre klassische Stätte ist bis jetzt England. Dies der Grund warum es zur Hauptillustration meiner theoretischen Entwicklung dient. [...] An und für sich handelt es sich nicht um den höheren oder niedrigeren Entwicklungsgrad der gesellschaftlichen Antagonismen, welche aus den Naturgesetzen der kapitalistischen Produktion entspringen. Es handelt sich um diese Gesetze selbst.» (MEW 23, S. 12)

Hier wird deutlich ausgesprochen, dass es Marx weder um die Geschichte noch um eine besondere historische Phase des Kapitalismus geht, sondern um dessen «theoretische» Analyse: Gegenstand der Untersuchung sind die wesentlichen Bestimmungen des Kapitalismus, das, was bei aller historischen Veränderung gleich bleiben muss, damit wir überhaupt von «Kapitalismus» sprechen können. Es soll also nicht ein (zeitlich oder örtlich) bestimmter Kapitalismus dargestellt werden, sondern, so Marx am Ende des dritten «Kapital»-Bandes, «nur die innere Organisation der kapitalistischen Produktionsweise, sozusagen in ihrem idealen Durchschnitt» (MEW 25, S. 839).

Damit ist zunächst nur der *Anspruch* formuliert, den Marx mit seiner Darstellung verbindet. Ob er diesen Anspruch einlöst, ob es ihm tatsächlich gelingt, die kapitalistische Produktionsweise «in ihrem idealen Durchschnitt» darzustellen, wird noch zu diskutieren sein, wenn wir uns mit den Details dieser Darstellung beschäftigen.

Die angeführten Äußerungen machen jedenfalls den Abstraktionsgrad der Darstellung deutlich: Wenn sich die Analyse auf der Ebene des «idealen Durchschnitts» der kapitalistischen Produktionsweise bewegt, dann liefert sie überhaupt erst die Kategorien, die einer Untersuchung sowohl einer bestimmten Phase als auch der Geschichte des Kapitalismus zugrunde liegen müssen.

Dass man die Geschichte kennen müsse, um die Gegenwart zu verstehen, hat für die reine Ereignisgeschichte eine gewisse Berechtigung, aber nicht für die Strukturgeschichte einer Gesellschaft. Dort gilt eher das Umgekehrte: Um die *Herausbildung* einer bestimmten sozialen und ökonomischen Struktur untersuchen zu können, muss ich die *fertige* Struktur bereits kennen, erst dann weiß ich, nach was ich in der Geschichte überhaupt zu suchen habe. Marx formulierte diesen Gedanken mit Hilfe einer Metapher:

«Die Anatomie des Menschen ist ein Schlüssel zur Anatomie des Affen. Die Andeutungen auf Höhres in den untergeordneten Tierarten können dagegen nur verstanden werden, wenn das Höhere schon bekannt ist.» (MEW 42, S. 39)

Daher finden sich im «Kapital» alle «historischen» Passagen erst *nach* der (theoretischen) Darstellung der entsprechenden Kategorien und nicht etwa davor: So steht z.B. das berühmte Kapitel über die «sog. ursprüngliche Akkumulation», bei dem es um die Entstehung des «freien» Lohnarbeiters als Voraussetzung des Kapitalverhältnisses geht, nicht etwa am Anfang, sondern am Ende des ersten «Kapital»-Bandes. Die historischen Passagen *ergänzen* die theoretische Darstellung, sie *begründen* sie aber nicht.

Das «Kapital» ist zwar in erster Linie ein theoretisches Werk (das den *fertig entwickelten* Kapitalismus analysiert) und kein historisches Werk (bei dem es um die *Herausbildung* des Kapitalismus geht), trotzdem ist die Darstellung nicht im selben Sinne ahistorisch wie es große Teile der gegenwärtigen Wirtschaftswissenschaften sind. Diese gehen davon aus, dass es ein allgemeines Problem «des» Wirtschaftens gibt, das in *jeder* Gesellschaft existiert (es muss produziert werden, knappe Mittel müssen verteilt werden etc.). Dieses in allen historischen Phasen im Grunde gleiche Problem wird dann auch mit im Wesentlichen denselben Kategorien untersucht (insofern betrachten manche Ökonomen den Faustkeil des Neandertalers auch schon als Kapital). Marx ist sich jedoch darüber im Klaren, dass der Kapitalismus eine besondere historische Produktionsweise ist, die sich von anderen Produktionsweisen wie der antiken Sklavenhaltergesellschaft oder dem mittelalterlichen Feudalismus grundlegend unterscheidet. Insofern beinhaltet jede dieser Produktionsweisen spezifische Verhältnisse, die mit eigenen Kategorien dargestellt werden müssen, die nur für diese Produktionsweise Gültigkeit besitzen. *In diesem Sinne* sind die Kategorien, welche die kapitalistische Produktionsweise beschreiben, «historische» und keineswegs überhistorische Kategorien, sie gelten nur für die historische Phase, in welcher der Kapitalismus die herrschende Produktionsweise ist (vgl. dazu Kößler/Wienold 2001, S. 165 ff.).

2.2 Theorie und Kritik

*I*nnerhalb des «weltanschaulichen» Marxismus, von dem oben die Rede war, galt Marx als der große Ökonom der Arbeiterbewegung, der eine «marxistische politische Ökonomie» entwickelt habe, die man der «bürgerlichen Ökonomie» (d.h. den ökonomischen Schulen, die sich positiv auf den Kapitalismus beziehen) entgegensetzen könne: Von Adam Smith (1723-1790) und David Ricardo (1772-1823), den wichtigsten Vertretern der so genannten klassischen politischen Ökonomie, habe Marx die Arbeitswertlehre übernommen, wonach der Wert der Waren durch die zu ihrer Produktion notwendige Arbeitszeit bestimmt wird; im Unterschied zur Klassik habe er aber eine Theorie der Ausbeutung der Arbeitskraft und der Krisenhaftigkeit des Kapitalismus entwickelt. In dieser Sichtweise gibt es zwischen der klassischen und der marxistischen politischen Ökonomie keinen grundsätzlichen Unterschied der *Kategorien*, sondern nur der *Ergebnisse* der Theorie.

Dies ist im Kern auch die Auffassung der modernen Volkswirtschaftslehre: Für sie ist Marx vom Gehalt seiner Theorie her ein Vertreter der klassischen Schule, der lediglich andere Konsequenzen zieht als Smith und Ricardo. Und da für die moderne Volkswirtschaftslehre die Klassik als überholt gilt (die moderne Theorie hat sich von der Bestimmung des Werts durch Arbeit verabschiedet), meint der heutige Ökonom, er brauche sich mit der Marxschen Theorie nicht mehr ernsthaft zu beschäftigen.

Wie jedoch bereits der Untertitel des «Kapital» deutlich macht, wollte Marx keine alternative «Politische Ökonomie» liefern, sondern eine «*Kritik* der politischen Ökonomie». Nun beinhaltet jeder neue wissenschaftliche Ansatz auch Kritik an den bisherigen Theorien, allein schon um seine eigene Existenzberechtigung nachzuweisen. Marx ging es aber um weit mehr als um eine solche Kritik. Er wollte nicht nur einzelne Theorien kritisieren (das geschieht im «Kapital» natürlich auch), die Marxsche Kritik zielte vielmehr auf die *gesamte* politische Ökonomie: Er wollte die *kategorialen Voraussetzungen* einer ganzen Wissenschaft kritisieren. Diesen umfassenden Charakter der Kritik machte er schon Ende der 1850er Jahre in einem Brief an Ferdinand Lassalle deutlich:

«Die Arbeit, um die es sich zunächst handelt, ist *Kritik der ökonomischen Kategorien* oder, if you like, das System der bürgerlichen Ökonomie kritisch dargestellt. Es ist zugleich Darstellung des Systems und durch die Darstellung Kritik desselben.» (MEW 29, S. 550, Hervorhebung von Marx)

Diese Kategorienkritik beginnt bereits bei der abstraktesten Kategorie der politischen Ökonomie, dem Wert. Marx gesteht der politischen Ökonomie zwar zu, dass sie den «Inhalt der Wertbestimmung», also den Zusammenhang von Arbeit und Wert, erfasst habe, die politische Ökonomie habe aber «niemals auch nur die Frage gestellt, warum dieser Inhalt jene Form annimmt» (MEW 23, S. 95). Marx kritisiert hier nicht in erster Linie die Ergebnisse der politischen Ökonomie, sondern bereits die Art und Weise ihrer *Fragestellung*, d.h. die Unterscheidung zwischen dem, was die politische Ökonomie überhaupt erklären will, und dem, was sie als so selbstverständlich akzeptiert, dass es gar nicht erklärt werden muss (wie etwa die Warenform der Arbeitsprodukte). So ging Adam Smith, der Stammvater der klassischen politischen Ökonomie, davon aus, dass die Menschen im Unterschied zu den Tieren einen «Hang zum

Tausch» besitzen würden. Demnach wäre es eine der menschlichsten Eigenschaften überhaupt, sich zu sämtlichen Dingen als Waren zu verhalten.

Gesellschaftliche Verhältnisse wie Tausch und Warenproduktion werden innerhalb der politischen Ökonomie «naturalisiert» und «verdinglicht», d.h. gesellschaftliche Verhältnisse werden als quasi-natürliche Verhältnisse, letztlich als Eigenschaft von Dingen aufgefasst (Dinge besitzen nicht erst aufgrund eines bestimmten gesellschaftlichen Zusammenhangs einen Tauschwert, dieser soll ihnen an sich zukommen). Durch diese Naturalisierung gesellschaftlicher Verhältnisse sieht es so aus, als hätten *Dinge* die Eigenschaften und die Autonomie von *Subjekten*.

Derartige Verhältnisse charakterisiert Marx als «Verrücktheit» (MEW 23, S. 90), er spricht von «gespenstischer Gegenständlichkeit» (MEW 23, S. 52) oder «okkulter Qualität» (MEW 23, S. 169). Was dies im Einzelnen bedeutet, wird in den nächsten Kapiteln noch deutlich werden. Im Weltanschauungsmarxismus wie auch in der bürgerlichen Marx-Kritik sind solche Begrifflichkeiten meistens überlesen worden, oder man sah in ihnen bloß stilistische Eigenheiten. Allerdings zielte Marx mit diesen Bezeichnungen auf einen für die Kritik der politischen Ökonomie zentralen Sachverhalt. Die *Naturalisierung und Verdinglichung* der gesellschaftlichen Verhältnisse ist nämlich keineswegs einem Irrtum einzelner Ökonomen geschuldet, sie ist vielmehr das Resultat eines Bildes, das sich bei den Mitgliedern der bürgerlichen Gesellschaft aufgrund ihrer Alltagspraxis ganz von selbst entwickelt. Am Ende des dritten «Kapital»-Bandes kann Marx daher feststellen, dass die Menschen in der bürgerlichen Gesellschaft in «einer verzauberten, verkehrten und auf den Kopf gestellten Welt» (MEW 25, S. 838) leben und dass diese «Religion des Alltagslebens» (ebd.) nicht nur die Grundlage des Alltagsbewusstsein, sondern auch den Hintergrund für die Kategorien der politischen Ökonomie bildet.

Oben wurde die Frage formuliert, was «Kritik» innerhalb der Kritik der politischen Ökonomie bedeutet. Darauf lässt sich jetzt die vorläufige Antwort geben: Kritik zielt darauf ab, das *theoretische Feld* (d.h. die ganz selbstverständlichen Anschauungen und spontan sich ergebenden Vorstellungen) aufzulösen, dem die Kategorien der politischen Ökonomie ihre scheinbare Plausibilität verdanken; die «Verrücktheit» der politischen

Ökonomie soll deutlich werden. Hier treffen sich Erkenntniskritik (also die Frage, wie ist Erkenntnis möglich) und die Analyse kapitalistischer Produktionsverhältnisse: Keine von beiden ist ohne die andere möglich.[3]

Marx beabsichtigte mit dem «Kapital» aber nicht nur eine Kritik bürgerlicher Wissenschaft und bürgerlichen Bewusstseins, sondern auch eine Kritik der bürgerlichen Gesellschaftsverhältnisse. In einem Brief bezeichnete er – nicht gerade bescheiden – sein Werk als «das furchtbarste Missile [Geschoss, M.H.], das den Bürgern (Grundeigentümer eingeschlossen) noch an den Kopf geschleudert worden ist» (MEW 31, S. 541).

Dazu will Marx die mit der kapitalistischen Entwicklung notwendigerweise verbundenen menschlichen und sozialen Kosten aufzeigen. Er versucht nachzuweisen: «innerhalb des kapitalistischen Systems vollziehn sich alle Methoden zur Steigerung der Produktivkraft der Arbeit auf Kosten des individuellen Arbeiters; alle Mittel zur Entwicklung der Produktion schlagen um in Beherrschungs- und Exploitationsmittel des Produzenten.» (MEW 23, S. 674). Oder wie er es an einer anderen Stelle formulierte:

«Die kapitalistische Produktion entwickelt daher nur die Technik und Kombination des gesellschaftlichen Produktionsprozesses, indem sie zugleich die Springquellen allen Reichtums untergräbt: die Erde und den Arbeiter.» (MEW 23, S. 529 f.)

Mit diesen Aussagen ist keine *moralische* Kritik beabsichtigt. Marx wirft dem Kapitalismus (oder gar den einzelnen Kapitalisten) nicht vor, irgendwelche ewigen Normen der Gerechtigkeit zu verletzen. Er will vielmehr auf die *Konstatierung eines Sachverhalts* hinaus: Dem Kapitalismus *immanent* ist ein zutiefst *destruktives Potenzial*, das immer wieder von neuem aktiviert wird (vgl. unten Kapitel 5 und 9). Aufgrund seiner Funktionsweise muss der Kapitalismus immer wieder die elementaren Lebensinteressen der Arbeiter und Arbeiterinnen verletzen. Innerhalb des Kapitalismus lassen sich diese elemen-

---

3 In der Geschichte des weltanschaulichen «Marxismus» wurde (genauso wie in der bürgerlichen Marx-Kritik) die erkenntniskritische Seite der Marxschen Argumentation meistens vernachlässigt. Erst mit der erneuten Marx-Diskussion der 1960er und 70er Jahre wurde die erkenntniskritische Seite gegen eine ökonomistisch verkürzte Marx-Rezeption (die in Marx immer nur den «besseren» Ökonomen sehen wollte) in den Vordergrund gestellt.

taren Lebensinteressen nur begrenzt und temporär schützen, grundsätzlich verändern lässt sich die Lage daher nur, wenn der Kapitalismus abgeschafft wird.

Gegen die Zumutungen des Kapitalismus führt Marx nicht ein moralisches «Recht» auf ein unversehrtes Leben oder etwas Ähnliches ins Feld. Stattdessen hat er die Hoffnung, dass mit der wachsenden Einsicht in die destruktive Natur des kapitalistischen Systems (die ohne jede Anrufung einer Moral konstatiert werden kann) die Arbeiterklasse den Kampf gegen dieses System aufnimmt – nicht aus Gründen der *Moral*, sondern des eigenen *Interesses*, allerdings nicht eines Interesses, das innerhalb des Kapitalismus nach einer besseren Position sucht, sondern des Interesses an einem guten und sicheren Leben, das nur jenseits des Kapitalismus zu realisieren ist.

2.3 Dialektik – eine marxistische Wunderwaffe?

Wann immer von der Marxschen Theorie die Rede ist, fällt irgendwann das Stichwort «Dialektik» (oder auch: dialektische Entwicklung, dialektische Methode, dialektische Darstellung), und meistens wird nicht besonders genau erklärt, was damit gemeint ist. Vor allem in den Debatten des «Parteimarxismus» warfen sich die jeweiligen Opponenten häufig eine «undialektische Auffassung» des gerade umstrittenen Themas vor. Auch heute ist in marxistischen Zirkeln gern davon die Rede, dass eine Sache zu einer anderen in einem «dialektischen Verhältnis» stehe, womit anscheinend alles geklärt ist. Und zuweilen erhält man bei kritischen Nachfragen den oberlehrerhaften Verweis, dies oder jenes müsse man «dialektisch sehen». Hier sollte man sich nicht einschüchtern lassen, sondern die jeweiligen Oberlehrer immer wieder mit der Frage nerven, was unter «Dialektik» genau verstanden wird und wie die «dialektische» Sichtweise denn nun aussehe. Nicht selten wird sich dann die hochtrabende Rede von Dialektik auf den simplen Sachverhalt reduzieren, dass alles irgendwie voneinander abhängt und miteinander in Wechselwirkung steht und dass das Ganze eben recht kompliziert ist – was in den meisten Fällen zwar stimmt, aber noch nicht viel aussagt.

Ist von Dialektik in einem weniger oberflächlichen Sinne die Rede, dann lassen sich sehr grob zwei verschiedene Verwendungsarten dieses Begriffs unterscheiden. Zum einen gilt Dialektik im Anschluss an Engels´ oben schon erwähnten «Anti-Dühring» als «Wissenschaft von den allgemeinen Bewegungs- und Entwicklungsgesetzen der Natur, der Menschengesellschaft und des Denkens» (MEW 20, S. 132). Dialektische Entwicklung verlaufe nicht gleichmäßig und linear, vielmehr handle es sich um eine «Bewegung in Widersprüchen». Für diese Bewegung gelte insbesondere der «Umschlag von Quantität in Qualität» und die «Negation der Negation».[4] Während sich Engels darüber im Klaren war, dass mit derartig allgemeinen Aussagen an den einzelnen Prozessen noch gar nichts erkannt ist,[5] war dies im Rahmen des «Weltanschauungsmarxismus» alles andere als klar; dort betrachtete man «Dialektik», verstanden als allgemeine Lehre von der Entwicklung, häufig als eine Art Wunderwaffe, mit der man alles und jedes erklären konnte.

Die zweite Weise, in der von Dialektik die Rede ist, bezieht sich auf die Form der Darstellung in der Kritik der politischen Ökonomie. Marx spricht verschiedentlich von seiner «dialektischen Methode», wobei er auch die Leistung Hegels würdigt, für dessen Philosophie Dialektik eine zentrale Rolle gespielt hat. Allerdings sei bei Hegel die Dialektik «mystifiziert» gewesen, seine (Marxens) Dialektik sei daher nicht dieselbe wie die Hegelsche (MEW 23, S. 27 f.). Bedeutung erlangt diese Methode bei der «dialektischen Darstellung» der Kategorien. Damit ist gemeint, dass im Fortgang der Darstellung die einzelnen Kategorien auseinander *entwickelt* werden sollen: Sie werden nicht einfach nach- und nebeneinander präsentiert, es soll vielmehr ihre innere Beziehung (inwiefern macht eine Katego-

---

4 *Umschlag von Quantität in Qualität*: eine Größe nimmt quantitativ zu bis sich schließlich die Qualität ändert. Erhitzt man Wasser, dann nimmt zunächst seine Temperatur zu, es bleibt aber flüssig, bis es bei 100 Grad Celsius schließlich verdampft. *Negation der Negation*: in der Entwicklung folgt der Negation des ursprünglichen Zustands eine weitere Negation. Ein Samenkorn wächst zur Pflanze heran, die Pflanze ist die «Negation» des Samenkorns; trägt die Pflanze Früchte und hinterlässt vermehrten Samen, so ist dies die Negation der Pflanze, wir haben daher eine «Negation der Negation»; diese führt aber nicht zum Ausgangspunkt zurück, sondern reproduziert ihn auf einer höheren Ebene – der Samen hat sich vermehrt.

5 So schreibt Engels ebenfalls im «Anti-Dühring»: «Es versteht sich von selbst, daß ich über den besondren Entwicklungsprozeß, den z.B. das Gerstenkorn von der Keimung bis zum Absterben der fruchttragenden Pflanze durchmacht, gar nichts sage, wenn ich sage, es ist Negation der Negation.» (MEW 20, S. 131)

rie eine andere notwendig) deutlich werden. Der *Aufbau* der Darstellung ist für Marx daher keine Frage der Didaktik, sondern hat selbst eine entscheidende *inhaltliche* Bedeutung.

Diese dialektische Darstellung verdankt sich aber keineswegs der «Anwendung» einer fertig vorliegenden «dialektischen Methode» auf den Stoff der politischen Ökonomie. Eine solche «Anwendung» beabsichtigte Ferdinand Lassalle, was Marx in einem Brief an Engels zu der Äußerung veranlasste:

«Er wird zu seinem Schaden kennenlernen, daß es ein ganz andres Ding ist, durch Kritik eine Wissenschaft erst auf den Punkt zu bringen, um sie dialektisch darstellen zu können, oder ein abstraktes, fertiges System der Logik auf Ahnungen eben eines solchen Systems anzuwenden.» (MEW 29, S. 275)

Die Voraussetzung dialektischer Darstellung ist nicht die *Anwendung* einer Methode (eine Vorstellung, die auch im Weltanschauungsmarxismus weit verbreitet ist), sondern die *Kategorienkritik*, von der im vorigen Abschnitt die Rede war. Und diese Kategorienkritik setzt eine sehr genaue und detaillierte Auseinandersetzung mit dem jeweiligen Stoff, auf den sich die Kategorien beziehen, voraus.

Eine genauere Diskussion von Marx' «dialektischer Darstellung» ist daher nur möglich, wenn man bereits etwas über die dargestellten Kategorien weiß: Bevor man sich nicht mit der von Marx gelieferten Darstellung selbst beschäftigt hat, kann man nicht über deren «dialektischen» Charakter oder gar über das Verhältnis von Marxscher zu Hegelscher Dialektik reden. Auch die häufig benutzte Charakterisierung der Marxschen Darstellung als «Aufstieg vom Abstrakten zum Konkreten» wird denjenigen, die gerade erst mit der Lektüre des «Kapital» beginnen, wenig sagen. Vor allem ist die tatsächliche Darstellungsstruktur des «Kapital» erheblich komplexer, als diese frühe, aus der «Einleitung» von 1857 stammende Formel vermuten lässt.

Im «Kapital» spricht Marx außer im Vor- und Nachwort äußerst selten explizit über Dialektik. Er praktiziert eine dialektische Darstellung, ohne aber deshalb von seinen Lesern und Leserinnen zu verlangen, sich vor der Lektüre seines Buches mit Dialektik zu beschäftigen. Was an dieser Darstellung «dialektisch» ist, lässt sich eigentlich erst im Nachhinein sagen. Daher wird dieser Einführung auch kein Abschnitt über Dialektik vorausgeschickt.

3. Wert, Arbeit, Geld

3.1 Gebrauchswert, Tauschwert und Wert

Marx will im «Kapital» zwar die kapitalistische Produktionsweise untersuchen, doch beginnt seine Analyse nicht sofort mit Kapital. In den ersten drei Kapiteln ist zunächst nur von Ware und Geld die Rede, explizit ums Kapital geht es erst im vierten Kapitel. Im Rahmen der oben erwähnten «historisierenden» Lesart wurden die ersten drei Kapitel daher als abstrakte Beschreibung einer vorkapitalistischen «einfachen Warenproduktion» aufgefasst. Aber schon die ersten beiden Sätze des ersten Kapitels machen klar, dass es nicht um vorkapitalistische Verhältnisse geht:

«Der Reichtum der Gesellschaften, in welchen kapitalistische Produktionsweise herrscht, erscheint als eine ‹ungeheure Warensammlung›, die einzelne Ware als seine Elementarform. Unsere Untersuchung beginnt daher mit der Analyse der Ware.» (MEW 23, S. 49)

Marx weist hier auf ein Spezifikum *kapitalistischer* Gesellschaften hin: In ihnen – und nur in ihnen – ist «Ware» die *typische* Gestalt des Reichtums. Waren (d.h. vorläufig für uns: für den Tausch bestimmte Güter) gibt es auch in anderen Gesellschaften, aber nur in kapitalistischen Gesellschaften wird der überwiegende Teil der Güter zu Waren. In den feudalen Gesellschaften des frühen Mittelalters wurde nur ein geringer Teil der Güter getauscht; die Warenform war eher die Ausnahme als die Regel. Der überwiegende Teil der Güter bestand aus landwirtschaftlichen Produkten und diese wurden entweder zum eigenen Verbrauch hergestellt oder an die Grundherren (Fürsten, Kirche) abgeliefert, also nicht getauscht. Erst im Kapitalismus wird der Tausch umfassend und damit auch die Warenform der Güter. Erst im Kapitalismus nimmt daher der Reichtum die Form einer «Warensammlung» an und erst jetzt wird die einzelne Ware zur «Elementarform» des Reichtums. *Diese* Ware, die Ware in kapitalistischen Gesellschaften, will Marx analysieren.

Als *Ware* bezeichnet man nur etwas, das getauscht wird, was also außer seinem *Gebrauchswert* auch noch einen *Tauschwert* hat. Der Gebrauchswert einer Sache ist nichts anderes als seine Nützlichkeit, der Gebrauchswert z.B. eines Stuhls besteht darin, dass man darauf sitzen kann. Der Gebrauchswert ist unabhängig davon, ob die Sache getauscht wird oder nicht.

Tausche ich nun den Stuhl z.B. gegen zwei Leintücher, dann ist der Tauschwert dieses Stuhls – zwei Leintücher. Tausche ich den Stuhl gegen 100 Eier, dann sind 100 Eier der Tauschwert des Stuhls. Wenn ich den Stuhl überhaupt nicht tausche, sondern nur benutze, dann hat er auch keinen Tauschwert, er ist dann auch nicht Ware, sondern einfach nur Gebrauchswert, ein Stuhl, auf dem man mehr oder weniger bequem sitzen kann.

Ware zu sein, also außer dem Gebrauchswert auch noch Tauschwert zu besitzen, ist keine «natürliche» Eigenschaft der Dinge, sondern eine «gesellschaftliche»: Nur in Gesellschaften, wo Dinge getauscht werden, besitzen sie Tauschwert, nur da sind sie Ware. Marx bemerkt dazu: «Gebrauchswerte bilden den stofflichen Inhalt des Reichtums, welches immer seine gesellschaftliche Form sei.» (MEW 23, S. 50)

Damit sind wir bei einer überaus wichtigen Unterscheidung angelangt. Der «stoffliche Inhalt» einer Sache (ihre «Naturalform») wird von ihrer «gesellschaftlichen Form» (zuweilen spricht Marx auch von «ökonomischer Formbestimmung») unterschieden. Die «Naturalform» des Stuhls ist einfach seine stoffliche Beschaffenheit (ob er z.B. aus Holz oder aus Metall ist), mit «gesellschaftlicher Form» ist dagegen gemeint, dass der Stuhl «Ware» ist, ein Ding, das getauscht wird und damit einen «Tauschwert» besitzt. Dass der Stuhl Ware ist, liegt nicht an ihm selbst als Ding, sondern an der Gesellschaft, in der dieses Ding existiert.

Vereinzelte Tauschakte kommen in allen uns bekannten Gesellschaftsformen vor. Dass aber fast alles getauscht wird, ist ein Spezifikum kapitalistischer Gesellschaften. Dies hat Konsequenzen für die quantitativen Tauschrelationen. Beim Tausch als vereinzeltem Phänomen kann es die unterschiedlichsten quantitativen Tauschverhältnisse geben: Ich kann den Stuhl einmal gegen zwei Leintücher, einmal gegen drei eintauschen etc. Ist der Tausch aber die normale Form, in der Güter übertragen werden, müssen die einzelnen Tauschrelationen in gewisser Weise zueinander «passen»: Im Beispiel weiter oben tauschte sich ein Stuhl gegen zwei Leintücher oder gegen 100 Eier. Wenn dies der Fall ist, dann müssen sich auch 100 Eier gegen 2 Leintücher tauschen. Warum? Wäre dies nicht der Fall, würden sich z.B. 100 Eier nur gegen ein Leintuch tauschen, dann könnte ich allein durch eine geschickte Reihenfolge der Tauschakte ständig Gewinn machen: Ich tausche ein Leintuch gegen 100 Eier, dann 100 Eier gegen 1 Stuhl, dann 1 Stuhl gegen 2 Leintücher. Durch bloßen Tausch hätte ich meinen Bestand an Leintüchern verdoppelt, durch entsprechend viele Tauschakte könnte ich meinen Reichtum immer weiter steigern. Allerdings wäre dies nur so lange möglich, wie ich Tauschpartner finde, die bereit sind, die umgekehrten Tauschakte zu vollziehen. Nach kurzer Zeit würden die übrigen Marktteilnehmer meine gewinnträchtige Kette nachvollziehen wollen, dagegen gäbe es niemanden mehr, der in entgegengesetzter Richtung tauschen wollte. Stabil können nur Tauschverhältnisse sein, die ausschließen, dass Gewinne bzw. Verluste allein durch eine bestimmte *Reihenfolge* der Tauschakte entstehen.

Für *kapitalistische* Gesellschaften, in denen Tausch der Normalfall ist, können wir daher folgern: Die verschiedenen Tauschwerte derselben Ware müssen auch füreinander Tauschwerte bilden. Wenn sich ein Stuhl einerseits gegen zwei Leintücher, andererseits gegen 100 Eier tauscht, dann müssen sich auch zwei Leintücher gegen 100 Eier tauschen.

Wenn nun eine solche Regelmäßigkeit im Tausch vorhanden ist (und sogar vorhanden sein muss, damit der Tausch reibungslos funktioniert), dann drängt sich die Frage auf, was denn ein Stuhl, zwei Leintücher und 100 Eier gemeinsam haben. Die durch unser Alltagswissen nahe gelegte Antwort ist: diese drei Dinge haben «denselben Wert». Durch Erfahrung im Tauschen haben wir von vielen Dingen eine recht genaue Einschätzung ihres Werts. Weicht das, was wir im Tausch für sie geben müssen, einmal von dieser Einschätzung ab, dann folgern wir, dass die Sache gerade «billig» oder «teuer» ist. Die Frage ist aber nun, was macht diesen «Wert» aus, und daran gleich anschließend, wie bestimmt sich die jeweilige Größe des Werts.

Lange vor Marx haben sich Ökonomen bereits mit dieser Frage beschäftigt und sind dabei auf zwei grundsätzlich verschiedene Antworten gekommen. Die eine Antwort lautet: der Wert einer Sache ist durch ihre Nützlichkeit bestimmt. Für etwas, das einen großen Nutzen für mich hat, bin ich bereit, viel zu geben, was dagegen wenig nützlich ist, will ich gar nicht, oder ich gebe nur wenig dafür. Diese «Nutzentheorie des Werts» steht jedoch vor einem großen Problem, das bereits Adam Smith auf den Punkt brachte: Wasser hat einen sehr hohen Nutzen, ohne Wasser könnten wir nicht leben, sein Wert ist jedoch gering. Im Vergleich zu Wasser ist der Nutzen eines Diamanten verschwindend gering, sein Wert aber riesig. Smith zog daraus den Schluss, dass es nicht der Nutzen sein könne, der den Wert der Dinge bestimmt. Als wertbestimmend sah Smith die Menge an Arbeit an, die man benötigt, um sich eine Sache zu verschaffen – dies ist die zweite grundsätzliche Antwort auf die Frage, wovon der Wert abhängt.

Diese «Arbeitswerttheorie» war zu Marx Zeiten die gängige Auffassung innerhalb der politischen Ökonomie.[6] Übertragen auf unser obiges Beispiel besagt sie: Ein Stuhl, zwei Leintücher und 100 Eier haben deshalb denselben Wert, weil zu ihrer Herstellung gleich viel Arbeit erforderlich ist.

Zwei Einwände gegen diese Arbeitswerttheorie liegen auf der Hand. Zum einen werden auch Nicht-Arbeitsprodukte (z.B. unbearbeiteter Boden) getauscht, zum anderen gibt es bestimmte Arbeitsprodukte (wie z.B. Kunstwerke), deren Tauschwert völlig unabhängig von der zu ihrer Produktion verausgabten Arbeitszeit ist.

Zum ersten Punkt ist anzumerken, dass die Arbeitswerttheorie in der Tat nur den Wert von Arbeitsprodukten erklärt. Nicht-Arbeitsprodukte besitzen keinen «Wert». Werden sie getauscht, haben sie einen Tauschwert, und dieser muss dann gesondert erklärt werden.

Zum zweiten Punkt: Ein Kunstwerk ist zwar ein Arbeitsprodukt, im Unterschied zu normalen Waren handelt es sich aber um ein Unikat, etwas, das nur einmal vorkommt. Der Preis, den ein Käufer dafür zu zahlen bereit ist, ist ein Liebhaberpreis, der mit der Arbeitsverausgabung des Künstlers nicht das Geringste zu tun hat. Die meisten Produkte einer Volkswirtschaft sind aber keine solchen Unikate, sondern massenhaft hergestellte Produkte, und deren Wert soll erklärt werden.

Den Wert der Waren sieht auch Marx in der Waren produzierenden Arbeit begründet. Als Vergegenständlichung «gleicher menschlicher Arbeit» seien die Waren *Werte*. Die *Größe des*

---

6 Heute dominiert in der Volkswirtschaftslehre wieder eine Variante der Nutzentheorie des Werts, die «Grenznutzentheorie».

Werts sei durch «das Quantum der in ihm enthaltenen ‹wertbildenden Substanz› , der Arbeit» bestimmt (MEW 23, S. 53).

Wertbildend, so Marx weiter, ist nun aber nicht die vom einzelnen Produzenten *individuell* verausgabte Arbeitszeit (dann würde der Stuhl des langsamen Tischlers einen höheren Wert besitzen als der identische Stuhl des schnellen Tischlers), sondern nur die «gesellschaftlich notwendige Arbeitszeit», d.h. diejenige Arbeitszeit, die notwendig ist «um irgendeinen Gebrauchswert mit den vorhandenen gesellschaftlich-normalen Produktionsbedingungen und dem gesellschaftlichen Durchschnittsgrad von Geschick und Intensität der Arbeit darzustellen» (MEW 23, S. 53).

Die gesellschaftlich notwendige Arbeitszeit zur Produktion eines bestimmten Gebrauchswertes bleibt aber nicht ständig gleich. Steigt die Produktivkraft der Arbeit, können also in derselben Zeitspanne mehr Produkte hergestellt werden, dann hat die zur Produktion des einzelnen Produktes gesellschaftlich notwendige Arbeitszeit abgenommen und seine Wertgröße sinkt. Sinkt dagegen die Produktivkraft der Arbeit, dann nimmt die zur Produktion erforderliche gesellschaftlich notwendige Arbeit zu, die Wertgröße des einzelnen Produktes steigt. Dies kann z.B. die Folge von Naturbedingungen sein: Verhagelt es die Ernte, dann hat dieselbe Arbeitsmenge einen geringeren Ertrag gebracht, zur Produktion der einzelnen Frucht war mehr Arbeit erforderlich, ihr Wert steigt.

Gibt es Tausch, dann wird Arbeitsteilung unterstellt – ich tausche nur das ein, was ich nicht selbst produziere. Arbeitsteilung ist Voraussetzung von Tausch, aber Tausch ist nicht die Voraussetzung von Arbeitsteilung, was ein Blick in jede Fabrik verrät: dort finden wir eine hoch arbeitsteilige Produktion, deren Produkte aber keineswegs untereinander getauscht werden.

Wenn bisher von «Ware» die Rede war, konnte der Eindruck entstehen, dass damit stets materielle Dinge gemeint sind, Dinge, die ausgetauscht werden. Relevant ist in der Tat der Tausch, aber nicht, dass es sich dabei um Dinge handelt. Auch Dienstleistungen können ausgetauscht und damit zu Waren werden. Der Unterschied zwischen einem materiellen Produkt und einer «immateriellen» Dienstleistung besteht lediglich in einem unterschiedlichen zeitlichen Verhältnis von Produktion und Konsum: Das materielle Produkt wird zuerst produziert und anschließend konsumiert (ein Brötchen sollte man am selben Tag konsumieren, ein Auto kann auch noch einige Wochen oder Monate beim

Hersteller verbringen, bevor ich es benutze), bei einer Dienstleistung (egal ob es sich um eine Taxifahrt, eine Massage oder um eine Theateraufführung handelt) fällt der Produktionsakt mit dem Konsumtionsakt unmittelbar zusammen (während der Taxifahrer die Ortsveränderung produziert, konsumiere ich sie). Zwischen materiellen Dingen und Dienstleistungen besteht nur ein *stofflicher* Unterschied; ob es sich um Waren handelt, betrifft aber ihre *gesellschaftliche Form*, und die ist davon abhängig, ob die Dinge und Dienstleistungen ausgetauscht werden oder nicht. Damit erledigt sich auch das schon häufig geäußerte Argument, dass allein schon mit dem «Übergang von der Industrie- zur Dienstleistungsgesellschaft» oder in einer «linken» Variante etwa bei Hardt/Negri – dem Übergang von der «materiellen» zur «immateriellen» Produktion – die Marxsche Werttheorie überholt sei.

Was bisher zur Werttheorie referiert wurde, stellte Marx im Wesentlichen auf den ersten sieben (von insgesamt fünfzig) Seiten des ersten Kapitels des «Kapital» dar. Für viele Marxisten und die meisten Marx-Kritiker ist dies bereits der Kern der Marxschen Werttheorie (die Ware ist Gebrauchswert und Wert, der Wert ist Vergegenständlichung menschlicher Arbeit, die Wertgröße hängt von der zur Produktion der Ware benötigten «gesellschaftlich notwendigen Arbeitszeit» ab – Letzteres wird häufig als «Wertgesetz» bezeichnet). Wäre dies tatsächlich schon alles, dann würde die Marxsche Werttheorie nicht sehr weit über die klassische politische Ökonomie hinausgehen. Dass sich die zentralen werttheoretischen Einsichten von Marx gerade nicht auf diese simplen Aussagen beschränken, dass das entscheidend Wichtige an der Marxschen Werttheorie jenseits des bisher Skizzierten liegt, soll der Rest dieses Kapitels deutlich machen.

3.2 Ein Beweis der Arbeitswerttheorie? *(Individuelles Handeln und gesellschaftliche Struktur)*

Mit der Frage des Unterschieds zwischen der Marxschen und der klassischen Werttheorie hängt auch eine weitere Frage zusammen, nämlich die, ob Marx die Arbeitswertlehre «bewiesen» habe, d.h. ob er zweifelsfrei nachgewiesen habe, dass Arbeit und nichts anderes dem Warenwert zugrunde liegt. In der Literatur über Marx wurde diese Frage schon häufig diskutiert. Wie wir aber gleich sehen werden, war Marx an einem solchen «Beweis» überhaupt nicht interessiert.

Adam Smith hatte die Bestimmung des Warenwerts durch Arbeit mit dem Argument «bewiesen», dass Arbeit Mühe verursacht und dass wir den Wert eines Dinges danach schätzen, wie viel Mühe es kostet, uns dieses Ding zu verschaffen. Wert wird hier unmittelbar auf *rationale Überlegungen* der einzelnen Individuen zurückgeführt. Ganz ähnlich argumentiert auch die moderne neoklassische Ökonomie, wenn sie von nutzenmaximierenden Individuen ausgeht und Austauschverhältnisse aus deren Nutzenschätzungen begründet. Klassik und Neoklassik setzen beide ganz selbstverständlich bei den einzelnen Individuen und deren scheinbar allgemein menschlichen Handlungsstrategien an und versuchen, von ihnen aus, den gesellschaftlichen Zusammenhang zu erklären. Dabei müssen sie dann einen guten Teil derjenigen Gesellschaftlichkeit, die sie erklären wollen, in die Individuen hineinprojizieren: So macht etwa Adam Smith, wie oben schon erwähnt, den «Hang zum Tausch» zu der Eigenschaft, die den Menschen vom Tier unterscheidet, und dann ist es natürlich nicht schwer, aus der Rationalität *dieses* Menschen (nämlich des Warenbesitzers) die Strukturen einer auf Warentausch beruhenden Ökonomie abzuleiten und diese Strukturen zu allgemein menschlichen zu erklären.

Für Marx waren dagegen nicht die Überlegungen der Individuen fundamental, sondern die *gesellschaftlichen Verhältnisse*, in denen die Individuen jeweils stehen. Zugespitzt formulierte er in den Grundrissen:

«Die Gesellschaft besteht nicht aus Individuen, sondern drückt die Summe der Beziehungen, Verhältnisse aus, worin diese Individuen zueinander stehn.» (MEW 42, S. 189)

Diese Verhältnisse geben eine bestimmte Rationalität vor, an die sich die Einzelnen halten müssen, wenn sie innerhalb dieser Verhältnisse bestehen wollen. Handeln sie dann entsprechend dieser Rationalität, werden durch ihr Handeln auch wieder die zugrunde liegenden gesellschaftlichen Verhältnisse reproduziert.

Machen wir uns diesen Zusammenhang an einem naheliegenden Beispiel klar. In einer Gesellschaft, die auf Warentausch beruht, muss jede und jeder der Logik des Tausches folgen, wenn er oder sie überleben will. Es ist nicht einfach Resultat meines «Nutzen maximierenden» Verhaltens, wenn ich die eigene Ware teuer verkaufen und die fremde Ware billig einkaufen will, es bleibt mir gar nichts anderes übrig (wenn ich nicht gerade so reich bin, dass mich die Tauschrelationen nicht mehr interessieren müssen). Und da ich keine Alternative sehe, empfinde ich mein Verhalten vielleicht sogar selbst als «natürlich». Verhält sich die Mehrheit in der angegebenen Weise, dann reproduzieren sich die auf Warentausch beruhenden gesellschaftlichen Verhältnisse und damit auch der Zwang für jeden Einzelnen, sich erneut so zu verhalten.

Die Werttheorie begründet Marx daher *nicht* mit den Überlegungen der Tauschenden. Entgegen einem häufigen Missverständnis ist seine These nicht, die Werte der Waren entsprechen den zu ihrer Produktion notwendigen Arbeitszeiten, weil die Tauschenden dies so wollten. Ganz im Gegenteil, Marx hält fest, dass die Menschen im Tausch gerade *nicht* wissen, was sie da eigentlich tun (vgl. MEW 23, S. 88).

Mit der Werttheorie will Marx eine bestimmte gesellschaftliche Struktur aufdecken, der die Individuen folgen *müssen, egal was sie sich dabei denken* (vgl. dazu auch Kapitel 3.6 und 3.8). Bereits Marx´ Fragestellung ist daher eine ganz andere als die der Klassik oder Neoklassik: Adam Smith schaute sich im Prinzip einen *einzelnen* Austauschakt an und fragte, wie sich hier die Austauschrelation bestimmen lässt. Marx sieht dagegen das einzelne Austauschverhältnis als Teil eines *bestimmten gesellschaftlichen Gesamtzusammenhangs* – eines Gesamtzusammenhangs, bei dem die Reproduktion der Gesellschaft über den Tausch vermittelt ist – und fragt nun, was dies für die von der *gesamten Gesellschaft* verausgabte Arbeit bedeutet. Wie er in einem Brief an seinen Freund Ludwig Kugelmann deutlich machte, geht es ihm dabei überhaupt nicht um einen «Beweis» der Arbeitswertlehre:

«Das Geschwatz über die Notwendigkeit, den Wertbegriff zu beweisen, beruht nur auf vollständigster Unwissenheit, sowohl über die Sache, um die es sich handelt, als die Methode der Wissenschaft. Daß jede Nation verrecken würde, die, ich will nicht sagen für ein Jahr, sondern für ein paar Wochen die Arbeit einstellte, weiß jedes Kind. Ebenso weiß es, daß die den verschiednen Bedürfnismassen entsprechenden Massen von Produkten verschiedne und quantitativ bestimmte Massen der gesellschaftlichen Gesamtarbeit erheischen. Daß diese Notwendigkeit der Verteilung der gesellschaftlichen Arbeit in bestimmten Proportionen durchaus nicht durch die bestimmte

Form der gesellschaftlichen Produktion aufgehoben, sondern nur ihre Erscheinungsweise ändern kann, ist self-evident. (...) Und die Form, worin sich diese proportionelle Verteilung der Arbeit durchsetzt in einem Gesellschaftszustand, worin der Zusammenhang der gesellschaftlichen Arbeit sich als Privataustausch der individuellen Arbeitsprodukte geltend macht, ist eben der Tauschwert dieser Produkte.» (MEW 32, S. 552 f.)

Wird unter den Bedingungen der Warenproduktion die Verteilung der privat verausgabten Arbeit auf die einzelnen Produktionszweige über den Wert der Waren vermittelt (eine bewusste Steuerung oder eine traditionell vorgegebene Verteilung existieren ja nicht), dann ist die interessante Frage, wie dies überhaupt *möglich* ist, oder allgemeiner ausgedrückt: *wie die privat verausgabte Arbeit zum Bestandteil der gesellschaftlichen Gesamtarbeit wird*. Die Werttheorie soll also nicht «beweisen», dass das einzelne Austauschverhältnis durch die zur Produktion benötigten Arbeitsmengen bestimmt ist.[7] Sie soll vielmehr den *spezifisch gesellschaftlichen Charakter* Waren produzierender Arbeit erklären – und dies leistet Marx vor allem jenseits der ersten sieben Seiten des «Kapital», von denen oben die Rede war und die der traditionelle Marxismus wie auch viele Marx-Kritiker für das Wichtigste der Marxschen Werttheorie halten.

3.3 Abstrakte Arbeit: Realabstraktion und Geltungsverhältnis

*U*m zu verstehen, was es mit dem spezifisch gesellschaftlichen Charakter Waren produzierender Arbeit auf sich hat, müssen wir uns mit der Unterscheidung von «konkreter» und «abstrakter» Arbeit auseinandersetzen. In den meisten Darstellungen der Marxschen Werttheorie wird diese Unterscheidung zwar kurz genannt, aber in ihrer Tragweite häufig nicht erfasst. Dabei hatte Marx selbst auf ihre grundlegende Bedeutung hingewiesen:

«Diese zwieschlächtige Natur der in der Ware enthaltenen Arbeit ist zuerst von mir kritisch nachgewiesen worden. Da dieser Punkt der Springpunkt ist, um den sich das Verständnis

---

7 Im dritten Band des «Kapital» zeigt Marx dann sogar, dass die tatsächlichen Austauschverhältnisse den bei der Produktion aufgewendeten Arbeitsmengen keineswegs entsprechen (vgl. unten Kapitel 7.2).

der politischen Ökonomie dreht, soll er hier näher beleuchtet werden.» (MEW 23, S. 56)

Worum geht es? Wenn Ware etwas Doppeltes ist, Gebrauchswert und Wert, dann muss auch die *Waren produzierende* Arbeit einen Doppelcharakter besitzen, es ist Arbeit, die nicht nur Gebrauchswert, sondern auch Wert produziert (wichtig: nicht jede Arbeit besitzt einen Doppelcharakter, sondern nur *Waren produzierende* Arbeit).

Die qualitativ verschiedenen «konkreten Arbeiten» produzieren qualitativ verschiedene Gebrauchswerte: Tischlerarbeit produziert einen Stuhl, Leinweberarbeit ein Leintuch etc. Wenn wir «eine Arbeit lernen», lernen wir die Besonderheiten einer konkreten Tätigkeit, wenn wir eine Person arbeiten sehen, dann sehen wir sie eine konkrete Arbeit ausführen.

Wert wird aber nicht von einer bestimmten konkreten Arbeit gebildet, oder durch einen bestimmten Aspekt der konkreten Arbeit. *Jede Arbeit, deren Produkt (das auch eine Dienstleistung sein kann) getauscht wird, produziert Wert.* Als Werte sind die Waren *qualitativ* gleich, daher müssen auch die verschiedenen Arbeiten, die Werte produzieren, als *qualitativ gleiche menschliche Arbeit* gelten. Tischlerarbeit produziert nicht als Tischlerarbeit Wert (als Tischlerarbeit produziert sie einen Stuhl), sondern sie produziert Wert als menschliche Arbeit, deren Produkt mit dem Produkt von anderer menschlicher Arbeit getauscht wird. Tischlerarbeit produziert Wert also gerade *in Abstraktion von ihrer konkreten Gestalt* als Tischlerarbeit, Marx spricht daher von Wert produzierender Arbeit als «abstrakter Arbeit».

Abstrakte Arbeit ist demnach keine *besondere* Art der Arbeitsverausgabung, etwa eintönige Fließbandarbeit im Unterschied zu handwerklich gehaltvoller Tischlerarbeit.[8] Als *Ge-*

---

8 Ein solches Verständnis von abstrakter Arbeit wird von Robert Kurz zumindest nahegelegt, wenn er z.B. in einem Glossar zum Begriff abstrakte Arbeit anführt, dass Menschen «abstrakte Arbeitskraft» (ein Begriff, den er nicht weiter erklärt) verausgaben und «im höchsten Grade gegenseitiger Gleichgültigkeit und Entfremdung» zusammenarbeiteten (Kurz 1991, S. 273). Bei abstrakter Arbeit geht es aber überhaupt nicht darum, in welcher Weise Menschen zusammenarbeiten, sondern darum, als was ihre Arbeit gesellschaftlich gilt: als wertbildend. Eine kurze Einführung zum Begriff abstrakte Arbeit, die sich kritisch mit häufig anzutreffenden Verkürzungen auseinandersetzt, findet sich bei Reitter (2002).

brauchswert bildende Arbeit ist monotone Fließbandarbeit genauso eine *konkrete* Arbeit wie Tischlerarbeit. *Wert bildend* ist Fließbandarbeit (ebenso wie Tischlerarbeit) nur als *gleiche menschliche* Arbeit, also in Abstraktion von ihrem konkreten Charakter, oder kurz: Wert bildend ist Fließbandarbeit ebenso wie Tischlerarbeit nur als *abstrakte Arbeit*.

Als «Kristalle» (MEW 23, S. 52) der abstrakten Arbeit sind die Waren «Werte». Marx bezeichnet abstrakte Arbeit daher auch als «wertbildende Substanz» oder kurz als «Wertsubstanz».

Die Rede von der Wertsubstanz wurde häufig quasi-stofflich, «substanzialistisch» verstanden: Der Arbeiter oder die Arbeiterin habe ein bestimmtes Quantum abstrakter Arbeit verausgabt und dieses Quantum stecke jetzt als Wertsubstanz *in der einzelnen Ware* und mache das einzelne Ding zu einem Wertgegenstand. Dass es sich nicht ganz so einfach verhält, sollte bereits daran deutlich werden, dass Marx die Wertgegenständlichkeit als eine «gespenstige Gegenständlichkeit» (MEW 23, S. 52) bezeichnete, im Überarbeitungsmanuskript zur ersten Auflage («Ergänzungen und Veränderungen zum ersten Band des ‹Kapital›») ist sogar von einer «rein phantastischen Gegenständlichkeit» die Rede (MEGA II.6, S. 32). Würde die «substanzialistische» Auffassung zutreffen, wäre aber nicht einzusehen, was an der Wertgegenständlichkeit «gespenstisch» oder «phantastisch» sein soll.

Wir müssen uns noch genauer mit der abstrakten Arbeit auseinander setzen. Abstrakte Arbeit ist nicht sichtbar, sichtbar ist immer nur eine bestimmte konkrete Arbeit. Genauso wenig ist «Baum» sichtbar, sehen kann ich immer nur ein konkretes Gewächs. Bei abstrakter Arbeit handelt es sich zwar um eine Abstraktion wie bei «Baum», allerdings um eine ganz andere Art von Abstraktion. Normalerweise werden Abstraktionen im menschlichen Denken gebildet. Wir beziehen uns auf die Gemeinsamkeiten der individuellen Exemplare und bilden dann einen abstrakten Gattungsbegriff (wie z.B. «Baum»). Bei abstrakter Arbeit handelt es sich aber nicht um eine solche «Denkabstraktion», sondern um eine «Realabstraktion», d.h. um eine Abstraktion, die im wirklichen Verhalten der Menschen vollzogen wird, unabhängig davon, ob sie dies wissen oder nicht.

Im Tausch wird vom Gebrauchswert der Waren abstrahiert, die Waren werden *als Werte* gleichgesetzt (der einzelne Käufer kauft natürlich nur, weil er an diesem Gebrauchswert interessiert ist, bzw. er unterlässt den Tausch, wenn er diesen Gebrauchswert nicht will; kommt es aber zum Tausch, dann werden die Waren als Werte gleichgesetzt. Erst indem die Waren als Werte gleich gesetzt werden, wird *faktisch* von der Besonderheit der sie produzierenden Arbeit abstrahiert, diese gilt jetzt nur als wertbildende «abstrakte» Arbeit. Die Abstraktion findet also *real* statt, unabhängig davon, was sich die beteiligten Warenbesitzer dabei denken.

Dieser Punkt wird von Marx nicht immer ganz deutlich gemacht. So spricht er von abstrakter Arbeit auch als «Verausgabung menschlicher Arbeitskraft im physiologischen Sinn» (MEW 23, S. 61). Die Reduktion der verschiedenen Arbeiten auf Arbeit im physiologischen Sinn ist nun gerade eine reine Denkabstraktion, der im Übrigen jede Arbeit unterworfen werden kann, gleichgültig ob sie Ware produziert oder nicht. Darüber hinaus wird mit dieser Formulierung nahe gelegt, dass abstrakte Arbeit eine ganz ungesellschaftliche, sozusagen natürliche Grundlage habe, was dann entsprechend «naturalistische» Interpretationen abstrakter Arbeit provozierte.[9] An anderen Stellen äußerte sich Marx jedoch recht eindeutig zur nicht-naturalistischen Grundlage abstrakter Arbeit. So heißt es im Überarbeitungsmanuskript zur ersten Auflage:

«Die Reduction der verschiednen konkreten Privatarbeiten auf dieses Abstractum gleicher menschlicher Arbeit vollzieht sich nur durch den Austausch, welcher Producte verschiedner Arbeiten thatsächlich einander gleichsetzt.» (MEGA II.6, S. 41)[10]

Demnach ist es also erst der Tausch, der die Abstraktion vollzieht, die abstrakter Arbeit zugrunde liegt (unabhängig

---

9 So etwa, wenn W.F. Haug in seinen «Vorlesungen zur Einführung ins ‹Kapital›» feststellt, Marx habe abstrakte Arbeit auf eine «Naturbasis» zurückgeführt (Haug 1989, S. 121). Dass es sich bei Marx hier (und an anderen Stellen) um mehr als um eine unglückliche Formulierung handelt, habe ich in Heinrich (1999) zu zeigen versucht: Wir finden in Marx' Kritik der politischen Ökonomie zwar einerseits eine wissenschaftliche Revolution, einen Bruch mit dem theoretischen Feld der klassischen politischen Ökonomie, andererseits haften seiner Argumentation aber immer wieder Überreste der eigentlich überwundenen Auffassungen an. Auf solche Ambivalenzen der Marxschen Argumentation kann im Rahmen einer Einführung aber nur am Rande eingegangen werden.

10 Dieser zentrale Satz wurde dann auch in die französische Übersetzung aufgenommen (MEGA II.7, S. 55), d.h. in die letzte Ausgabe des «Kapital», die Marx noch selbst kontrolliert hat.

davon, ob sich die tauschenden Personen über diese Abstraktion im Klaren sind oder nicht). Dann kann sich *abstrakte* Arbeit aber auch nicht einfach durch Arbeitsstunden messen lassen: Jede mit der Uhr gemessene Arbeitsstunde ist eine Stunde einer ganz bestimmten *konkreten* Arbeit, verausgabt von einem bestimmten Individuum (und unabhängig davon, ob das Produkt der Arbeit getauscht wird oder nicht). Abstrakte Arbeit kann dagegen überhaupt nicht «verausgabt» werden. Abstrakte Arbeit ist ein im Tausch konstituiertes *Geltungsverhältnis*: Im Tausch *gilt* die verausgabte konkrete Arbeit als ein bestimmtes Quantum Wert bildender abstrakter Arbeit und damit auch als Bestandteil der gesellschaftlichen Gesamtarbeit.

Diese Geltung der privat verausgabten konkreten Arbeit als ein bestimmtes Quantum Wert bildender abstrakter Arbeit schließt drei verschiedene «Reduktionen» ein:

(1) Individuell verausgabte Arbeitszeit wird auf gesellschaftlich notwendige Arbeitszeit reduziert. Als Wert bildend zählt nur die Arbeit, die unter durchschnittlichen Bedingungen zur Produktion eines Gebrauchswerts notwendig ist. Wie groß die durchschnittliche Produktivität aber ist, hängt nicht vom einzelnen Produzenten ab, sondern von der Gesamtheit der Produzenten eines Gebrauchswerts. Dieser Durchschnitt ändert sich beständig, sichtbar wird er erst im Austausch; erst jetzt erfährt der einzelne Produzent, inwieweit seine individuell verausgabte Arbeitszeit der gesellschaftlich notwendigen Arbeitszeit entspricht.

(2) Im traditionellen Marxismus wurde eine technologisch bestimmte «gesellschaftlich notwendige Arbeitszeit» meistens als die einzige Determinante Wert bildender Arbeit aufgefasst. Ob den produzierten Gebrauchswerten auch eine entsprechende zahlungsfähige Nachfrage gegenübersteht, schien für ihre Wertbestimmung keine Rolle zu spielen. Allerdings erinnerte Marx auch daran, dass man, um Ware zu produzieren, nicht einfach nur Gebrauchswert, «sondern Gebrauchswert für andre, gesellschaftlichen Gebrauchswert» produzieren muss (MEW 23, S. 55). Wurde insgesamt von einem Gebrauchswert, z.B. dem Leintuch über den in der Gesellschaft vorhandenen (zahlungsfähigen) Bedarf hinaus produziert, dann heißt das, «daß ein zu großer Teil der gesellschaftlichen Gesamtarbeitszeit in der Form der Leinweberei verausgabt wurde. Die Wirkung ist dieselbe, als hätte jeder einzelne Leinweber mehr als

die gesellschaftlich notwendige Arbeitszeit auf sein individuelles Produkt verwandt» (MEW 23, S. 122).

Wertbildend ist nur diejenige Arbeitszeit, die sowohl unter den durchschnittlich vorhandenen Produktionsbedingungen verausgabt wurde, *als auch* zur Befriedigung des zahlungsfähigen gesellschaftlichen Bedarfs notwendig ist. Inwiefern die privat verausgabte Arbeit zur Deckung des Bedarfs tatsächlich notwendig war, hängt einerseits von der Größe dieses Bedarfs ab, andererseits vom Produktionsumfang der anderen Produzenten – beides wird erst im Tausch sichtbar.

(3) Die einzelnen Arbeitsverausgabungen unterscheiden sich nicht nur in ihrem konkreten Charakter (als Tischlerarbeit, als Schneiderarbeit etc.), sie unterscheiden sich auch hinsichtlich der Qualifikation der dafür benötigten Arbeitskraft. «Einfache Durchschnittsarbeit» ist «Verausgabung einfacher Arbeitskraft, die im Durchschnitt jeder gewöhnliche Mensch» besitzt (MEW 23, S. 59). Was als Qualifikation der einfachen Arbeitskraft gilt und ob etwa Lesen und Schreiben oder Computerkenntnisse dazugehören, wechselt in den einzelnen Ländern und Kulturepochen, steht aber in einem bestimmten Land zu einer bestimmten Zeit fest. Die Arbeit höher qualifizierter Arbeitskraft ist «komplizierte» Arbeit. Sie gilt in höherem Maß wertbildend als einfache Durchschnittsarbeit. In welchem Ausmaß eine bestimmte Menge komplizierter Arbeit mehr Wert bildet als dieselbe Menge einfacher Arbeit wird auch wieder erst im Tausch sichtbar. Für das quantitative Verhältnis spielt allerdings nicht nur die von Marx betonte Qualifikation der Arbeitskraft eine Rolle (vgl. MEW 23, S. 211 f.); entscheidend sind auch gesellschaftliche Hierarchisierungsprozesse, die sich z.B. darin niederschlagen können, dass «Frauenberufe» einen geringeren Status als «Männerberufe» haben, wodurch wiederum beeinflusst wird, welche Tätigkeiten als «einfach» oder «kompliziert» gelten.

Inwieweit die privat verausgabte, individuelle Arbeit als Wert bildende abstrakte Arbeit *gilt*, ist das Resultat dieser drei im Tausch *gleichzeitig* erfolgenden Reduktionen.

3.4 «Gespenstige Gegenständlichkeit» Produktions- oder Zirkulationstheorie des Werts?

Wertgegenständlichkeit besitzen die Waren nicht als Vergegenständlichung von konkreter Arbeit, sondern als Vergegenständlichung abstrakter Arbeit. Wenn aber, wie eben skizziert, abstrakte Arbeit ein nur im Tausch existierendes gesellschaftliches Geltungsverhältnis ist (privat verausgabte Arbeit gilt als wertbildende, abstrakte Arbeit), dann existiert auch die Wertgegenständlichkeit der Waren erst im Tausch. Mehr noch: Wertgegenständlichkeit ist überhaupt keine Eigenschaft, die ein Ding einzeln, für sich besitzen kann. Die Wertsubstanz, die diese Gegenständlichkeit begründet, kommt den Waren nicht einzeln zu, sondern nur *gemeinsam* im Austausch.

Am deutlichsten hält Marx dies in seinem Überarbeitungsmanuskript zur ersten Auflage («Ergänzungen...») fest. Dort heisst es, würden Rock und Leinwand getauscht, dann würden sie auf «Vergegenständlichung menschlicher Arbeit schlechthin reducirt». Dabei dürfe aber nicht vergessen werden,

«daß keines für sich solche Werthgegenständlichkeit ist, sondern daß sie solches nur sind, soweit das ihnen *gemeinsame Gegenständlichkeit* ist. Ausserhalb ihrer Beziehung auf einander – der Beziehung worin sie gleichgelten – besitzen weder Rock noch Leinwand Werthgegenständlichkeit oder ihre Gegenständlichkeit als Gallerten menschlicher Arbeit schlechthin» (MEGA II.6, S. 30).

Das hat dann zur Konsequenz: «Ein Arbeitsprodukt, für sich isolirt betrachtet, ist also nicht Werth, so wenig wie es Waare ist. Es wird nur Werth in seiner Einheit mit andrem Arbeitsprodukt» (MEGA II.6, S. 31).

Damit kommen wir auch dem «gespenstigen» Charakter der Wertgegenständlichkeit näher, von der Marx am Anfang des «Kapital» sprach (MEW 23, S. 52). Die Wertsubstanz ist zwei Waren nicht in derselben Weise gemeinsam wie beispielsweise ein Feuerwehrauto und ein Apfel die Farbe Rot gemeinsam haben (jedes für sich ist rot und wenn sie nebeneinander stehen, stellen wir fest: Die haben ja etwas Gemeinsames). Wertsubstanz und damit auch Wertgegenständlichkeit kommt den Dingen hingegen nur zu, wenn sie sich im Austausch aufeinander beziehen. Also etwa so, als wären Feuerwehrauto und Apfel nur dann rot, wenn sie tatsächlich nebeneinander vorhanden sind, während sie in ihrer Vereinzelung (das Feuerwehrauto in der Feuerwache, der Apfel am Baum) keine Farbe hätten.

Normalerweise kommen gegenständliche Eigenschaften den Dingen als solchen zu, unabhängig von ihren Beziehungen zu anderen Dingen. Eigenschaften, die nur innerhalb von bestimmten Beziehungen vorhanden sind, betrachten wir gerade nicht als gegenständliche, dem einzelnen Ding zukommende Eigenschaft, sondern als Verhältnis. Wird Soldat A von Feldwebel B herumkommandiert, dann ist A Untergebener, B Vorgesetzter. Die Eigenschaften Untergebener bzw. Vorgesetzter zu sein, resultieren aus dem spezifischen *Verhältnis* von A und B innerhalb einer militärischen Hierarchie, kommen ihnen aber nicht als Personen außerhalb dieser Hierarchie zu.

Bei der Wertgegenständlichkeit *scheint* nun aber eine Eigenschaft, die nur innerhalb einer Beziehung existiert, eine gegenständliche Eigenschaft der Dinge zu sein, die ihnen auch außerhalb dieser Beziehung zukommt. Suchen wir außerhalb der Tauschbeziehung nach dieser Gegenständlichkeit, dann wissen wir nicht, wo wir sie fassen sollen: Wertgegenständlichkeit ist eine in durchaus wörtlichem Sinne «gespenstische» Gegenständlichkeit.

Diesem Schein, Wertgegenständlichkeit sei eine Eigenschaft der einzelnen Ware, ist auch ein großer Teil des traditionellen Marxismus aufgesessen. Die Wertsubstanz wurde «substanzialistisch» als Eigenschaft einer *einzelnen* Ware aufgefasst. Damit galt auch die Wertgröße als Eigenschaft der einzelnen Ware und man glaubte, sie sei, unabhängig vom Tausch, allein durch die bei der *Produktion* der Ware verausgabte Menge gesellschaftlich notwendiger Arbeitszeit bestimmt. Auffassungen, die dagegen die Bedeutung des Tausches herausstellten, wurde der Vorwurf gemacht, eine «Zirkulationstheorie des Werts» zu vertreten, also gerade an der angeblich unwesentlichen Seite anzusetzen.[11]

---

11 Diesen Vorwurf machte mir auch Norbert Trenkle, neben Robert Kurz einer der wichtigsten Vertreter der Gruppe Krisis (Trenkle 1998, vgl. dazu Heinrich 1999b). Dies ist umso bemerkenswerter, da sich die Gruppe Krisis stets als Kritikerin des von ihr so genannten «Arbeiterbewegungsmarxismus» (womit etwas ähnliches wie der oben skizzierte Weltanschauungsmarxismus gemeint ist) präsentiert. Allerdings bleibt sie nicht nur an dieser Stelle im Denken des kritisierten «Arbeiterbewegungsmarxismus» befangen (vgl. unten Kapitel 9.2).

Allerdings verdankt sich bereits die Frage, ob Wert und Wertgröße in der Produktions- *oder* der Zirkulationssphäre (d.h. der Sphäre von Kauf und Verkauf) bestimmt werden, einer fatalen Verkürzung. Der Wert «entsteht» nicht irgendwo und ist dann «da». Bei einem Brötchen lässt sich (auch wenn die Antwort eindeutig ist) die Frage wenigstens noch stellen, wo es entstanden ist, ob in der Backstube oder beim Verkauf auf der Ladentheke. Der Wert ist aber nicht ein Ding wie ein Brötchen, sondern ein gesellschaftliches Verhältnis, *das als dingliche Eigenschaft erscheint.* Das gesellschaftliche Verhältnis, das sich in Wert und der Wertgröße ausdrückt, konstituiert sich gerade in Produktion *und* Zirkulation, so dass die «Entweder-oder-Frage» keinen Sinn hat.

Die *Wertgröße* ist zwar vor dem Tausch noch nicht bestimmt, sie entsteht aber auch nicht zufällig im Tausch. Sie ist das Resultat der im letzten Abschnitt skizzierten dreifachen Reduktion von privat verausgabter, individueller Arbeit auf abstrakte Arbeit. Die Wertgröße einer Ware ist nicht einfach ein Verhältnis zwischen der *individuellen* Arbeit des Produzenten und dem Produkt (darauf läuft die «substanzialistische» Auffassung des Werts letztlich hinaus), sondern ein Verhältnis zwischen der *individuellen* Arbeit des Produzenten und der *gesellschaftlichen Gesamtarbeit.* Der Tausch produziert nicht etwa den Wert, er vermittelt vielmehr dieses Verhältnis zur gesellschaftlichen Gesamtarbeit. Allerdings kann diese Vermittlung in einer auf Privatproduktion beruhenden Gesellschaft *nur im Tausch* und nirgendwo sonst geschehen.[12]

---

12 Als Beleg dafür, dass auch Marx den Wert bereits durch die Produktion und vor dem Tausch festgelegt sieht, wird gerne seine Äußerung zitiert «dass nicht der Austausch die Wertgröße der Ware, sondern umgekehrt die Wertgröße der Ware ihre Austauschverhältnisse reguliert» (MEW 23, S. 78). Dabei wird übersehen, dass es in diesem Satz um ein *Regulationsverhältnis* und nicht um ein *Zeitverhältnis* (erst ist der Wert da, dann wird ausgetauscht) geht. Was den zeitlichen Zusammenhang angeht, argumentiert Marx eindeutig: «*Erst innerhalb ihres Austauschs* erhalten die Arbeitsprodukte eine von ihrer sinnlich verschiednen Gebrauchsgegenständlichkeit getrennte, gesellschaftliche Wertgegenständlichkeit» (MEW 23, S. 87, Hervorhebung M.H.). Für die Warenproduzenten spielt die Wertgegenständlichkeit aber die entscheidende Rolle, deshalb kommt für sie «der Wertcharakter der Sachen also *schon bei ihrer Produktion selbst in Betracht*» (ebd., Hervorhebung M.H.). Dass der Wert «in Betracht» kommt, der künftige Wert von

Vor dem Tausch können die Wertgrößen lediglich mehr oder weniger gut abgeschätzt werden. Diese Schätzung ist auch dafür verantwortlich, ob ein Warenproduzent eine bestimmte Produktion aufnimmt oder nicht. Nur ist die Schätzung des Werts einer Ware noch lange nicht mit der Existenz dieses Wertes identisch, was schon mancher Produzent schmerzlich erfahren musste.

Nach den vorangegangenen Überlegungen sollte klar sein, dass die Marxsche Rede von der Wertsubstanz nicht «substanzialistisch» zu verstehen ist, in dem Sinne, dass eine Substanz im einzelnen Ding vorhanden wäre. Die Wertgegenständlichkeit ist an der einzelnen Ware gerade nicht zu fassen. Erst im Tausch erhält der Wert eine gegenständliche Wertform, daher die Wichtigkeit der «Wertformanalyse»[13] für die Marxsche Werttheorie.

Umgekehrt wissen die substanzialistischen Auffassungen der Marxschen Werttheorie mit der Wertformanalyse nicht viel anzufangen: Für sie sind mit der simplen Aussage, dass der Warenwert von der zur Produktion der Ware gesellschaftlich notwendigen Arbeit abhängt, die Probleme der Werttheorie bereits gelöst.

3.5 Wertform und Geld
(Ökonomische Formbestimmungen)

Mit der Wertformanalyse beansprucht Marx etwas zu leisten, das in der bürgerlichen Ökonomie keinerlei Entsprechung hat. Einleitend schreibt er:

«Jedermann weiß, auch wenn er sonst nichts weiß, daß die Waren eine mit den bunten Naturalformen ihrer Gebrauchswerte höchst frappant kontrastierende, gemeinsame Wertform besitzen – die Geldform. Hier gilt es jedoch zu leisten, was von der bürgerlichen Ökonomie nicht einmal versucht ward, nämlich die Genesis dieser Geldform nachzuweisen» (MEW 23, S. 62).

Häufig wurden diese Sätze so verstanden, als wolle Marx auf einem hohen Abstraktionsniveau die historische Entste-

---

den Produzenten geschätzt wird, ist aber etwas ganz anderes als dass der Wert schon existiert.

13 Die Analyse der Wertform findet im «Kapital» im umfangreichen dritten Unterabschnitt des ersten Kapitels statt.

hung des Geldes ausgehend vom einfachen Produktentausch nachzeichnen. In diesem Fall wäre seine Abgrenzung gegenüber der bürgerlichen Ökonomie, etwas zu leisten, was diese nicht einmal versucht habe, aber völlig übertrieben. Denn auch schon zu Marx Zeiten gehörten solche abstrakt-historischen Skizzen zum Standardrepertoire der Ökonomen.[14]

Erinnern wir uns jedoch daran, dass Marx bereits mit dem ersten Satz des «Kapital» deutlich machte, dass er keine vorkapitalistische Ware, sondern Ware im Kapitalismus analysieren will (vgl. oben den Anfang von Kapitel 3.1). Daraus wird klar, dass er mit «Genesis» (= Entstehung) jetzt kaum eine *historische Entstehung* des Geldes meinen wird, sondern ein *begriffliches Entwicklungsverhältnis*: Es geht ihm nicht um die historische Herausbildung des Geldes (auch nicht in einem ganz abstrakten Sinn), sondern um die begriffliche Rekonstruktion des Zusammenhangs zwischen der «einfachen Wertform» (eine Ware drückt ihren Wert in einer anderen Ware aus) und der «Geldform» ein Zusammenhang innerhalb des *gegenwärtigen* Kapitalismus. Allgemeiner gesprochen geht es um die Frage, ob Geld in einer Waren produzierenden Gesellschaft bloß ein praktisches Hilfsmittel ist (auf das man im Grunde auch verzichten könnte) oder ob Geld tatsächlich *notwendig* ist.

Diese Frage war zu Marx Zeiten nicht nur von wissenschaftlichem Interesse. Verschiedene sozialistische Strömungen strebten als Alternative zum Kapitalismus eine Gesellschaft an, in der es zwar weiterhin private Warenproduktion geben sollte, das Geld aber abgeschafft und durch bloße Anrechtsscheine oder «Stundenzettel», auf denen die eigene Arbeitsleistung vermerkt wäre, ersetzt werden sollte. Der Nachweis, dass sich

---

14 Auch viele «Kapital»-Einführungen verstehen die Wertformanalyse in einer solchen abstrakt-historischen Weise und verfehlen damit den Kern des Marxschen Arguments. So stellt etwa Haug (1989, S. 151) den «wirklichen historischen Entwicklungen» die Wertformanalyse gegenüber, die «das Entwicklungsgesetz der Wertform in laboratoriumshafter Reinkultur herauspräpariert», und bezieht sich dann auch zustimmend auf Engels' Formel, das Logische (die begriffliche Entwicklung) sei nur das von störenden Zufälligkeiten gereinigte Historische (vgl. zur Problematik der engelsschen Lesart oben, Kapitel 2.1). Unter anderem über diesen Punkt fand zwischen Haug und mir eine Auseinandersetzung in der Zeitschrift Argument statt, vgl. Haug (2003a, b), Heinrich (2003; 2004).

Warenproduktion und Geld nicht trennen lassen, sollte auch der Kritik solcher Strömungen dienen.

Bei seiner Analyse des Geldes geht Marx in drei Schritten vor. (1) Zunächst wird *formanalytisch* (d.h. in Absehung von den Warenbesitzern werden Formbestimmungen analysiert) die *allgemeine Äquivalentform* (bzw. die *Geldform*) als für den Wert notwendige Wertform entwickelt. (2) Danach geht es um die *Handlungen der Warenbesitzer*: Wirkliches *Geld*, das den Bestimmungen der allgemeinen Äquivalentform entsprechen muss, entsteht erst aufgrund dieser Handlungen. (3) Und schließlich werden die verschiedenen *Funktionen* entwickelt, die das Geld innerhalb der «einfachen Zirkulation» (d.h. der Zirkulation von Ware und Geld in Absehung vom Kapital) annimmt.

Die bürgerliche Ökonomie beginnt ihre Behandlung des Geldes üblicherweise mit der Aufzählung verschiedener Geldfunktionen. Dass es Geld überhaupt gibt, wird damit begründet, dass es ohne Geld doch recht schwer sei, den Austausch zu organisieren, d.h. die Begründung erfolgt auf der Handlungsebene der Warenbesitzer. Formanalytische Überlegungen über den Zusammenhang von *Wert* und *Wertform* finden sich bei der bürgerlichen Ökonomie an keiner einzigen Stelle und dieser Zusammenhang ist genau die «Genesis», von der Marx im oben angeführten Zitat gesprochen hat.

Allerdings haben auch viele Marxisten Probleme mit dem Verständnis der Marxschen Analyse. Substanzialistische Interpretationen legen in der Regel das Schwergewicht ähnlich der bürgerlichen Ökonomie auf die *Geldfunktionen* und können mit der begrifflichen Entwicklung von Geldform und Geld nicht viel anfangen. Aber auch nicht-substanzialistische Interpretationen ignorieren oft die Unterschiede zwischen den ersten beiden Schritten (begriffliche Entwicklung der *Geldform*, begriffliche Entwicklung des *Geldes*). Mit dem ersten Schritt werden wir uns in diesem Unterabschnitt beschäftigen, mit den Schritten zwei und drei in den beiden nächsten Unterabschnitten.

Marx beginnt die Wertformanalyse mit der Untersuchung der «einfachen, einzelnen oder zufälligen Wertform». Das ist der Wertausdruck einer Ware in einer zweiten:

$$x \text{ Ware A ist } y \text{ Ware B wert}$$

oder das berühmte Marxsche Beispiel:
$$20 \text{ Ellen Leinwand sind 1 Rock wert.}$$

Der Wert der Leinwand soll ausgedrückt werden, der Rock dient als Mittel zum Ausdruck des Werts der Leinwand. Die beiden Waren spielen in dem Wertausdruck also ganz verschiedene Rollen, die Marx mit unterschiedlichen Begriffen belegt. Der Wert der ersten Ware (Leinwand) wird als «relativer Wert» (d.h. durch Bezug auf etwas anderes) ausgedrückt; sie befindet sich in *relativer Wertform*. Die zweite Ware (Rock) dient als «Äquivalent» für den Wert der ersten Ware; sie befindet sich in *Äquivalentform*.

Im einfachen Wertausdruck kann nur der Wert jeweils einer Ware ausgedrückt werden: nur der Wert der Leinwand wird ausgedrückt – als eine bestimmte Menge Rock. Der Wert von Rock wird dagegen nicht ausgedrückt. Allerdings schließt der Wertausdruck «20 Ellen Leinwand sind 1 Rock wert» auch die Rückbeziehung «1 Rock sind 20 Ellen Leinwand wert» ein. Jetzt befindet sich Rock in relativer Wertform und Leinwand in Äquivalentform.

Am einzelnen Gebrauchswert ist der Wert nicht zu fassen, eine gegenständliche Form erhält er erst im Wertausdruck: Die Ware, die sich in Äquivalentform befindet (Ware B), gilt jetzt als die Verkörperung des Werts der Ware, die sich in relativer Wertform befindet (Ware A). Isoliert betrachtet ist die zweite Ware aber genauso ein Gebrauchswert wie die erste Ware. *Innerhalb des Wertausdrucks* spielt die zweite Ware, die sich in Äquivalentform befindet, aber eine spezifische Rolle. Sie gilt nicht nur als bestimmter Gebrauchswert, sondern ihre Gebrauchswertgestalt gilt *zugleich* als *unmittelbare* Verkörperung von Wert: «Im Wertverhältnis, worin Rock das Äquivalent der Leinwand bildet, gilt also die Rockform als Wertform.» (MEW 23, S. 66)

Nur weil der Wert die Form eines Rockes annimmt, erhält der Wert der Leinwand eine *gegenständliche* Form, ihr Wert wird fassbar, sichtbar, messbar als eine bestimmte Menge Rock. Marx fasst dieses Ergebnis folgendermaßen zusammen: «Der in der Ware eingehüllte innere Gegensatz von Gebrauchswert und Wert wird also dargestellt durch einen äußeren Gegensatz, d.h. durch das Verhältnis zweier Waren, worin die eine Ware, deren Wert ausgedrückt werden soll, unmittelbar nur als Gebrauchswert, die andre Ware hingegen, *worin* Wert ausgedrückt wird, unmittelbar nur als Tauschwert gilt.» (MEW 23, S. 75 f.)

Wert ist etwas rein Gesellschaftliches, er drückt die *gleiche Gültigkeit* zweier ganz verschiedener Arbeiten aus, also ein bestimmtes *gesellschaftliches Verhältnis*. Dieses gesellschaftliche Verhältnis erhält in der Äquivalentform die Gestalt eines Dinges, in unserem Beispiel scheint Wert unmittelbar identisch mit Rock zu sein. Rock gilt zwar als Verkörperung von Wert, aber eben nur innerhalb des Wertausdrucks. Dass der Rock innerhalb des Wertausdrucks andere Eigenschaften hat als außerhalb, ist beim Rock noch durchsichtig, beim Geld ist dies jedoch nicht mehr so ohne weiteres der Fall.

Die einfache Wertform drückt zwar den Wert der Ware A gegenständlich aus, macht ihn fassbar und messbar, sie ist aber trotzdem noch unzulänglich, denn sie setzt die Ware A nur zu *einer einzigen* Ware, der Ware B, in Beziehung, aber noch längst nicht zu allen anderen Waren.

Betrachten wir nun das Wertverhältnis der Ware A (hier der Leinwand) zu allen übrigen Waren, dann erhalten wir die «totale oder entfaltete Wertform»:

20 Ellen Leinwand sind 1 Rock wert,
20 Ellen Leinwand sind 10 Pfd. Tee wert,
20 Ellen Leinwand sind 40 Pfd. Kaffee wert etc.

Der Wert der Leinwand ist jetzt auf die gesamte Warenwelt bezogen (und nicht nur auf eine einzelne Ware) und zugleich wird deutlich, dass der Warenwert gleichgültig ist gegen die besondere Form des Gebrauchswertes, in der er erscheint: als Verkörperung des Wertes der Leinwand kann Rock dienen, aber auch Tee, Kaffee etc. Der Wert der Leinwand bleibt gleich, ob in Rock oder Kaffee dargestellt. Damit wird auch klar, dass das quantitative Austauschverhältnis keineswegs zufällig ist, was man der einfachen Wertform noch nicht ansehen konnte.

Allerdings bleibt auch die entfaltete Wertform noch unzulänglich: der Wertausdruck der Ware A ist unfertig und schließt nie ab. Außerdem sind die Wertausdrücke ganz verschiedenartig, wir haben viele besondere Äquivalentformen, die sich wechselseitig ausschließen.

Die totale Wertform ist nichts anderes als eine Reihe von einfachen Wertformen. Jede einzelne dieser einfachen Wertformen enthält aber auch ihre Umkehrung. Kehren wir die Reihe der einfachen Wertformen um, erhalten wir die «allgemeine Wertform»:

1 Rock ist
10 Pfd. Tee sind $\Big\}$ 20 Ellen Leinwand wert
40 Pfd. Kaffee sind

Der Wert der Waren ist jetzt *einfach* und *einheitlich* ausgedrückt, weil eine einzige Ware, das «allgemeine Äquivalent», als Wertausdruck für alle anderen dient. Damit leistet diese Form etwas ganz Entscheidendes:

«Als Leinwandgleiches ist der Wert jeder Ware jetzt nicht nur von ihrem eignen Gebrauchswert unterschieden, sondern von allem Gebrauchswert, und eben dadurch als das ihr mit allen Waren Gemeinsame ausgedrückt. *Erst diese Form bezieht daher wirklich die Waren aufeinander als Werte*.» (MEW 23, S. 80, Hervorhebung M.H.)

Die Wertgegenständlichkeit ist keine der einzelnen Ware zukommende Eigenschaft, sondern ist gesellschaftlichen Charakters, weil sie die Beziehung der einzelnen Ware (bzw. der sie produzierenden individuellen Arbeit) zur gesamten Warenwelt (bzw. zur gesellschaftlichen Gesamtarbeit) ausdrückt. Der Wert macht deshalb nicht nur überhaupt eine *gegenständliche* Wertform notwendig, er macht eine Wertform notwendig, die diesen gesellschaftlichen Charakter ausdrückt, und dies gelingt erst mit der *allgemeinen Wertform*.

Die spezifische Gesellschaftlichkeit der allgemeinen Wertform zeigt sich auch noch in einer weiteren Eigenschaft, welche die allgemeine Wertform gleichermaßen von der einfachen wie von der entfalteten Wertform unterscheidet. Bei diesen beiden Wertformen «ist es sozusagen das Privatgeschäft der einzelnen Ware sich eine Wertform zu geben». Anders jetzt:

«Die allgemeine Wertform entsteht dagegen nur als gemeinsames Werk der Warenwelt. Eine Ware gewinnt nur allgemeinen Wertausdruck, weil gleichzeitig alle andren Waren ihren Wert in demselben Äquivalent ausdrücken, und jede neu auftretende Warenart muß das nachmachen. Es kommt damit zum Vorschein, daß die Wertgegenständlichkeit der Waren, weil sie das bloß ‹gesellschaftliche Dasein› dieser Dinge ist, *auch nur durch ihre allseitige gesellschaftliche Beziehung ausgedrückt werden kann*.» (MEW 23, S. 80 f.; Hervorhebung M.H.)

Was hier zum Vorschein kommt, ist nicht etwa für das Alltagsbewusstsein deutlich, sondern erst das Resultat der wissenschaftlichen Analyse: Die *Gesellschaftlichkeit* des Werts drückt sich in einer spezifisch *gesellschaftlichen* Wertform aus.

Wert und Wertgröße – eigentlich keine Eigenschaften der einzelnen Ware – lassen sich jetzt, mit Hilfe des *allgemeinen Äquivalents*, so ausdrücken, als wären sie solche einfachen

Eigenschaften. Qualitativ: Der Wert von Röcken (Tee, Kaffee etc.) besteht in ihrer Gleichheit mit Leinwand quantitativ: Der Wert von einem Rock (20 Pfd. Tee, 40 Pfd. Kaffee etc.) ist 20 Ellen Leinwand.

Die *Geldform* schließlich unterscheidet sich von der allgemeinen Wertform nur dadurch, dass die Äquivalentform «durch gesellschaftliche Gewohnheit» (MEW 23, S. 84) endgültig mit der spezifischen Naturalform einer bestimmten Ware verwachsen ist (historisch war dies Gold, in geringerem Umfang auch Silber). Diese Ware wird damit zur «Geldware».

Der Verweis auf «gesellschaftliche Gewohnheit» macht deutlich, dass wir uns mit der Geldform bereits auf der Ebene der Handlungen der Warenbesitzer befinden. Von den Warenbesitzern war bisher nicht die Rede. Betrachtet wurden die *Warenform* des Arbeitsproduktes und die *Austauschverhältnisse der Waren*, nicht aber die *Austauschakte der Warenbesitzer*.

3.6 Geld und Austauschprozess (Handlungen der Warenbesitzer)

Explizit beschäftigt sich Marx erst im zweiten Kapitel des «Kapital» mit den Warenbesitzern und ihren Handlungen: Als Warenbesitzer sind die Personen nur Repräsentanten von Ware, daher musste zuerst die Ware untersucht werden.

Betrachtet man nur das Austauschverhältnis der Waren, dann gilt einer Ware jede andere Ware, mit der sie sich austauscht, als Erscheinungsform ihres Werts. Der Warenbesitzer will seine Ware aber nicht gegen beliebige Ware austauschen, sondern gegen ganz bestimmte: Die eigene Ware ist für ihn kein Gebrauchswert, ihr Tausch soll ihm erst den Gebrauchswert verschaffen, den er benötigt. Der Warenbesitzer möchte seine eigene Ware daher als allgemeines Äquivalent behandeln, sie soll gegen alle anderen Waren *unmittelbar austauschbar* sein. Da dies aber jeder Warenbesitzer von seiner eigenen Ware will, ist keine Ware allgemeines Äquivalent. Damit stehen die Warenbesitzer im Austauschprozess anscheinend vor einem unlösbaren Problem. Die *faktische* Lösung fasst Marx sehr prägnant zusammen:

«In ihrer Verlegenheit denken unsere Warenbesitzer wie Faust. Im Anfang war die Tat. Sie haben daher schon gehandelt, bevor sie gedacht haben. Die Gesetze der Warennatur betätigten sich im Naturinstinkt der Warenbesitzer. Sie können ihre Waren nur als Werte und darum nur als Waren aufeinander beziehn, indem sie dieselben gegensätzlich auf irgendeine andre Ware als allgemeines Äquivalent beziehn. Das ergab die Analyse der Ware. [D.h. die von Marx im ersten Kapitel unternommene Formanalyse, die im vorangegangenen Abschnitt behandelt wurde, M.H.] *Aber nur die gesellschaftliche Tat kann eine bestimmte Ware zum allgemeinen Äquivalent machen.* Die gesellschaftliche Aktion aller andren Waren schließt daher eine bestimmte Ware aus, worin sie allseitig ihre Werte darstellen. Dadurch wird die Naturalform dieser Ware gesellschaftlich gültige Äquivalentform. Allgemeines Äquivalent zu sein wird durch den gesellschaftlichen Prozeß zur spezifisch gesellschaftlichen Funktion der ausgeschlossenen Ware. So wird sie Geld.» (MEW 23, S. 101 Hervorhebung M.H.)

Die Warenanalyse hatte die Notwendigkeit der allgemeinen Äquivalent*form* aufgezeigt. Um sich zu den Dingen tatsächlich als *Waren* zu verhalten, d.h. die Dinge als Werte aufeinander zu beziehen, *müssen* die Warenbesitzer daher ihre Waren auf ein allgemeines Äquivalent beziehen. Ihre «gesellschaftliche Tat» muss also eine Ware zum allgemeinen Äquivalent und damit zu wirklichem «Geld» machen.

Die tauschenden Personen sind in ihren Handlungen zwar frei, *als Warenbesitzer* müssen sie aber den «Gesetzen der Warennatur» folgen. Wie Marx schon im Vorwort zum «Kapital» bemerkte, treten die Personen nur auf, soweit sie «Personifikation ökonomischer Kategorien» sind (MEW 23, S. 16). Setzt man in der Analyse an den Handlungen und am Bewusstsein der Warenbesitzer an, dann hat man den gesellschaftlichen Zusammenhang, den es zu erklären gilt, aber immer schon vorausgesetzt. Deshalb war es notwendig, dass Marx in seiner Darstellung zwischen den *Formbestimmungen der Ware* und den *Handlungen der Warenbesitzer* unterschied und zunächst diese Formbestimmungen als solche darstellte, da sie für die Handlungen und Überlegungen der Warenbesitzer die gegebenen Voraussetzungen sind – die sie dann allerdings mit ihren Handlungen immer wieder erneut reproduzieren (vgl. auch oben Kapitel 3.2).

Das wirkliche Geld resultiert zwar aus den Handlungen der Warenbesitzer, es beruht aber keineswegs auf einem stillschweigenden Vertrag, wie John Locke, einer der wichtigsten Philosophen des frühen Bürgertums, meinte. Geld wird nicht einmal mit bewusster Überlegung eingeführt, was jene Ökonomen unterstellen, die meinen, Geld werde aus Gründen der Vereinfachung des Tausches benutzt. Die Warenbesitzer, betont Marx, «haben schon gehandelt, bevor sie gedacht haben», ihre Handlungen *mussten* als Resultat Geld hervorbringen – denn anders lassen sich die Waren überhaupt nicht als Werte aufeinander beziehen.[15]

Geld ist also keineswegs auf praktischer Ebene nur ein Hilfsmittel des Tausches und auf theoretischer nur ein Anhängsel der Werttheorie. Die Marxsche Werttheorie ist vielmehr *monetäre Werttheorie*: Ohne Wertform können sich die Waren nicht als Werte aufeinander beziehen und erst die Geldform ist die dem Wert angemessene Wertform. «Substanzialistische» Auffassungen des Werts, die Wert am einzelnen Ding festmachen wollen, sind dagegen *prämonetäre Werttheorien*. Sie meinen den Wert ohne Bezug auf Geld entwickeln zu können. Prämonetär ist sowohl die Arbeitswerttheorie der klassischen politischen Ökonomie wie die Nutzentheorie des Werts der Neoklassik. Prämonetär ist auch die gängige «marxistische» Werttheorie, die glaubt, der Wert sei bereits mit der «gesellschaftlich notwendigen Arbeitszeit» fertig bestimmt.[16]

3.7 Geldfunktionen, Geldware und das moderne Geldsystem

Marx unterscheidet drei grundlegende Geldfunktionen, die aus der «einfachen Zirkulation» von Ware und Geld entspringen. Betrachtet man den Gesamtprozess der kapitalistischen Produktion und Reproduktion, kommen noch weitere Geldfunktionen hinzu (vgl. Kapitel 8).

Die *erste Funktion* des Geldes besteht darin, für die Waren allgemeines *Maß der Werte* zu sein, der Wert jeder Ware wird als ein bestimmtes Quantum Geld ausgedrückt.

---

15 Erst *nachdem* Geld als notwendiges (wenngleich bewusstloses) Resultat des Handelns der Warenbesitzer entwickelt wurde, kann man sich nach dem historischen Prozess umschauen, der dieses Resultat hervorbrachte: Auf die kategoriale Entwicklung folgt bei Marx eine kurze und abstrakte Skizze der historischen Herausbildung des Geldes (MEW 23, S. 102-104).
16 Vor allem Hans-Georg Backhaus stellte in den 70er Jahren den «monetären» Charakter der Marxschen Werttheorie heraus und beeinflusste damit maßgeblich die «neue Marx-Lektüre», von der oben in Kapitel 1.3 die Rede war.

Werte sind die Waren als «Kristalle» der ihnen gemeinschaftlichen Substanz, der abstrakten Arbeit. Es ist also nicht das Geld, das die Waren vergleichbar macht, sondern dieser gemeinsame Bezug auf abstrakte Arbeit. Marx hält daher fest: «Geld als Wertmaß ist notwendige Erscheinungsform des immanenten Wertmaßes der Waren der Arbeitszeit.» (MEW 23, S. 109)

Damit stellt sich aber sofort die Frage, warum Wert nicht gleich in Arbeitszeit gemessen werden kann bzw. warum Geld nicht unmittelbar Arbeitszeit repräsentiert. In einer Fußnote geht Marx im «Kapital» nur kurz auf diese Frage ein und verweist auf seine frühere Schrift «Zur Kritik der politischen Ökonomie» von 1859. Dort hatte er geschrieben:
«Die Waren sind unmittelbar Produkte vereinzelter unabhängiger Privatarbeiten, die sich durch ihre Entäußerung im Prozeß des Privataustausches als allgemeine gesellschaftliche Arbeit bestätigen müssen, oder die Arbeit auf Grundlage der Warenproduktion wird erst *gesellschaftliche Arbeit durch die allseitige Entäußerung der individuellen Arbeiten.*» (MEW 13, S. 67; Hervorhebung M.H.)

Was mit der Uhr gemessen werden kann, ist immer nur die vor dem Tausch verausgabte Privatarbeit. Wie schon im Abschnitt über abstrakte Arbeit festgehalten, kann sich aber erst im Tausch erweisen, wie viel von dieser privat verausgabten Arbeit tatsächlich wertbildend war und daher als Bestandteil der gesellschaftlichen Arbeitszeit gilt. Wertbildende Arbeitszeit (oder die Menge abstrakter Arbeit) lässt sich nicht *vor*, sondern nur *im* Tausch messen – und wenn die Werte *aller* Waren aufeinander bezogen werden sollen, dann lässt sich diese Messung nur vermittels des Geldes durchführen. Daher kann Marx vom Geld als der «notwendigen» Erscheinungsform des immanenten Wertmaßes Arbeitszeit sprechen: Wertbildende Arbeitszeit lässt sich *nicht anders* als durch Geld messen.[17]

Der Wertausdruck einer Ware in Geld ist ihr *Preis*. Um den Preis einer Ware anzugeben, muss zwar klar sein, was als Geld fungiert (Gold, Silber, eine Papiernote etc.), das Geld muss aber nicht reell (neben der Ware) vorhanden sein, das Geld dient hier nur als «vorgestelltes oder ideelles Geld» (MEW 23, S. 111).

---

17 In «Zur Kritik der politischen Ökonomie» bezeichnet er das Geld daher auch als die «unmittelbare Existenzform» der abstrakten Arbeit (MEW 13, S. 42).

Die Wertgröße der Ware drückt sich im Preis aus – und dies ist auch die *einzige* Möglichkeit, wie sich die Wertgröße ausdrücken kann. Verändert sich die Wertgröße der Ware, steht die individuell verausgabte Arbeit in einem neuen Verhältnis zur gesellschaftlichen Gesamtarbeit, dann verändert sich auch der Preis dieser Ware. Allerdings gilt nicht das Umgekehrte: Weder ist jeder Preis Ausdruck einer Wertgröße, noch zeigt jede Preisveränderung eine Veränderung der Wertgröße an.

Einen Preis können auch «wertlose» Dinge haben, d.h. solche, die nicht Produkt «abstrakter Arbeit» sind. Dabei kann es sich um ökonomisch irrelevante Sachverhalte handeln (z.B. den Preis eines Adelstitels) oder um durchaus relevante (z.B. den Preis einer Aktienoption, das ist der Preis für das Recht, einen Aktienkauf zu garantierten Konditionen zu tätigen).

Die Preisveränderung einer *einzelnen* Ware kann eine Veränderung ihrer Wertgröße anzeigen, sie kann aber auch nur besonders günstige oder ungünstige Umstände (momentane Verschiebungen von Angebot und Nachfrage) anzeigen, unter denen die Ware vorübergehend zu verkaufen ist. Die gleichzeitige Preisveränderung *aller* Waren schließlich, d.h. die Veränderung des *Preisniveaus*, zeigt im allgemeinen keine Veränderung sämtlicher Wertgrößen an, sondern eine Wertveränderung des Geldes: die Entwertung des Geldes schlägt sich in allgemein steigenden Preisen (*Inflation*) nieder, ein steigender Wert des Geldes in allgemein sinkenden Preisen (*Deflation*).

Im Folgenden wird meistens vorausgesetzt, dass die Waren «zu ihren Werten verkauft werden». Damit ist gemeint, dass die Warenpreise adäquater Ausdruck der Werte sind und wir von momentanen Schwankungen absehen. In Kapitel 7.2 werden wir allerdings sehen, dass sich unter normalen kapitalistischen Verhältnissen Waren nicht zu ihren Werten tauschen, d.h. die normalen Preise sind nicht allein Ausdruck der Wertgrößen der Waren.

Die *zweite Funktion* des Geldes ist die des Zirkulationsmittels, das den tatsächlichen Austausch der Waren vermittelt. Im Austauschprozess will der Besitzer der Ware A (z.B. ein Weber, der Leinwand produzierte), die für ihn kein Gebrauchswert ist, sie in eine Ware B (z.B. einen Stuhl) verwandeln, an deren Gebrauchswert er interessiert ist. Er verkauft die Leinwand für 20 Euro und kauft sich anschließend für diese 20 Euro einen

Stuhl. Marx bezeichnet diesen Prozess als «Metamorphose [Verwandlung] der Ware» (für den Weber verwandelte sich Leinwand in Stuhl).

Der *stoffliche Inhalt* dieser Metamorphose ist die Ersetzung eines Gebrauchswertes durch einen anderen, Marx spricht hier auch vom «gesellschaftlichen Stoffwechsel». Das *Ergebnis* ist dasselbe wie bei einem einfachen Produktentausch Leinwand gegen Stuhl. Allerdings ist die *Form* des Prozesses eine ganz andere und gerade auf diese Formunterschiede kommt es hier an.

Die Metamorphose der Ware wird im Unterschied zum Produktentausch durch Geld vermittelt, der Prozess hat die Form Ware – Geld – Ware (W – G – W), konkret für den Weber: Leinwand – Geld – Stuhl.

Was nun für den Weber der erste Akt des Prozesses ist, W – G, Verwandlung der Leinwand in Geld, ist für den Geldbesitzer, der die Leinwand kauft, der Abschluss der Metamorphose seiner ursprünglichen Ware. Der Kauf des Stuhls stellt für den Weber dann den Abschluss der Metamorphose seiner Ware da, für den Tischler, der den Stuhl verkauft, ist dieser Akt dagegen der Beginn der Warenmetamorphose.

Die Metamorphosen der Waren sind verschlungen und niemals endend: in ihrer Gesamtheit bilden sie die *Warenzirkulation*. Der einfache Produktentausch – Gebrauchswert gegen Gebrauchswert – ist dagegen nur eine zweiseitige Angelegenheit, die sich mit dem einzelnen Tausch auch schon erschöpft. Warenzirkulation und Produktentausch sind daher wesentlich verschieden.

Dass bei der Warenzirkulation (im Unterschied zum bloßen Produktentausch) der Zusammenhang der einzelnen Akte durch das Geld hergestellt wird, heißt umgekehrt, dass im Dazwischentreten des Geldes auch die Möglichkeit einer Unterbrechung dieses Zusammenhangs liegt. Verkauft der Weber seine Leinwand, behält aber das Geld, ohne etwas zu kaufen, dann ist damit nicht nur die Metamorphose seiner eigenen Ware, der Leinwand, unterbrochen, sondern auch die Metamorphose der fremden Ware (z.B. des Stuhls). In der Vermittlung des gesellschaftlichen Stoffwechsels durch Geld liegt daher immer auch die Möglichkeit seiner Unterbrechung und damit der *Krise*. Damit aus der bloßen *Möglichkeit* der Krise eine *wirkliche* Krise wird, müssen aber eine Reihe weiterer Umstände hinzukommen (vgl. unten Kapitel 9).

Die Metamorphose der Ware, W – G – W, beginnt mit einer Ware und endet mit einer Ware vom selben Wert, aber einem anderen Gebrauchswert. Ware geht vom Warenbesitzer aus und kehrt in anderer Gestalt wieder zu ihm zurück; insofern beschreibt die Ware einen *Kreislauf*. Das Geld, das diesen Kreislauf vermittelt, beschreibt selbst keinen Kreislauf, sondern einen *Umlauf*: Beim ersten Akt W – G erhält der Warenbesitzer zwar Geld, aber nur, um es (bei normal verlaufender Warenzirkulation) gleich wieder auszugeben und den abschließenden Akt G – W zu vollziehen. In seiner Funktion als Zirkulationsmittel bleibt das Geld ständig in der Zirkulationssphäre. Da es die Warenbesitzer aber nur auf die Waren abgesehen haben, die sie mit seiner Hilfe kaufen können, genügt für die Zirkulation bloß *symbolisches Geld*, als bloßes Zirkulationsmittel kann Geld durch «Wertzeichen», die selbst wertlos sind (wie Papierzettel) ersetzt werden.

Erst in seiner *dritten Funktion* fungiert Geld schließlich als *wirkliches Geld*; als *Wertmaß* muss das Geld nicht wirklich vorhanden sein, es genügt ideelles Geld; als *Zirkulationsmittel* muss Geld zwar wirklich vorhanden sein, es genügt aber symbolisches Geld. Erst als Einheit von Wertmaß und Zirkulationsmittel ist Geld wirkliches *Geld*, d.h. *selbstständige Gestalt des Werts*, was eine Reihe von neuen Bestimmungen einschließt.

Während die einzelnen Waren in ihrem materiellen Dasein einen bestimmten Gebrauchswert darstellen, ihr Wert (der «abstrakte Reichtum») an ihnen selbst nur vorgestellt werden kann, ist wirkliches Geld «*das materielle Dasein des abstrakten Reichtums*» (MEW 13, S. 102). Was als Geld fungiert, gilt in seinem unmittelbaren materiellen Dasein als Wertding. Als solches Wertding kann es jederzeit gegen jede Ware getauscht werden, sich in jeden Gebrauchswert verwandeln. Wirkliches Geld ist daher «*der materielle Repräsentant des stofflichen Reichtums*» (MEW 13, S. 103).

Wirkliches Geld, d.h. Geld als *selbstständige* Gestalt des Werts, hat nun selbst ganz bestimmte Funktionen. Es fungiert als Schatz, als Zahlungsmittel und als Weltgeld.

Als *Schatz* wird Geld der Zirkulation entzogen. Es soll nicht mehr länger die Warenzirkulation vermitteln, sondern als selbstständige Gestalt des Werts außerhalb der Zirkulation existieren. Um Schatz zu bilden, wird verkauft, ohne dass ein anschließender Kauf stattfindet, Zweck des Verkaufs war es,

Geld als selbstständige Gestalt des Werts festzuhalten. Um mit seinen Käufen nicht warten zu müssen, bis die eigene Ware verkauft ist (oder auch um dem Misslingen dieses Verkaufs vorzubeugen), ist jeder Warenproduzent auf einen kleinen oder größeren Schatz angewiesen.

Ebenfalls als selbstständige Gestalt des Werts tritt Geld in seiner Funktion als *Zahlungsmittel* auf. Wird beim Kauf einer Ware nicht sofort gezahlt, sondern erst später, dann verwandelt sich der Käufer in einen Schuldner, der Verkäufer in einen Gläubiger. Geld fungiert hier nicht als Zirkulationsmittel, das einen Kauf *vermittelt*, sondern als Zahlungsmittel, das den Kauf, der bereits stattgefunden hat, *abschließt*. (Der Ausdruck Zahlungsmittel wird nur bei Marx in diesem Sinn gebraucht; im Alltagsgebrauch wie auch in der Wirtschaftswissenschaft wird Geld, das zur Bezahlung eines Kaufes dient, gleichermaßen als Zahlungsmittel bezeichnet, ob nun sofort oder später gezahlt wird.) Wird Geld als Zirkulationsmittel verwendet, dann hat der Warenbesitzer zunächst verkauft, also den Akt W – G vollzogen. Anschließend kauft er, vollzieht G – W. Bei der Verwendung von Geld als Zahlungsmittel dreht sich die Reihenfolge der Akte um: zunächst kauft der Warenbesitzer, anschließend verkauft er, um Geld für seine Zahlungsverpflichtung zu bekommen. Geld als selbstständige Gestalt des Werts zu erlangen, wird jetzt zum Zweck des Verkaufs.

Als *Weltgeld* fungiert das Geld schließlich auf dem Weltmarkt. Dort kann es wieder als Zirkulationsmittel verwendet werden, um einen Kauf zu vermitteln, als Zahlungsmittel, um ihn abzuschließen, oder als «absolut gesellschaftliche Materiatur des Reichtums» (MEW 23, S. 158), wenn es nicht um Kauf oder Zahlung, sondern um die Übertragung des Reichtums aus einem Land in ein anderes handelt (z.B. nach einem Krieg).

Im «Kapital» ging Marx davon aus, dass Geld immer an eine bestimmte Ware gekoppelt sein muss. Zu Marx Zeiten spielte Gold die Rolle dieser «Geldware». Im praktischen Verkehr zirkulierten auch damals kaum noch Goldstücke, kleinere Beträge wurden in Silber- oder Kupfermünzen gezahlt, größere in «Banknoten». Banknoten wurden ursprünglich von einzelnen Banken herausgegeben, die versprachen, die Note bei Vorlage in Gold einzulösen. Schließlich wurden Banknoten nur noch von einer staatlichen Notenbank ausgegeben, die ebenfalls deren Einlösung versprach. In der Regel durften die Notenbanken der einzelnen Länder nicht beliebig viele Noten ausgeben, vielmehr mussten die Noten zu einem bestimmten Prozentsatz durch den Goldschatz der Notenbank gedeckt sein. Zwar zirkulierte kaum noch Gold, das zirkulierende Papiergeld war aber nur *Stellvertreter* des Goldes.

Am Ende des Zweiten Weltkriegs wurde in Bretton Woods (USA) ein internationales Währungssystem vereinbart, das auch noch auf der Geldware Gold beruhte. Durch Gold gedeckt war aber nur der amerikanische Dollar, 35 Dollar entsprachen einer Unze Gold. Die übrigen Währungen sollten in einem festen Wechselkursverhältnis zum Dollar stehen. Allerdings galt die Einlöseverpflichtung des Dollars in Gold nicht für Privatpersonen, sondern nur für staatliche Zentralbanken, und seit den späten 1960er Jahren war klar, dass so gewaltige Dollarmengen im Umlauf waren, dass die Einlöseverpflichtung fiktiv geworden war. Zu Beginn der 1970er Jahre wurde daher die Einlöseverpflichtung auch formell aufgehoben, genauso wie die festen Wechselkurse der Währungen.

Seit dieser Zeit gibt es keine Ware mehr, die auf nationaler oder internationaler Ebene die Rolle einer Geldware spielt. Als Geld fungiert jetzt das von den staatlichen Zentralbanken ausgegebene Papiergeld, es gibt nichts mehr, in das man dieses Papiergeld einlösen könnte. Natürlich kann man Gold dafür kaufen, aber Gold ist jetzt eine Ware wie Silber oder Eisen, es spielt weder juristisch noch faktisch die besondere Rolle einer Geldware.

Marx selbst konnte sich zwar kein kapitalistisches Geldsystem ohne Geldware vorstellen, doch folgt dies keineswegs aus seiner Analyse von Ware und Geld. Im Rahmen der Wertformanalyse hatte er die *Formbestimmungen* des allgemeinen Äquivalents entwickelt, und die Analyse des Austauschprozesses ergab, dass die Warenbesitzer ihre Waren tatsächlich auf ein allgemeines Äquivalent beziehen müssen. Dass das allgemeine Äquivalent unbedingt eine Ware sein müsse, hatte Marx aber nicht gezeigt, sondern unterstellt. Was als allgemeines Äquivalent dient (ob es sich um eine Ware handelt, oder um bloßes Papiergeld), kann jedoch auf der Ebene der einfachen Zirkulation noch gar nicht bestimmt werden (vgl. dazu ausführlicher: Heinrich 1999, S. 233 f.). Erst wenn wir das kapitalistische Kreditsystem betrachten, wird deutlich werden (vgl. Kapitel 8.2), dass die Existenz einer Geldware lediglich ein historischer Übergangszustand ist, aber nicht der «kapitalistischen Produktionsweise in ihrem idealen Durchschnitt» entspricht, den Marx analysieren wollte (vgl. oben Kapitel 2.1).

3.8 Das Geheimnis von Waren- und Geldfetisch

Der letzte Abschnitt des ersten Kapitels des «Kapital» trägt den Titel «Der Fetischcharakter der Ware und sein Geheimnis». Die Rede vom «Warenfetisch» besitzt inzwischen eine gewisse Verbreitung, doch wird nicht immer das darunter verstanden, was Marx im «Kapital» anspricht. Marx meint mit Warenfetisch keineswegs, dass den Menschen im Kapitalismus der Konsum zu wichtig sei, oder dass sie aus dem Besitz bestimmter Waren, die als Statussymbole dienen, einen Fetisch machen würden. Es geht auch nicht um einen Markenfetischismus. Hinter dem Besitz teurer Waren als Statussymbol steckt kein «Geheimnis», das erst noch zu entschlüsseln wäre.

Häufig wird der Warenfetisch allein damit charakterisiert, dass die gesellschaftlichen Beziehungen der Menschen als Beziehungen von Dingen erscheinen (die Beziehungen der Tauschenden erscheinen als Wertbeziehung der ausgetauschten Produkte), so dass aus gesellschaftlichen Beziehungen scheinbar sachliche Eigenschaften werden. Belässt man es bei einer solchen Bestimmung, dann erscheint der Fetischismus als ein bloßer Irrtum: Die Menschen legen ihren Arbeitsprodukten falsche Eigenschaften zu und sehen nicht, dass hinter den Beziehungen der Dinge «in Wirklichkeit» die Beziehungen von Menschen stehen. Fetischismus wäre dann eine Form «falschen Bewusstseins», welches die «wirklichen Verhältnisse» bloß verschleiert.[18] Wenn dem so wäre, dann müsste mit der Aufklärung über die wirklichen Verhältnisse auch dieses falsche Bewusstsein verschwinden. In dieser reduzierten Auffassung des Warenfetischs gehen jedoch wichtige Pointen der Marxschen Untersuchung verloren. Wir werden uns daher im Folgenden sehr detailliert mit der Marxschen Argumentation auseinandersetzen. Zur besseren Übersicht ist das Folgende

---

18 «Ideologie», ein Begriff, den Marx im «Kapital» höchst selten verwendet, wird häufig als ein solches «falsches Bewusstsein» aufgefasst, zu dem dann auch der Fetischismus gehöre. Eine kritische Auseinandersetzung mit dem Verhältnis von Ideologie und Fetischismus findet sich bei Dimoulis/Milios (1999).

in einzelne mit Buchstaben bezeichnete Abschnitte eingeteilt.[19]

a. Zunächst einmal muss man fragen, wo das «Geheimnis», von dem Marx in seiner Überschrift spricht und um dessen Entschlüsselung es ihm geht, überhaupt lokalisiert ist. Einleitend schreibt Marx dazu:

«Eine Ware scheint auf den ersten Blick ein selbstverständliches, triviales Ding. *Ihre Analyse* ergibt, daß sie ein sehr vertracktes Ding ist, voll metaphysischer Spitzfindigkeit und theologischer Mucken.» (MEW 23, S. 85; Hervorhebung M.H.)

«Vertrackt» ist die Ware also nicht für den Alltagsverstand, vertrackt und geheimnisvoll ist die Ware erst als Resultat der (bisher geleisteten) Analyse. Ein Tisch z.B. sei

«ein ordinäres sinnliches Ding. Aber sobald er als Ware auftritt, verwandelt er sich in ein *sinnlich übersinnliches Ding*.» (Ebd., Hervorhebung M.H.)

Für die alltägliche Anschauung ist der Tisch ein bestimmter Gebrauchswert. Als Ware hat er außerdem einen bestimmten Wert. Beides ist für das spontane Alltagsbewusstsein überhaupt nichts Geheimnisvolles. Auch dass die Wertgröße von der Menge verausgabter Arbeitszeit abhängen soll, mag akzeptiert oder bestritten werden, der Sachverhalt selbst ist aber keineswegs mysteriös. Den «sinnlich übersinnlichen» Charakter der Ware machte erst die Analyse deutlich: Sie zeigte, dass die Wertgegenständlichkeit der Ware gar nicht an ihr selbst zu fassen ist (insofern ist sie «übersinnlich», nämlich «gespenstige Gegenständlichkeit»), sondern nur an einer anderen Ware, die ihrerseits als unmittelbare Verkörperung von Wert gilt. Als genauso wenig fassbar wie die Wertgegenständlichkeit hatte sich die Wertsubstanz abstrakte Arbeit erwiesen. Die Analyse hatte also jede Menge befremdlicher Resultate zu Tage gefördert.

b. Marx fragt nun, «Woher entspringt also der rätselhafte Charakter des Arbeitsprodukts, sobald es Warenform annimmt?», und formuliert als Antwort:

---

[19] In Kapitel 1.3 wurde erwähnt, dass der junge Marx den Kapitalismus als «Entfremdung» vom «menschlichen Wesen» auffasste. Die Analyse des Warenfetischs wurde von manchen Autoren als Fortsetzung dieser Entfremdungstheorie verstanden. Allerdings wird man bei einer genauen Lektüre feststellen, dass sich Marx beim Warenfetisch an keiner Stelle auf irgendein «menschliches Wesen» bezieht.

«Offenbar aus dieser Form selbst. Die Gleichheit der menschlichen Arbeiten erhält die sachliche Form der gleichen Wertgegenständlichkeit der Arbeitsprodukte, das Maß der Verausgabung menschlicher Arbeitskraft durch ihre Zeitdauer erhält die Form der Wertgröße der Arbeitsprodukte, endlich die Verhältnisse der Produzenten, worin jene gesellschaftlichen Bestimmungen ihrer Arbeiten betätigt werden, erhalten die Form eines gesellschaftlichen Verhältnisses der Arbeitsprodukte. Das Geheimnisvolle der Warenform besteht also einfach darin, daß sie den Menschen die *gesellschaftlichen Charaktere ihrer eigenen Arbeit als gegenständliche Charaktere der Arbeitsprodukte selbst, als gesellschaftliche Natureigenschaft der Produkte zurückspiegelt*» (MEW 23, S. 86; Hervorhebung M.H.).

In jeder arbeitsteiligen gesellschaftlichen Produktion stehen die Menschen in bestimmten gesellschaftlichen Verhältnissen zueinander. In der Warenproduktion erscheint dieses gesellschaftliche *Verhältnis der Menschen* als ein *Verhältnis* von *Dingen*: Es sind nicht die Menschen, die in einer Beziehung zueinander stehen, sondern die Waren. Ihre gesellschaftlichen Beziehungen erscheinen den Menschen daher als «*gesellschaftliche Natureigenschaft der Produkte*». Was damit gemeint ist, kann man am Wert demonstrieren: Einerseits ist klar, dass «Wert» keine Natureigenschaft der Dinge ist wie Gewicht oder Farbe, es sieht aber (für die Menschen in einer Waren produzierenden Gesellschaft) so aus, als ob die Dinge im *gesellschaftlichen* Zusammenhang *automatisch* «Wert» besitzen würden und damit automatisch eigenen Sachgesetzen folgen würden, denen sich die Menschen nur noch unterordnen könnten. Unter den Bedingungen der Warenproduktion findet eine Verselbstständigung statt, für die Marx nur der Vergleich mit der «Nebelreligion der religiösen Welt» einfällt: Dort sind es die Produkte des menschlichen Kopfes, die sich verselbstständigen, in der Warenwelt «die Produkte der menschlichen Hand»: «Dies nenne ich den Fetischismus, der den Arbeitsprodukten anklebt, sobald sie als Waren produziert werden, und der daher von der Warenproduktion unzertrennlich ist.» (MEW 23, S. 87)

c. Wenn der Fetischismus den Waren tatsächlich «anklebt», dann muss es sich um mehr handeln als nur um ein falsches Bewusstsein, dann muss der Fetischismus auch einen tatsächlichen Sachverhalt ausdrücken. Und tatsächlich beziehen sich – unter den Bedingungen der Warenproduktion – die Produzenten nicht *unmittelbar gesellschaftlich* aufeinander; sie beziehen sich erst im Austausch aufeinander – und zwar vermittels ihrer Arbeitsprodukte. Dass ihre gesellschaftlichen Beziehungen als Eigenschaften von Dingen erscheinen, ist deshalb keineswegs eine Täuschung. Den Austauschenden, schreibt Marx, «*erscheinen daher die gesellschaftlichen Beziehungen ihrer Privatarbeiten als das, was sie sind*, d.h. nicht als unmittelbar gesellschaftliche Verhältnisse der Personen in ihren Arbeiten selbst, sondern vielmehr als sachliche Verhältnisse der Personen und gesellschaftliche Verhältnisse der Sachen.» (MEW 23, S. 87; Hervorhebung M.H.)

Dass die Sachen unter den Bedingungen der Warenproduktion gesellschaftliche Eigenschaften haben, ist keineswegs falsch. Falsch ist, dass sie diese Eigenschaften *automatisch*, in *jedem* gesellschaftlichen Zusammenhang haben. Der Fetischismus besteht nicht bereits darin, dass Arbeitsprodukte als Wertgegenstände angesehen werden – in der bürgerlichen Gesellschaft besitzen Arbeitsprodukte, sofern sie ausgetauscht werden, ja tatsächlich Wertgegenständlichkeit – sondern darin, dass diese Wertgegenständlichkeit als eine «selbstverständliche Naturnotwendigkeit» (MEW 23, S. 95 f.) gilt.

d. Was die Warenproduzenten zuallererst interessiert und interessieren muss, sind die Werte ihrer Waren. Sie sind der handgreifliche Ausdruck einer *Gesellschaftlichkeit, die die Menschen zwar produzieren, aber nicht durchschauen*.

«Die Menschen beziehen also ihre Arbeitsprodukte nicht aufeinander als Werte, weil diese Sachen ihnen als bloß sachliche Hüllen gleichartig menschlicher Arbeit gelten. Umgekehrt. Indem sie ihre verschiedenartigen Produkte einander im Austausch als Werte gleichsetzen, setzen sie ihre verschiednen Arbeiten einander als menschliche Arbeit gleich. *Sie wissen das nicht, aber sie tun es.*» (MEW 23, S. 88; Hervorhebung M.H.)

Die Warenproduzenten produzieren ihren gesellschaftlichen Zusammenhang gerade *nicht* aufgrund eines bestimmten Bewusstseins über den Zusammenhang von Wert und Arbeit, sondern unabhängig von einem solchen Bewusstsein. Es wäre also völlig falsch, die Marxsche Werttheorie so zu verstehen, dass die Menschen die Waren zu Werten tauschen, *weil* sie wissen, wie viel Arbeit in den einzelnen Produkten steckt. Marx will gerade zeigen, dass die Menschen handeln, *ohne* sich über die Bedingungen ihres Handelns bewusst zu sein.

e. Der bewusstlos produzierte Fetischismus ist nicht einfach ein falsches Bewusstsein, sondern besitzt auch eine materielle Gewalt. Ob nämlich meine individuell verausgabte Arbeit als Bestandteil der gesellschaftlichen Gesamtarbeit anerkannt wird und in welchem Ausmaß dies geschieht, darüber gibt mir (bei Warenproduktion) eben nicht die Gesellschaft Auskunft, sondern nur der Wert meiner Ware im Tausch. Und von dieser Auskunft hängt mein Wohl und Wehe ab. Die Wertgrößen der Waren aber «wechseln beständig, unabhängig vom Willen, Vorwissen und Tun der Austauschenden. *Ihre eigne gesellschaftliche Bewegung besitzt für sie die Form einer Bewegung von Sachen, unter deren Kontrolle sie stehen, statt sie zu kontrollieren.*» (MEW 23, S .89; Hervorhebung M.H.)

Die Warenwerte sind Ausdruck einer übermächtigen, von den Einzelnen nicht zu kontrollierenden Gesellschaftlichkeit. In einer Waren produzierenden Gesellschaft stehen die Menschen (und zwar alle!) tatsächlich unter der Kontrolle der Sachen, die entscheidenden Herrschaftsverhältnisse sind keine persönlichen, sondern «sachliche». Diese sachliche Herrschaft, die Unterwerfung unter «Sachzwänge», existiert aber nicht etwa, weil die Sachen an sich bestimmte Eigenschaften besitzen würden, die diese Herrschaft hervorbringen, oder weil der gesellschaftliche Verkehr diese sachliche Vermittlung zwingend erfordern würde, sondern nur deshalb, *weil sich die Menschen in einer besonderen Weise auf diese Sachen beziehen – nämlich als Waren.*

f. Dass sich diese sachliche Herrschaft und die Vergegenständlichung gesellschaftlicher Beziehungen zu sachlichen Eigenschaften einem bestimmten Verhalten der Menschen verdanken, ist für das Alltagsbewusstsein nicht sichtbar. Für dieses spontane Bewusstsein besitzen die «Formen, welche Arbeitsprodukte zu Waren stempeln ... die Festigkeit von *Naturformen des gesellschaftlichen Lebens*» (MEW 23, S. 89 f., Hervorhebung M.H.). Aber nicht nur das Alltagsbewusstsein, auch die klassische politische Ökonomie (und die moderne Neoklassik) bleibt in diesen Formen befangen. Bei dieser Befangenheit handelt es sich jedoch nicht um den subjektiven Irrtum einzelner Ökonomen. Marx betont, dass dieser Befangenheit selbst noch eine bestimmte Objektivität zugrunde liegt:

«Derartige Formen bilden die Kategorien der bürgerlichen Ökonomie. Es sind *gesellschaftlich gültige*, also *objektive Ge-*

dankenformen für die Produktionsverhältnisse dieser historisch bestimmten Produktionsweise, der Warenproduktion.» (MEW 23, S. 90; Hervorhebung M.H.)

Diese «objektiven Gedankenformen» konstituieren für die einzelnen Ökonomen das, was ihnen in einer ganz selbstverständlichen Art und Weise als *unmittelbar gegebener Gegenstand* der politischen Ökonomie gilt. Besonders an dieser Stelle wird deutlich, was Marx in seinem bereits in Kapitel 2.2 zitierten Brief an Lassalle mit «Kritik durch Darstellung» meinte: Die *Kritik der bürgerlichen Kategorien* ist kein abstraktes wissenschaftstheoretisches Geschäft, sie ist von der *Darstellung* der *Produktionsverhältnisse* gar nicht zu trennen.

Zwischen den verschiedenen Richtungen der politischen Ökonomie wird nicht über die *Formbestimmungen* ihres Gegenstands gestritten, sondern nur über den *Inhalt dieser Formbestimmungen*. Demgegenüber leistet Marx eine Fundamentalkritik, eine Kritik, die sich auf die Grundlagen der bürgerlichen Ökonomie bezieht: Marx kritisiert die immer schon von der bürgerlichen Ökonomie *vorausgesetzten* Formen:

«Die politische Ökonomie hat nun zwar, wenn auch unvollkommen Wert und Wertgröße analysiert und den in diesen Formen versteckten Inhalt entdeckt. Sie hat niemals auch nur die Frage gestellt, warum dieser Inhalt jene Form annimmt, warum sich also die Arbeit im Wert und das Maß der Arbeit durch ihre Zeitdauer in der Wertgröße des Arbeitsprodukts darstellt?» (MEW 23, S. 94 f.)

Dass Wertgegenständlichkeit Resultat eines ganz bestimmten menschlichen Handelns ist, dass Dinge nur zu Waren und damit zu Wertgegenständen werden, weil wir uns zu ihnen als Waren verhalten (sie privat produzieren und tauschen), dieser Zusammenhang liegt weder für das spontane Alltagsbewusstsein noch für die politische Ökonomie offen zu Tage. Beide sehen in der Warenform eine «gesellschaftliche Natureigenschaft der Produkte». Insofern bleibt nicht nur das Alltagsbewusstsein, sondern auch die ökonomische Wissenschaft dem Fetischismus verhaftet. Indem Marx den Fetischismus kenntlich macht, liefert er nicht nur Grundlagen einer Bewusstseins- und Wissenschaftskritik, er macht vor allem deutlich, dass die gesellschaftlichen Verhältnisse keineswegs so sein müssen, wie sie sind: Die Herrschaft des Werts über die Menschen ist kein gesellschaftliches Naturgesetz, sondern das Resultat eines ganz bestimmten Verhaltens der Menschen, und dieses Verhalten lässt sich – zumindest im Prinzip – auch ändern. Eine Gesellschaft ohne Ware und Geld ist denkbar.

g. Der Fetischismus beschränkt sich nicht auf die Ware. Er klebt auch am Geld. Geld als *selbstständige* Gestalt des Werts, besitzt eine besondere Wertform: Es befindet sich in allgemeiner Äquivalentform, alle anderen Waren befinden sich nicht in dieser Form. Die besondere Ware (oder auch der Zettel), die als Geld fungiert, kann nur als Geld fungieren, *weil* alle anderen Waren sich auf sie als Geld beziehen. Die Geldform erscheint aber als «gesellschaftliche Natureigenschaft» dieser Ware.

«Eine Ware scheint nicht erst Geld zu werden, weil die andren Waren allseitig ihre Werte in ihr darstellen, sondern sie scheinen umgekehrt allgemein ihre Werte in ihr darzustellen, weil sie Geld ist. *Die vermittelnde Bewegung verschwindet in ihrem eignen Resultat und lässt keine Spur zurück*. Ohne ihr Zutun finden die Waren ihre eigne Wertgestalt fertig vor als einen außer und neben ihnen existierenden Warenkörper.» (MEW 23, S.107; Hervorhebung M. H.).

Für das Geld gilt dasselbe, was auch für die Ware gilt: nur aufgrund eines bestimmten Verhaltens der Warenbesitzer besitzt Geld seine spezifischen Eigenschaften. Diese Vermittlung ist aber nicht mehr sichtbar, sie «verschwindet». Damit sieht es so aus, als würde das Geld diese Eigenschaften an sich besitzen. Auch beim Geld, egal ob es sich nun um eine Geldware oder Papier handelt, erscheint eine gesellschaftliche Beziehung als gegenständliche Eigenschaft eines Dings.[21] Und genau wie bei der Ware müssen die handelnden Personen die vermittelnden Zusammenhänge nicht kennen, um handeln zu können: «Jeder kann Geld als Geld brauchen, ohne zu wissen, was Geld ist.» (MEW 26.3, S. 163)

h. Die «Verrücktheit» (MEW 23, S. 90) dieser Verdinglichung gesellschaftlicher Verhältnisse ist beim Geld gegenüber der

---

21 Dabei ist es egal, ob – wie im sog. «Metallismus» – angenommen wird, die edlen Metalle Gold und Silber hätten von Natur aus Geldeigenschaften, oder ob – wie im geldtheoretischen «Nominalismus» – der konkrete Träger der Geldfunktionen als Resultat einer gesellschaftlichen Vereinbarung oder staatlicher Festsetzung aufgefasst wird. Die Existenz des Geldes scheint jedes Mal eine gesellschaftliche Naturnotwendigkeit zu sein. Dass heute ein Geldsystem ohne Geldware existiert, bedeutet daher auch keineswegs, dass der Geldfetisch verschwunden wäre.

Ware aber noch gesteigert. Werden Arbeitsprodukte in Waren verwandelt, dann erhalten sie neben ihrer physischen Gegenständlichkeit als Gebrauchswerte noch eine Wertgegenständlichkeit. Letztere ist, wie oben erläutert wurde, eine «gespenstige» Gegenständlichkeit, da sie scheinbar genauso gegenständlich ist wie der Gebrauchswert, am einzelnen Ding aber trotzdem nicht zu fassen ist. Geld gilt nun als *selbstständige* Gestalt des Werts. Während die Waren Gebrauchswerte sind, die *außerdem* noch Wertgegenstände sind, soll das Geld, das den Waren gegenübertritt, ganz *unmittelbar* «Wertding» sein. Was das bedeutet, machte Marx in der ersten Auflage des «Kapital» an einem schönen Beispiel deutlich:

«Es ist als ob neben und außer Löwen, Tigern, Hasen und allen andern wirklichen Thieren, die gruppirt die verschiednen Geschlechter, Arten, Unterarten, Familien u.s.w. des Thierreichs bilden, auch noch *das Thier* existirte, die individuelle Incarnation des ganzen Thierreichs.» (MEGA II.5, S. 37; Hervorhebung im Original.)

Dass neben den vielen konkreten Tieren auch noch «das Tier» herumläuft, ist nicht nur faktisch unmöglich, sondern rein logisch unsinnig: die Gattung wird auf dieselbe Stufe gestellt, wie die Individuen, aus denen die Gattung überhaupt abstrahiert ist. Geld ist aber die reale Existenz dieser Verrücktheit.

i. In der bürgerlichen Gesellschaft unterliegt das spontane Bewusstsein der Menschen dem Fetischismus von Ware und Geld. Die Rationalität ihrer Handlungen ist immer schon eine Rationalität *innerhalb des mit der Warenproduktion gesetzten Rahmens*. Werden die Absichten der Handelnden (also das, was sie «wissen») zum Ausgangspunkt der Analyse gemacht (wie etwa in der Neoklassik oder auch in vielen soziologischen Theorien), dann wird das, was die Einzelnen «nicht wissen», d.h. der ihrem Denken und Handeln vorausgesetzte Rahmen, von vornherein aus der Analyse ausgeblendet. Ausgehend von dieser Überlegung lässt sich nicht nur ein guter Teil der Grundlagen bürgerlicher Ökonomie und Soziologie kritisieren, sondern auch ein populäres Argument des weltanschaulichen Marxismus: dass es nämlich ein soziales Subjekt gäbe (die Arbeiterklasse), das aufgrund seiner besonderen Stellung in der bürgerlichen Gesellschaft über eine *besondere* Fähigkeit zum Durchschauen der gesellschaftlichen Verhältnisse verfügen würde.

Von vielen Vertretern des traditionellen Marxismus wurde geäußert, dass man sich «auf den Standpunkt der Arbeiterklasse stellen müsse», um den Kapitalismus zu begreifen. Dabei wurde aber übersehen, dass auch die Arbeiter und Arbeiterinnen (genauso wie die Kapitalisten) in ihrem spontanen Bewusstsein im Warenfetisch befangen sind. In den nächsten Kapiteln werden wir sehen, dass der kapitalistische Produktionsprozess noch weitere Verkehrungen hervorbringt, denen ebenfalls Arbeiter wie Kapitalisten unterliegen. Von einer *privilegierten* Erkenntnisposition der Arbeiterklasse kann daher keine Rede sein – allerdings auch nicht davon, dass der Fetischismus prinzipiell undurchdringlich wäre.

4. Kapital, Mehrwert und Ausbeutung

4.1 Marktwirtschaft und Kapital: Der «Übergang vom Geld zum Kapital»

*I*n den ersten drei Kapiteln des «Kapital» behandelt Marx Ware und Geld, vom Kapital ist explizit noch nicht die Rede. Dies führte bei einigen Autoren zu der Auffassung, in diesen ersten drei Kapiteln werde auf hohem Abstraktionsniveau eine vorkapitalistische «einfache Warenproduktion» dargestellt – eine Produktionsweise, in der zwar Waren- und Geldbeziehungen dominieren, die aber noch kein oder nur sehr unentwickeltes Kapital kennt. Unterstellt wird dabei, dass die Waren entsprechend ihren (Arbeits-)Werten ausgetauscht werden, da die Produzenten ihren eigenen und den Arbeitsaufwand der anderen genau kennen würden. Der prominenteste Vertreter dieser Auffassung war Friedrich Engels, der sie in seinem Nachtrag zum dritten Band des «Kapital» – einige Jahre nach Marx Tod – formulierte und damit viele Marxisten beeinflusste.[22] Diese Vorstellung ist aber in mehrfacher Hinsicht problematisch:

Als *historische* Aussage: Zwar wurde schon vor Tausenden von Jahren getauscht, und gemünztes Geld existiert mindestens schon seit 500 v. Chr., doch waren Waren- und Geldbeziehungen in vorkapitalistischen Zeiten immer in andere Produktionsverhältnisse «eingebettet», sie waren nie umfassend, und die Ökonomie wurde nicht von ihnen dominiert. Dies ist erst mit Ausbreitung der kapitalistischen Produktionsweise der Fall.

Als *theoretisches* Konzept: Marx versucht gerade zu zeigen, dass die Determination des Tausches durch die Werte nicht auf einer bewussten Abschätzung der aufgewendeten Arbeitsquanten beruht, dass die Tauschenden nicht wissen, was sie tun, sich der gesellschaftliche Zusammenhang vielmehr «hinter ihrem Rücken» durchsetzt (vgl. dazu Kapitel 3.8 d und e).

---

22 Diese Auffassung gehört zum Standardrepertoire des traditionellen Marxismus. Sie wurde z.B. von Ernest Mandel zusammen mit einer historisierenden Lesart des Marxschen Kapital (vgl. oben Teil 2.1) in vielen einführenden Texten verbreitet (siehe z.B. Mandel 1968; 1998).

Als *Interpretation* der ersten drei «Kapital»-Kapitel: es wird verkannt, was Marx dort darstellt: die «einfache Zirkulation». Darunter versteht er die Zirkulation von Ware und Geld als die ganze Ökonomie dominierende Verkehrsform – aber in sozusagen eingeschränkter Betrachtung: Von der Existenz des Kapitals wird abstrahiert. Es werden nicht vorkapitalistische Verhältnisse analysiert, die irgendwann in der Vergangenheit existierten, sondern kapitalistische, gegenwärtige Verhältnisse (darauf macht, wie oben betont wurde, bereits der erste Satz des «Kapital» aufmerksam), aber unter Absehung vom Kapital. Dass vom Kapital abgesehen wird, ist keine willkürliche Laune des Theoretikers, auch nicht eine didaktische Entscheidung. In dieser Abstraktion drückt sich selbst noch ein bestimmter Zug der Wirklichkeit aus: Die einfache Zirkulation, erscheint «als das unmittelbar Vorhandene an der Oberfläche der bürgerlichen Gesellschaft» (Grundrisse, MEW 42, S. 180), die eigentliche Ökonomie scheint nur aus Kauf- und Verkaufsakten zu bestehen.

Auf den ersten Blick scheint die Ökonomie in drei große, getrennte Bereiche zu zerfallen:
- die *Produktionssphäre*: mit den jeweiligen technischen Möglichkeiten werden Güter hergestellt und Dienstleistungen erbracht;
- die *Zirkulationssphäre*: die Güter und Dienstleistungen werden getauscht und zwar im Wesentlichen nicht direkt miteinander, sondern gegen Geld;
- die *Konsumtionssphäre*: die Güter und Dienstleistungen werden verbraucht, entweder von den einzelnen Individuen als Lebensmittel zu ihrer unmittelbaren Lebenserhaltung (wie z.B. Nahrungsmittel, Kleidung etc.) oder aber innerhalb von Produktionsprozessen als Produktionsmittel (wie z.B. Maschinen oder Rohstoffe), um weitere Produkte herzustellen.

Dabei entsteht jedoch der Eindruck, als habe es die Konsumtionssphäre einzig mit Bedürfnissen der Konsumenten zu tun und die Produktionssphäre mit rein technischen Bedingungen, so dass als eigentlich ökonomische Sphäre nur noch die Zirkulation übrig bleibt.

Die Reduktion der Ökonomie auf Zirkulation hat erhebliche Konsequenzen. Die Zirkulation hat es nur mit Kauf und Verkauf zu tun, mit Vorgängen also, bei denen sich – zumindest im Prinzip – freie und gleiche Personen gegenüber stehen und bei denen, sofern die getauschten Waren gleichen Wert haben, auch niemand übervorteilt, beraubt oder ausgebeutet wird. Sind die Personen doch nicht ganz so gleich, weil z.B. die eine Person sehr viel und die andere sehr wenig oder überhaupt nichts besitzt, dann mag das zwar ein bedauerlicher Umstand sein, es spricht aber nicht gegen «die Marktwirtschaft». Besitzunterschiede haben in den vielen liberalen Theorien, die das Loblied auf die Marktwirtschaft singen, keine eigentlich theoretische Relevanz. Sie erscheinen für den Vorgang von Kauf und Verkauf und damit auch für die Marktwirtschaft insgesamt als etwas ähnlich Äußerliches wie z.B. die körperlichen Gebrechen der Tauschenden. Der «Markt» erscheint unter diesem Blickwinkel als eine neutrale Instanz zur Verteilung von Gütern und zur Befriedigung von Bedürfnissen, als eine effiziente (und völlig unbürokratische) Institution zur Übermittlung von Informationen darüber, was, wo und in welcher Menge benötigt wird. Funktioniert diese Institution «Markt» einmal nicht so gut, so kann dies in der skizzierten Perspektive nur an ungünstigen Randbedingungen oder äußeren Störungen liegen, die dann vom Staat beseitigt werden müssen. Eine solche Markteuphorie springt einem nicht nur aus (fast) jedem Lehrbuch der Volkswirtschaftslehre an und wird nicht nur an volkswirtschaftlichen Fakultäten und in den Wirtschaftsteilen der großen Zeitungen als unumstößliche Wahrheit behauptet. Nach 1989 wurde sie in unterschiedlichen Varianten auch von vielen ehemals Linken übernommen. Dabei wurden Markt und Kapital manchmal geradezu als gegensätzliche Kräfte einander gegenübergestellt und daraus entsprechende politische Konsequenzen gezogen: Sei es in Gestalt der Forderung, die Macht großer Unternehmen einzuschränken, um den segensreichen Wirkungen «des Marktes» zum Durchbruch zu verhelfen; oder gar in Gestalt eines «Marktsozialismus», in dem kapitalistische Unternehmen durch Genossenschaften der Arbeiter ersetzt werden, die dann «auf dem Markt» munter miteinander konkurrieren.

Ob also Markt und Kapital lediglich in einem äußerlichen, lockeren Verhältnis stehen, oder ob es einen inneren, notwendigen Zusammenhang zwischen beiden gibt, ist demnach keine bloß akademische Frage, vielmehr hat die Antwort unmittelbar politische Konsequenzen.

Wenn die in den ersten drei Kapiteln des «Kapital» dargestellte Zirkulation von Ware und Geld nichts Selbstständiges, vom Kapital Unabhängiges ist (wie dies die Marxsche Rede von der einfachen Zirkulation als «Oberfläche» ausdrückt), dann muss sich diese Unselbstständigkeit auch schon innerhalb dieses Gegenstandes bemerkbar machen. Ganz ähnlich wie beim Verhältnis von Ware und Geld muss sich dann ein innerer, notwendiger Zusammenhang zwischen Geld und Kapital aufzeigen lassen.

Rekapitulieren wir kurz drei wesentliche Schritte im Gang der Darstellung von Ware und Geld:

(1) Zunächst wurde die Ware analysiert. Sie stellte sich als etwas Doppeltes dar: Gebrauchswert und Wert. Ihre Wertgegenständlichkeit erwies sich aber als etwas Besonderes: als eine rein gesellschaftliche Eigenschaft, die nicht der einzelnen Ware zukommt, sondern nur den ausgetauschten Waren als *gemeinsame* Eigenschaft (daher der «gespenstige» Charakter des Werts).

(2) Damit sich das Wertgespenst tatsächlich fassen lässt, benötigt es einen *selbstständigen* Ausdruck, eine gegenständliche Gestalt. Die erhält es im Geld. Geld ist also nicht etwas bloß Zusätzliches zur Warenwelt oder lediglich ein bloßes Hilfsmittel; Geld ist notwendig, um den Wertcharakter der Waren auszudrücken, um die Waren umfassend als Werte aufeinander zu beziehen (daher die Charakterisierung der Marxschen Werttheorie als «monetäre Werttheorie»). Dies bedeutet auch: Warenproduktion und Geld sind unzertrennlich, man kann nicht, wie einige Sozialisten meinen, das Geld abschaffen, aber die private Produktion beibehalten.

(3) Geld ist zwar selbstständige Gestalt des Werts, als Maß der Werte und als Zirkulationsmittel ist von dieser Selbstständigkeit jedoch nicht viel zu bemerken; Geld dient hier nur als Hilfsmittel. Erst als Einheit von Wertmaß und Zirkulationsmittel («Geld als Geld») wird Geld wirklich zur selbstständigen Wertgestalt; es ist nicht nur Mittler, der beständig verschwindet (wie beim Zirkulationsmittel) oder gar nicht real anwesend sein muss (wie beim Wertmaß), sondern wird jetzt selbst zum Zweck: Nicht einfach *Wert*, sondern die *selbständige* und *dauerhafte* Wertgestalt, Geld, soll festgehalten und vermehrt werden.

Allerdings zeigt gerade die Schatzbildung, wie begrenzt die Selbstständigkeit und Unvergänglichkeit des Wertes ist: Wird das Geld als Schatz der Zirkulation entzogen, so wird es letztlich zu einem nutzlosen Gegenstand. Wird es aber in die Zirkulation geworfen, d.h. werden Waren damit gekauft, dann geht die selbstständige Wertgestalt verloren.

Innerhalb der einfachen Zirkulation ist Geld zwar selbstständige und dauerhafte Gestalt des Werts; diese Selbstständigkeit und Dauerhaftigkeit ist aber nirgends zu fassen, innerhalb der einfachen Zirkulation kann sie gar nicht wirklich existieren. Wenn es also einerseits richtig ist, dass innerhalb der einfachen Zirkulation der Wert der Waren die Existenz eines selbstständigen Wertausdrucks (Geld) notwendig macht, dass aber andererseits diese Selbstständigkeit des Werts innerhalb der einfachen Zirkulation gar nicht existieren kann, dann folgt daraus, dass die einfache Zirkulation nichts Selbstständiges sein kann, sondern Moment und Resultat eines «tiefer liegenden» Prozesses sein muss – nämlich des kapitalistischen Verwertungsprozesses, wie gleich gezeigt wird.

Soll Geld tatsächlich selbstständiger und dauerhafter Ausdruck des Werts sein, dann darf es nicht getrennt von der Zirkulation existieren, sondern muss in sie eingehen – aber ohne dass dabei der Wert seine Selbstständigkeit und Dauerhaftigkeit verliert, wie dies bei einem einfachen Kaufakt G – W mit anschließender Konsumtion der Ware W der Fall wäre. Selbstständigkeit und Dauerhaftigkeit des Werts ist nur gewährleistet, wenn das Geld die Bewegung G – W – G vollzieht. Allerdings bringt diese Bewegung – eine Ware für eine bestimmte Geldsumme zu kaufen, um sie anschließend wieder für dieselbe Geldsumme zu verkaufen – keinen Vorteil. Einen Vorteil liefert erst die Bewegung G – W – G´, wobei G´ größer als G ist. In dieser Bewegung (Marx bezeichnet sie als «allgemeine Formel des Kapitals») behält der Wert nicht nur seine selbständige Gestalt, er vermehrt sich und wird damit auch wirklich zum Zweck des ganzen Prozesses. Erst im Kapital findet somit die selbständige Gestalt des Werts ihren adäquaten und angemessenen Ausdruck, oder anders formuliert: die dauerhafte und die ganze Ökonomie umfassende Existenz des Werts ist nur möglich, wenn der Wert die Kapitalbewegung G – W – G´ ausführt. Mit der Bewegung G – W – G´ verlassen wir aber die einfache Zirkulation; Inhalt und Voraussetzungen dieser Bewegung sind jetzt zu untersuchen.[23]

---

23 Der gerade skizzierte Zusammenhang von «einfacher Zirkulation» und Kapital wird von Marx lediglich in den Vorarbeiten zum «Kapital» (in den «Grundrissen», MEW 42, S. 160 f. und im «Urtext

4.2 Die «okkulte Qualität» des Werts: G – W – G´

Betrachten wir zunächst noch einmal die Kette W – G – W, die uns in Teil 2.2 bei der Diskussion der Geldfunktionen beschäftigt hat. Der Warenproduzent hat eine Ware W mit einem bestimmten Gebrauchswert produziert, er verkauft diese Ware und kauft mit dem erhaltenen Geld eine andere Ware mit einem anderen Gebrauchswert. Das Geld ist definitiv *verausgabt*, der Zweck des Prozesses ist der Konsum dieser zweiten Ware. Im Bedürfnis des Produzenten findet der ganze Prozess sein Maß, und mit der Befriedigung dieses Bedürfnisses ist der Prozess beendet.

Betrachten wir nun stattdessen die Kette G – W – G. Sie setzt sich aus denselben Elementen G – W und W – G zusammen wie W – G – W, nur ist die Reihenfolge anders: Jetzt wird gekauft, um anschließend wieder zu verkaufen. Geld ist der Anfangs- und Endpunkt des Prozesses. Eine Geldsumme ist von einer anderen nicht qualitativ, sondern allenfalls quantitativ unterschieden. Die obige Zirkulationsfigur bringt nur einen Vorteil, wenn die Geldsumme am Ende größer ist als am Anfang, wenn es sich um eine Kette G – W – G´ handelt, wobei G´ größer als G ist. Zweck des Prozesses ist jetzt die quantitative Vermehrung der ursprünglichen Geldsumme. Das Geld wird nicht verausgabt (wie bei W – G – W), sondern *vorgeschossen*; es wird nur ausgegeben, damit anschließend mehr eingenommen wird.

Eine Wertsumme, die diese Bewegung vollzieht, ist *Kapital*. Eine bloße Wertsumme für sich genommen, sei es nun in Gestalt von Geld oder in Gestalt von Waren, ist noch nicht Kapital. Auch ein einzelner Austauschprozess macht aus einer Wertsumme noch nicht Kapital. Erst die Verkettung von Austauschprozessen mit dem Zweck, die ursprüngliche Wertsumme zu vermehren, liefert uns die typische *Kapitalbewegung*: Kapital ist nicht einfach Wert sondern *sich verwertender Wert*, d.h. eine Wertsumme, die die Bewegung G – W – G´ vollzieht. Den bei der Kapitalbewegung erzielten Wertzuwachs, die Dif-

---

von ‹Zur Kritik der politischen Ökonomie›», MEGA II.2, S. 63 ff.) nicht aber im «Kapital» selbst dargestellt. Dort beginnt er im vierten Kapitel sofort mit der Analyse der Formel G – W – G`. Mit dieser Auslassung hat Marx den oben erwähnten Interpretationen, die Marktwirtschaft und Kapital als etwas Getrenntes gegenüberstellen, selbst Vorschub geleistet.

ferenz zwischen G´ und G, bezeichnet Marx als *Mehrwert*; in der klassischen politischen Ökonomie und in der modernen Volkswirtschaftslehre findet sich dieser Begriff nicht. Mehrwert ist nicht einfach ein anderer Name für Profit oder Gewinn, wir werden später sehen, dass es sich tatsächlich um etwas Unterschiedliches handelt. Allerdings müssen wir uns im Moment noch nicht mit diesen Unterschieden befassen (zur genauen Bedeutung von Profit vgl. Kapitel 7, zur Bedeutung von Unternehmergewinn Kapitel 8).

Die Kapitalbewegung hat als einzigen Zweck die Vermehrung des vorgeschossenen Werts. Die rein quantitative Vermehrung findet aber weder ein Maß (warum soll eine Vermehrung um 10% nicht ausreichend, eine um 20% dagegen ausreichend sein?) noch ein Ende (warum soll nach einer einmaligen oder auch nach einer zehnmaligen Bewegung Schluss sein?). Im Unterschied zur einfachen Warenzirkulation W – G – W, die auf einen außerhalb der Zirkulation liegenden Zweck zielt (Aneignung von Gebrauchswerten zur Bedürfnisbefriedigung) und die ihr Maß am Bedürfnis und ihr Ende an der Befriedigung findet, ist die Kapitalbewegung ein *Selbstzweck*, sie ist *maßlos* und *endlos*.

Betrachtet man die Warenproduktion unter Abstraktion vom Kapital, so kann man auf den Gedanken kommen, dass der Zweck von Warenproduktion und Tausch die allgemeine Bedürfnisbefriedung sei: Jeder befriedigt seine eigenen Bedürfnisse, indem er zunächst eine Ware produziert, die die Bedürfnisse der anderen erfüllt, diese Ware sodann gegen Geld austauscht, um dann mit diesem Geld Waren zu erwerben, welche die eigenen Bedürfnisse befriedigen. Oder kurz gefasst: Alle befriedigen die eigenen Bedürfnisse, indem sie die Bedürfnisse der anderen befriedigen. In dieser Weise fasst die bürgerliche Ökonomie (sowohl die klassische politische Ökonomie als auch die moderne neoklassische Theorie) die Warenproduktion auf.

Eine *kapitalistische Warenproduktion* (und die Verallgemeinerung der Warenproduktion erfolgt historisch erst unter kapitalistischen Bedingungen) ist aber nicht auf Bedürfnisbefriedigung ausgerichtet, sondern auf die Verwertung des Werts. Bedürfnisbefriedigung erfolgt nur als Nebenprodukt, sofern sie sich mit der Kapitalverwertung deckt. *Zweck* kapitalistischer Produktion ist der Mehrwert und nicht die Befriedigung von Bedürfnissen.

Bisher war nur von *Kapital*, aber noch nicht vom *Kapitalisten* die Rede. Kapitalist ist nicht bereits jemand, der über eine große Wertsumme verfügt, Kapitalist ist er nur, insofern er diese Wertsumme auch tatsächlich als Kapital verwendet, d.h. die *selbstzweckhafte Bewegung* des Kapitals zu seinem eigenen, subjektiven Zweck macht:

«... nur soweit wachsende Aneignung des abstrakten Reichtums das allein treibende Motiv seiner Operationen, funktioniert er als Kapitalist oder personifiziertes, mit Willen und Bewusstsein begabtes Kapital. *Der Gebrauchswert ist also nie als unmittelbarer Zweck des Kapitalisten zu behandeln. Auch nicht der einzelne Gewinn, sondern nur die rastlose Bewegung des Gewinnens.*» (MEW 23, S. 167 f., Hervorhebung M.H.)

Eine Person ist nur dann «Kapitalist», wenn sie «personifiziertes Kapital» ist, d.h. in ihrem Handeln der Logik des Kapitals (maßlose und endlose Verwertung) folgt. Dieser Kapitalist ist dann «Personifikation einer ökonomischen Kategorie» bzw. «ökonomische Charaktermaske» (MEW 23, S. 100).

Hier gilt Ähnliches wie das, was wir schon für die Handlungen der Warenbesitzer feststellen konnten (vgl. Kapitel 3.2 und 3.6): Eine Person verhält sich als Warenbesitzer oder Kapitalist, insofern sie einer bestimmten Handlungsrationalität folgt. Diese Handlungsrationalität ergibt sich aus den vorausgesetzten Formbestimmungen des ökonomischen Prozesses (den Formbestimmungen der Ware bzw. des Kapitals). Indem die Personen dieser Handlungsrationalität folgen, reproduzieren sie zugleich die vorausgesetzten Formbestimmungen. In der Darstellung müssen zunächst die Formbestimmungen analysiert sein, bevor man auf das Verhalten der Personen eingehen kann.

Zwar mag ein konkreter Geldbesitzer noch andere Zwecke verfolgen als nur die Kapitalverwertung, dann aber agiert er nicht mehr ausschließlich als «Kapitalist». Dass der einzelne Kapitalist beständig versucht, seinen Gewinn zu vergrößern, liegt nicht in irgendwelchen psychischen Eigenschaften begründet, wie etwa «Gier», es handelt sich vielmehr um ein durch den Konkurrenzkampf der Kapitalisten *erzwungenes* Verhalten. Der einzelne Kapitalist, sofern er Kapitalist bleiben will, benötigt den wachsenden Gewinn nicht etwa für einen wachsenden persönlichen Konsum, der bei großen Kapitalien nur einen winzigen Bruchteil des Gewinns ausmacht, sondern vor allem, um seine Produktionsanlagen zu modernisieren bzw. neue Produkte zu produzieren, wenn es nach den alten keine Nachfrage mehr gibt. Verzichtet er auf Modernisierung oder Veränderung, wird er bald vor dem Bankrott stehen. In Kapitel 5.2 werden wir auf diese *Zwangsgesetze der Konkurrenz* zurückkommen.

Im Lauf der Zeit änderte sich einiges an der äußeren Erscheinungsform des Kapitalisten. Der «freie Unternehmer» des 19. Jahrhunderts, der «sein» Unternehmen leitete und nicht selten eine Familiendynastie begründete, wurde im 20. Jahrhundert zumindest in den Großunternehmen weitgehend durch den «Manager» ersetzt, der oft nur ein kleineres Aktienpaket des von ihm geführten Unternehmens besitzt. *Kapitalist* im Marxschen Sinne, also Personifikation des Kapitals sind sie jedoch beide: Sie verwenden eine Wertsumme als Kapital.

Wenn der Kapitalist nur die Logik des Kapitals ausführt, dann ist auch nicht er, sondern das Kapital, der sich verwertende Wert, «Subjekt». Marx spricht in diesem Zusammenhang vom Kapital als «automatischem Subjekt» (MEW 23, S. 169), was das Widersinnige deutlich macht: Einerseits ist das Kapital ein Automat, etwas Lebloses, andererseits als «Subjekt» das Bestimmende des ganzen Prozesses.

Als das «übergreifende Subjekt» (ebd.) des Verwertungsprozesses bedarf der Wert einer selbstständigen Form und diese Form findet er im Geld. Geld ist daher der Ausgangs- und der Schlusspunkt des Verwertungsprozesses.

Geld war bereits innerhalb der einfachen Zirkulation die selbstständige wenn auch unzureichende Form des Werts. Als Kapital (um es nochmals zu betonen: Kapital ist weder Geld noch Ware für sich genommen, sondern die maß- und endlose Bewegung des Gewinnens G – W – G´) besitzt der Wert nicht nur eine *selbstständige* Form, er ist jetzt *prozessierender* Wert, «sich selbst bewegende Substanz» (ebd.) ein höchst merkwürdiges Subjekt mit ganz außerordentlichen Fähigkeiten:

«In der Tat aber wird der Wert hier das Subjekt eines Prozesses, worin er unter dem beständigen Wechsel der Formen von Geld und Ware seine Größe selbst verändert... Er hat die *okkulte Qualität* erhalten, Wert zu setzen, weil er Wert ist.» (MEW 23, S. 169; Hervorhebung M.H.)

Es *scheint*, als ob es der Wert selbst sei, der sich vermehrt (so manche Bank wirbt mit dem Spruch «Lassen sie ihr Geld arbeiten», der genau diesen Schein bezeichnet). Worauf diese «okkulte Qualität» beruht, ist nun zu untersuchen.

4.3 Klassenverhältnisse: «Doppelt freie» Arbeiter

Bis jetzt haben wir nur formal bestimmt, was Kapital ist: eine Wertsumme, die sich verwertet, die die Bewegung G – W – G´ vollzieht. Es bleibt aber die Frage, wie diese Bewegung überhaupt *möglich* ist, oder anders ausgedrückt: *Wo kommt der Mehrwert eigentlich her*?

Innerhalb der Zirkulation wäre eine Verwertung nur dann möglich, wenn die Ware W unter ihrem Wert gekauft oder über ihrem Wert verkauft würde. In diesem Fall kann sich die vorgeschossene Wertsumme zwar vermehren, dem Gewinn des einen Kapitalisten steht aber auf der anderen Seite ein gleich großer Verlust eines anderen gegenüber. Gesamtgesellschaftlich hat sich die Wertsumme nicht verändert, sie wurde nur anders verteilt, ganz ebenso, als hätte ein schlichter Raub stattgefunden.

Der kapitalistische Gewinn wäre damit aus einer *Verletzung* der Gesetze der Warenproduktion erklärt. Unterstellen wir die normalen Bedingungen von Warenproduktion und -zirkulation, dann gehört dazu der «Äquivalententausch»: Die ausgetauschten Waren sind von gleicher Wertgröße, bzw. der gezahlte Preis ist adäquater Ausdruck der Wertgröße der Ware und drückt nicht ein zufälliges Mehr oder Minder aus; die Waren werden «zu ihren Werten getauscht». Ist der Mehrwert ein normales Phänomen kapitalistischer Warenproduktion und nicht bloß eine Ausnahme, dann muss seine Existenz unter der Voraussetzung des «Äquivalententausches» erklärt werden und genau diesem Problem stellt sich Marx.

Zusammengefasst lautet seine Überlegung: Unterstellt man Äquivalententausch, dann kann der Mehrwert nicht in der Zirkulation gebildet werden, also weder beim ersten Zirkulationsakt G – W noch beim zweiten W – G´. Es muss also zwischen den beiden Zirkulationsakten mit der Ware W eine Veränderung vorgehen. Außerhalb der Zirkulation wird aber lediglich der Gebrauchswert der gekauften Ware konsumiert. Der Geldbesitzer muss demnach auf dem Markt eine Ware vorfinden, *deren Gebrauchswert die Eigenschaft besitzt, Quelle von Wert zu sein*, so dass der Verbrauch dieser Ware Wert schafft, und zwar mehr Wert als sie selbst kostet.

Diese besondere Ware gibt es. Es ist die Ware *Arbeitskraft*. Mit Arbeitskraft ist die *Fähigkeit* des Menschen gemeint, Arbeit zu verrichten, und unter den Bedingungen von Warenproduktion kann die Verausgabung von Arbeit zur Quelle von Wert werden. Verkaufe ich meine Arbeitskraft, dann überlasse ich diese Fähigkeit für einen bestimmten Zeitraum einem anderen. Beim Verkauf der Arbeitskraft wird nicht der ganze Mensch verkauft (ich werde nicht zum Sklaven), es wird aber auch nicht die Arbeit verkauft, Arbeit ist ja erst die *Anwendung* der Arbeitskraft. Dass nur die *Fähigkeit zum Arbeiten* und nicht die Arbeit gekauft wurde, zeigt sich u.a. dann, wenn vorübergehend Rohstoffe fehlen und der Geldbesitzer die gekaufte Fähigkeit nicht ausnutzen kann.

Dass der Geldbesitzer die Arbeitskraft *als eine Ware* auf dem Markt vorfindet, ist nicht selbstverständlich. Zwei Bedingungen müssen dazu erfüllt sein. Erstens muss es Menschen geben, die sich als *freie Eigentümer* zu ihrer Arbeitskraft verhalten können, die also in der Lage sind, ihre Arbeitskraft zu verkaufen. Eine Sklave oder ein leibeigener Bauer ist dazu nicht in der Lage, denn die Verkäufer der Arbeitskraft müssen *rechtlich freie Personen* sein.

Verfügen diese Personen aber über Produktionsmittel und können selbst Waren herstellen und verkaufen oder sich von ihren Produkten ernähren, dann werden sie ihre Arbeitskraft wahrscheinlich nicht verkaufen. Nur wenn sie, und das ist die zweite Bedingung, keine Produktionsmittel besitzen, also nicht nur rechtlich frei, sondern auch noch *frei von sachlichem Eigentum* sind, sind sie *gezwungen* ihre Arbeitskraft zu verkaufen; dann verhalten sie sich also tatsächlich zu ihrer Arbeitskraft wie zu einer Ware. Die Existenz dieser in doppeltem Sinne «freien» Arbeiter und Arbeiterinnen ist die unabdingbare soziale Voraussetzung kapitalistischer Produktion.

Der kapitalistischen Produktionsweise liegt also ein ganz bestimmtes *Klassenverhältnis* zugrunde: Es muss einerseits eine *Klasse von Eigentümern* (Geld- und Produktionsmittelbesitzern) geben und auf der anderen Seite eine *Klasse von weitgehend eigentumslosen, aber rechtlich freien Arbeitern und Arbeiterinnen*. Dieses Klassenverhältnis ist meistens gemeint, wenn Marx nicht vom Kapital, sondern vom *Kapitalverhältnis* spricht.

Wenn bei Marx von «Klassen» die Rede ist, dann bezieht sich dies auf die soziale Stellung innerhalb des gesellschaftlichen Produktionsprozesses, in unserem Fall auf Eigentümer von Produktionsmitteln bzw. auf Menschen, die von diesem Eigentum ausgeschlossen sind. Bei den durch ihre soziale Stellung bestimmten Klassen wird aber nicht unterstellt, dass die einzelnen Mitglieder einer Klasse automatisch auch ein gemeinsames «Klassenbewusstsein» hätten oder gar ein gemeinsames «Klassenhandeln» an den Tag legen würden. «Klasse» ist auf dieser Stufe der Darstellung zunächst eine rein *strukturelle* Kategorie; ob Klasse noch mehr bedeutet, muss im jeweiligen konkreten Kontext untersucht werden. Wenn die moderne Soziologie – gegen Marx – das Ende der Klassengesellschaft bereits im Kapitalismus zu erkennen meint, dann wird als Beleg meist das – aufgrund der Aufstiegschancen oder der «Individualisierung» der Gesellschaft – fehlende Klassenbewusstsein angeführt[24], also ein Kriterium, das Marx bei dem strukturellen Klassenbegriff, der im «Kapital» dominiert, überhaupt nicht anlegt. Allerdings hat der traditionelle, weltanschauliche Marxismus häufig kurzschlüssig von einer strukturell gleichen sozialen Lage auf ein gleiches Bewusstsein und auch ein tendenziell gleiches Handeln geschlossen. Damit wurde dann auch «Klassenherrschaft» statt als *strukturelles* Verhältnis als ein *Willensverhältnis* von sozialen Klassen aufgefasst, indem die eine Klasse der anderen ihren Willen aufzwingt.

Dass es dieses Klassenverhältnis – Eigentümer von Geld und Produktionsmitteln auf der einen Seite, eigentumslose, aber rechtlich freie Arbeiter und Arbeiterinnen auf der anderen Seite – überhaupt gibt, ist keineswegs «natürlich», sondern Resultat einer bestimmten *historischen Entwicklung*. Diese historische Entwicklung gehört zur *Vorgeschichte* des Kapitalismus. Um die grundlegenden Strukturen des Kapitalismus weiter zu analysieren, genügt es, das Resultat dieser Vorgeschichte vorauszusetzen. Daher wird der historische Entstehungsprozess der im Doppelsinne «freien» Arbeiter auch erst am Ende des ersten «Kapital»-Bandes unter dem Titel «Die sog. ursprüngliche Akkumulation» skizziert: Am Beispiel Englands zeigt Marx, dass es sich dabei um einen äußerst gewaltsamen und blutigen Prozess gehandelt hat, der keineswegs «über den Markt», sondern unter tätiger Mithilfe des Staates erfolgte (angedeutet wurde dieser Prozess bereits in Kapitel 1.1 und 1.2). Allerdings ist die «ursprüngliche Akkumulation» kein einmaliger Prozess: Im Zuge der weltweiten Ausbreitung des Kapitalismus kommt es immer wieder zu vergleichbaren Entwicklungen.

---

24 Z. B. Ulrich Beck in seinem Buch «Risikogesellschaft».

4.4 Der Wert der Ware Arbeitskraft, Mehrwert und Ausbeutung

Um die Entstehung des Mehrwerts – trotz Äquivalententausch – zu verstehen, müssen wir uns genauer mit der Ware Arbeitskraft beschäftigen. Wie jede Ware hat sie Gebrauchswert und Wert. Der *Gebrauchswert* der Arbeitskraft besteht in ihrer Anwendung, also der Arbeit selbst. Die Verausgabung der Arbeit schafft neuen Wert, der vor dem Tausch nur geschätzt werden kann. In welchem Ausmaß die Arbeit wertbildend war, ergibt sich aufgrund der im Tausch stattfindenden Reduktionen (vgl. oben Kapitel 3.3).

Den *Wert* der Arbeitskraft sieht Marx analog zum Wert jeder anderen Ware «bestimmt durch die zur Produktion, also auch Reproduktion, dieses spezifischen Artikels notwendige Arbeitszeit». Zur Erhaltung bedarf jedes Individuum einer Reihe von Lebensmitteln, im weitesten Sinne, also nicht nur Nahrung, sondern auch Kleidung, Unterkunft etc., so dass Marx folgert: «Die zur Produktion der Arbeitskraft notwendige Arbeitszeit löst sich also auf in die zur Produktion dieser Lebensmittel notwendige Arbeitszeit, oder *der Wert der Arbeitskraft ist der Wert der zur Erhaltung ihres Besitzers notwendigen Lebensmittel*.» (MEW 23, S. 184; Hervorhebung M.H.)

Da die Fortexistenz des Kapitalverhältnisses verlangt, dass die Arbeitskraft kontinuierlich auf dem Markt angeboten wird, muss der Wert der Arbeitskraft auch die Kosten abdecken, die für die Reproduktion einer ganzen Arbeiterfamilie entstehen, einschließlich der Bildungskosten für die nachwachsende Generation.

Dominiert in der Gesellschaft die traditionelle Kleinfamilie, bei der sich der Mann als Lohnarbeiter verdingt und die Frau die Reproduktionsarbeit übernimmt, muss der Wert der (männlichen) Arbeitskraft die Reproduktionskosten abdecken. Ist es dagegen üblich geworden, dass zwei Personen erwerbstätig sind, beeinflusst dies auch den Wert der Arbeitskraft: Einerseits erhöhen sich die Reproduktionskosten, da ein Teil der Reproduktionsarbeit nicht mehr im Haushalt stattfindet und stattdessen entsprechende Produkte und Dienstleistungen gekauft oder auch staatlicherseits bereit gestellt werden, was dann über höhere Steuern finanziert werden muss. Andererseits müssen die Reproduktionskosten der Familie nicht mehr nur durch den Wert *einer* Arbeitskraft, sondern durch die Summe des Wertes *beider* Arbeitskräfte abgedeckt werden, so dass der

Wert der einzelnen Arbeitskraft – trotz gestiegener Reproduktionskosten – eher sinken wird.

Wie bei jeder Ware (vgl. oben Kapitel 3.7) können auch bei der Ware Arbeitskraft *Preisveränderungen* nicht nur Ausdruck von Wertveränderungen sein, sondern auch die momentan günstige oder ungünstige Situation des Verkaufs dieser Ware widerspiegeln (also eine momentane Knappheit oder einen momentanen Überfluss an Arbeitskräften). Wirkliche *Wertveränderungen* der Arbeitskraft können aus zwei Quellen resultieren: aus einer Veränderung des Werts der zur Reproduktion notwendigen Lebensmittel oder aus einer Veränderung des *Umfangs* der Menge an Lebensmitteln, die für die Reproduktion als notwendig gelten. Dieser Umfang der «notwendigen Lebensmittel» ist in den einzelnen Ländern und Epochen unterschiedlich, er hängt von dem ab, was in einem Land zu den normalen Lebensbedingungen gerechnet wird, sowie dem, was die Arbeiter und Arbeiterinnen als Ansprüche geltend machen. Da die Kapitalisten diese Ansprüche nicht unbedingt freiwillig befriedigen, ist es der *Klassenkampf* zwischen Arbeitern und Kapitalisten, der den Wert der Arbeitskraft mitbestimmt, indem bestimmte Ansprüche durchgesetzt werden – oder eben auch nicht. In diesem Zusammenhang spricht Marx von einem «historischen und moralischen Element», das anders als bei allen anderen Waren, in die Wertbestimmung der Ware Arbeitskraft eingeht (MEW 23, S. 185).[24]

---

24 Marx spricht im «Kapital» meistens nur vom Wert «der» Arbeitskraft, so als ob jede Arbeitskraft denselben Wert hätte. Dies geschieht deshalb, weil es zunächst auf die Analyse grundlegender Strukturen ankommt – wie ist Mehrwert trotz Äquivalententausch möglich – und dafür spielen Unterschiede im Wert der Arbeitskraft keine Rolle. Solche Unterschiede sieht Marx vor allem in unterschiedlichen Kosten der Qualifikation begründet, wobei die Arbeitsverausgabung der qualifizierteren Arbeitskraft dann auch in höherem Maße wertbildend ist (vgl. MEW 23, S. 211 ff.). Allerdings lässt sich aus dem von Marx betonten «historischen und moralischen Element» des Werts der Arbeitskraft auch folgern, dass dieser Wert nicht nur in verschiedenen Ländern, sondern auch im selben Land für unterschiedliche Teile der Arbeiterklasse (aufgrund unterschiedlicher Organisierung, Kampfstärke, Tradition etc.) unterschiedlich bestimmt wird und dass auch asymmetrische Geschlechterverhältnisse und rassistische Diskriminierung zu Unterschieden im Wert der Arbeitskraft führen, da bestimmte Ansprüche nicht durchgesetzt werden können.

Allerdings gibt es noch einen weiteren Unterschied zwischen der Ware Arbeitskraft und den übrigen Waren, auf den Marx jedoch nicht weiter eingeht. In den Wert einer normalen Ware geht einerseits der Wert der zu ihrer Produktion verbrauchten Produktionsmittel ein, andererseits der neue Wert, der durch die Arbeit zugesetzt wird, die aus diesen Produktionsmitteln das fertige Produkt herstellt. Bei der Ware Arbeitskraft ist dies aber nicht der Fall: Ihr Wert wird einzig durch den Wert der Lebensmittel bestimmt, die auf dem Markt gekauft werden müssen. Die im Haushalt, vor allem von Frauen geleistete Reproduktionsarbeit (Hausarbeit, Kindererziehung etc.) geht in den Wert der Arbeitskraft nicht ein. Feministische Autorinnen haben Marx daher vorgeworfen, dass die Kritik der politischen Ökonomie hier einen «blinden Fleck» habe (so etwa der programmatische Aufsatz von Claudia von Werlhof 1978). Allerdings ist nicht die Marxsche Bestimmung des Werts der Ware Arbeitskraft falsch – er gibt wieder, wie diese Bestimmung im Kapitalismus aussieht –, falsch ist, dass er nicht die Besonderheit dieser Wertbestimmung hervorhebt, sondern ihre Übereinstimmung mit derjenigen aller anderen Waren nachzuweisen versucht.

Innerhalb des Kapitalismus ist die besondere Wertbestimmung der Ware Arbeitskraft *notwendig*: Würden die Arbeiter und Arbeiterinnen nicht nur den Wert der Lebensmittel erhalten, die sie am Markt kaufen müssen, dann wären sie längerfristig nicht mehr eigentumslos und könnten sich vom Zwang zum Verkauf ihrer Arbeitskraft zumindest teilweise frei machen. Die Beschränkung des Werts der Arbeitskraft auf die Kosten der Reproduktion ist eine funktionale Notwendigkeit des Kapitalismus. Dass eine solche Beschränkung immer erreicht wird, ist aber keineswegs von vornherein ausgemacht. Man könnte sich durchaus vorstellen, dass eine gut organisierte Arbeiterklasse durch Arbeitskämpfe entsprechend hohe Löhne durchsetzt. Wie sich diese Beschränkung des Werts der Arbeitskraft im Verlaufe des kapitalistischen Akkumulationsprozesses jedoch «von selbst» durchsetzt, werden wir im Kapitel 5.6 sehen.

Die Differenz zwischen dem (Tages)Wert der Arbeitskraft (also der Wertsumme, welche die Arbeitskraft durchschnittlich zur täglichen Reproduktion benötigt) und dem Wert, den der einzelne Arbeiter an einem Tag unter normalen Umständen neu produzieren kann, macht genau den Mehrwert aus, von dem oben bei der Formel G – W – G´ die Rede war. Dass der tägliche Wert der Arbeitskraft (der Wert, den sie für ihre Reproduktion *benötigt*) geringer ist als der Wert, der durch ihren Gebrauch (d.h. durch Verausgabung der Arbeitskraft) pro Tag *geschaffen* werden kann, ist die Grundlage für die «okkulte Qualität» des Werts, neuen Wert zu schaffen.

Der (tägliche) Wert der Arbeitskraft macht also nur einen Teil des durch den (täglichen) Gebrauch der Arbeitskraft neu geschaffenen Werts aus. Wird nun durch Verausgabung der Arbeitskraft an einem z.B. achtstündigen Arbeitstag ein bestimmter Wert geschaffen,[25] dann lässt sich dieser neu geschaffene Wert formal in den Wert der Arbeitskraft und den Mehrwert aufteilen. Beträgt der tägliche Wert der Arbeitskraft z.B. 3/8 des Wertes, der an einem achtstündigen Arbeitstag geschaffen wird, dann kann man formal davon sprechen, dass in drei Stunden der Wert der Arbeitskraft und in fünf Stunden der Mehrwert produziert wurde. Diese drei Stunden bezeichnet Marx daher auch als «notwendige» Arbeitszeit (Arbeitszeit, die notwendig ist, um den Wert der Arbeitskraft zu reproduzieren), die restlichen fünf Stunden als «Mehrarbeitszeit» (Arbeitszeit, die die einzelnen Arbeiter über ihre eigenen Reproduktionsnotwendigkeiten hinaus verrichten). Da die Arbeiter und Arbeiterinnen in unserem Beispiel den in drei Stunden geschaffenen Wert als Bezahlung erhalten, nennt Marx die notwendige Arbeitszeit auch «bezahlte Arbeit», die Mehrarbeitszeit, deren Wertprodukt der Kapitalist als Mehrwert erhält, «unbezahlte Arbeit».

Dass der einzelne Arbeiter für seine Arbeitskraft vom Kapitalisten weniger an Wert erhält, als er durch seine Arbeit produziert, bezeichnet Marx als «*Ausbeutung*» – ein Begriff der in verschiedener Hinsicht missverständlich ist.

Mit Ausbeutung soll nicht auf besonders niedrige Löhne oder besonders schlechte Arbeitsverhältnisse hingewiesen

---

25 Wie im vorangegangenen Kapitel diskutiert wurde, stellt sich erst im Tausch heraus, wie groß die an einem Arbeitstag geschaffene Wertsumme tatsächlich ist. Ist die Ware aber überhaupt verkaufbar, dann wurde eine bestimmte, große oder kleine, Wertsumme geschaffen. Auf diese Wertsumme beziehen sich die folgenden Ausführungen. Wenn jetzt und in den folgenden Abschnitten davon die Rede ist, dass ein Arbeiter soundso viel Stunden arbeitet und dabei einen soundso großen Wert schafft, handelt es sich nicht um einen Rückfall in eine substanzialistische, prämonetäre Werttheorie, sondern lediglich um eine vereinfachte Redeweise.

werden. Ausbeutung bezeichnet einzig und allein den Sachverhalt, dass die Produzenten lediglich einen Teil des von ihnen neu produzierten Wertes erhalten – unabhängig davon, ob die Löhne hoch oder niedrig, die Arbeitsverhältnisse gut oder schlecht sind.

Ausbeutung ist aber auch – entgegen einer verbreiteten Vorstellung und trotz entsprechender Äußerungen vieler «Marxisten» – nicht als *moralische* Kategorie gemeint. Es geht nicht darum, dass den Arbeitern etwas weggenommen wird, was ihnen «eigentlich» gehört, so dass diese Wegnahme etwas moralisch Verwerfliches wäre. Auch die Rede von «bezahlter» und «unbezahlter» Arbeit zielt nicht darauf ab, dass doch eigentlich die «ganze» Arbeit bezahlt werden sollte.[26] Ganz im Gegenteil: Marx betont, dass – entsprechend den Gesetzen des Warentausches – der Verkäufer der Ware Arbeitskraft genau den Wert seiner Ware erhält. Dass der Käufer aus dem Gebrauchswert dieser Ware dann einen besonderen Vorteil schlägt, geht deren Verkäufer nichts mehr an. Marx zieht den Vergleich zu einem Ölhändler: Dieser erhält den Wert des Öls bezahlt, aber nicht zusätzlich noch etwas für den Gebrauchswert des Öls (MEW 23, S. 206). «Ausbeutung» und die Existenz «unbezahlter Arbeit» entspringen nicht aus einer *Verletzung* der Gesetze des Warentausches, sondern aus ihrer *Befolgung*. Will man Ausbeutung abschaffen, dann geht dies nicht durch eine Reformierung der Austauschverhältnisse innerhalb des Kapitalismus, sondern nur durch die Abschaffung des Kapitalismus.

4.5 Wert der Arbeit – ein «imaginärer Ausdruck»

Die Verwertung des Werts beruht auf der Aneignung «unbezahlter Arbeitszeit»: Der Kapitalist zahlt nicht das von den Arbeitern geschaffene Wertprodukt, sondern er zahlt den Wert der Arbeitskraft. Im Alltagsbewusstsein gilt jedoch der Lohn als Bezahlung der geleisteten Arbeit; Ausbeutung als Normalzustand kapitalistischer Produktion ist hier nicht sichtbar. Ausbeutung scheint nur stattzufinden, wenn der Lohn «zu niedrig» ist.

---

26 Eine entsprechende Forderung nach dem «vollen Arbeitsertrag» wurde z.B. von Ferdinand Lassalle (1825-1864) und seinen Anhängern erhoben und von Marx scharf kritisiert.

Es scheint, als drücke der Arbeitslohn nicht den *Wert der Arbeitskraft*, sondern den *Wert der Arbeit* aus.

Den Terminus «Wert der Arbeit» bezeichnet Marx als «imaginären» und «irrationellen» Ausdruck (MEW 23, S. 559, 561). Arbeit – genau gesprochen: abstrakte Arbeit – ist Substanz und immanentes Maß des Werts. Arbeit *schafft* Wert, hat aber selbst keinen. Spricht man vom «Wert der Arbeit» und fragt, wie groß denn der Wert eines Arbeitstages von acht Stunden ist, dann müsste man antworten: Der achtstündige Arbeitstag hat einen Wert von acht Stunden Arbeit, eine Phrase, die Marx zu recht als «abgeschmackt» bezeichnet (MEW 23, S. 557).

Allerdings ist die Phrase «Wert der Arbeit» nicht einfach nur ein absurder Ausdruck. Von «imaginären Ausdrücken» wie «Wert der Arbeit» oder «Wert des Bodens» hält Marx fest, sie «entspringen jedoch aus den Produktionsverhältnissen selbst. Sie sind Kategorien für Erscheinungsformen wesentlicher Verhältnisse» (MEW 23, S. 559).

Das *wesentliche* Verhältnis ist der Wert der Ware Arbeitskraft, es *erscheint* aber im Lohn als Wert der Arbeit. Solche Erscheinungsformen
«reproduzieren sich unmittelbar spontan, als gang und gäbe Denkformen», das wesentliche Verhältnis dagegen «muß durch die Wissenschaft erst entdeckt werden» (MEW 23, S. 564).

«Wert der Arbeit» ist eine verkehrte Anschauung, die nicht etwa durch bewusste Manipulation hervorgerufen wird, sondern die aus den Verhältnissen selbst erwächst. Es handelt sich um eine der «objektiven Gedankenformen» (vgl. oben Kapitel 3.8, Teil f), die das Denken der in diesen Verhältnissen befangenen Menschen strukturiert. Vom Standpunkt des Arbeiters aus ist es ein achtstündiger Arbeitstag, der abgeleistet werden muss, um eine bestimmte Lohnsumme zu erhalten. Der Lohn erscheint als Bezahlung dieser Arbeit, ein Schein, der durch die üblichen Formen des Lohns, den «Zeitlohn» (Bezahlung nach Arbeitsstunden) und den «Stücklohn» (Bezahlung nach gelieferten Stücken) noch verstärkt wird. Das eine Mal scheint die in einer Zeiteinheit geleistete Arbeit, das andere Mal die zur Produktion eines Stücks geleistete Arbeit bezahlt zu werden.

Auch der Kapitalist unterliegt diesem Schein. Es handelt sich um eine «spontan» entstehende Verkehrung, der alle Beteiligten (sowie die meisten Ökonomen) unterliegen. Indem der Lohn als Bezahlung des «Werts der Arbeit» aufgefasst wird, erscheint alle Arbeit als bezahlte Arbeit. Mehrarbeit, unbezahlte Arbeit scheint es dann nicht zu geben. Diese Verkehrung hat weitreichende Konsequenzen:

«Auf dieser Erscheinungsform, die das wirkliche Verhältnis unsichtbar macht und grade sein Gegenteil zeigt, beruhn alle Rechtsvorstellungen des Arbeiters wie des Kapitalisten, alle Mystifikationen der kapitalistischen Produktionsweise, alle ihre Freiheitsillusionen, alle apologetischen Flausen der Vulgärökonomie.» (MEW 23, S. 562).

Die Lohnform bildet die Grundlage für alle weiteren «Mystifikationen» des Kapitalverhältnisses, die schließlich in der «trinitarischen Formel» münden (vgl. unten Kapitel 10). Bereits hier ist aber schon festzuhalten: Ebenso wie das spontane Bewusstsein *aller* Mitglieder der bürgerlichen Gesellschaft dem Waren- und Geldfetisch unterliegt (vgl. Kapitel 3.8), sind Arbeiter *und* Kapitalisten gleichermaßen der Mystifikation der Lohnform unterworfen.[27] Die von der kapitalistischen Produktionsweise hervorgebrachten Verkehrungen machen weder vor der herrschenden Klasse halt (ihre Einsicht in die Verhältnisse ist daher auch eine beschränkte), noch hat die beherrschte und ausgebeutete Klasse eine privilegierte Position, um diese Verkehrungen zu durchschauen – der vom traditionellen Marxismus häufig gerühmte «Standpunkt der Arbeiterklasse» hilft hier nicht weiter.

---

27 Von *Fetisch* spricht Marx nur in Bezug auf Ware, Geld und Kapital (vgl. zum Kapitalfetisch Kapitel 5.3): Ein bestimmtes soziales Verhältnis erscheint als dingliche Eigenschaft. Von *Mystifikation* spricht er, wenn ein bestimmter Sachverhalt notwendigerweise verkehrt erscheint: Im Lohn erscheint die Bezahlung des Werts der Arbeitskraft als Bezahlung des Werts der Arbeit.

5. Der kapitalistische Produktionsprozess

5.1 Konstantes und variables Kapital, Mehrwertrate, Arbeitstag

*I*m dritten Kapitel wurde der Doppelcharakter Waren produzierender Arbeit dargestellt: einerseits konkrete, Gebrauchswerte produzierender Arbeit, andererseits abstrakte, wertbildende Arbeit. Einen ähnlichen Doppelcharakter besitzt auch der *kapitalistische Produktionsprozess*: Er ist eine Einheit aus *Arbeitsprozess* (der einen bestimmten Gebrauchswert hervorbringt) und *Verwertungsprozess* (der Produktion von Mehrwert).

Unabhängig von jeder gesellschaftlichen Formbestimmung lassen sich als einfache Momente des Arbeitsprozesses die zweckmäßige Tätigkeit (die Arbeit), der Arbeitsgegenstand (der von der Arbeit verändert wird) und die Arbeitsmittel (mit denen diese Veränderung möglich wird) unterscheiden. Der Arbeitsprozess ist ein Prozess zwischen Mensch und Natur. Dabei wirkt der Mensch einerseits auf die Natur ein und verändert zugleich sich selbst, entwickelt seine eigenen Fähigkeiten. Den Arbeitsprozess gibt es allerdings nie rein als solchen, er findet immer als ein gesellschaftlich formbestimmter Prozess statt: als auf Sklavenarbeit beruhender Produktionsprozess, als Produktionsprozess leibeigener Bauern, als Produktionsprozess selbstständiger Handwerker oder als Produktionsprozess kapitalistischer Lohnarbeiter.[28]

---

28 In der «Einleitung» von 1857 weist Marx darauf hin, dass der scheinbar einfache Begriff Arbeit, der einen in jeder Gesellschaft anzutreffenden Sachverhalt auszudrücken scheint, erst in der kapitalistischen Ökonomie möglich und «praktisch wahr» wird: Erst dort haben sich die einzelnen Tätigkeiten von den Personen, von ihren sozialen Kontexten etc. gelöst; erst jetzt ist keine einzelne Tätigkeit mehr beherrschend, sondern jede Tätigkeit für das Kapital zum Mittel der Verwertung und für die Lohnarbeiter zum Mittel für ihren Lebensunterhalt geworden; erst jetzt lässt sich ganz allgemein von «Arbeit» sprechen (vgl. MEW 42, S. 38 f.).

Innerhalb des kapitalistischen Produktionsprozesses zeigt der Arbeitsprozess zwei Besonderheiten: Erstens verläuft er unter der Kontrolle des Kapitalisten und zweitens ist sein Produkt Eigentum des Kapitalisten und nicht des unmittelbaren Produzenten. Der Kapitalist hat die Arbeitskraft und die Produktionsmittel (Arbeitsgegenstände und Arbeitsmittel) gekauft. Der Arbeitsprozess wird damit zu einem Prozess zwischen Dingen, die dem Kapitalisten gehören. Daher gehört ihm auch das Produkt des Prozesses. Dieses Produkt ist ein Gebrauchswert. Im kapitalistischen Produktionsprozess wurde dieser Gebrauchswert aber nur produziert, insofern er Wert und Mehrwert darstellt.

Dieser kapitalistisch bestimmte Produktionsprozess ist nun genauer zu untersuchen. Zunächst müssen aber einige Grundbegriffe eingeführt werden, die nicht nur in diesem, sondern auch in den weiteren Kapiteln von zentraler Bedeutung sind.

Der Ausdruck G – W – G´ wurde oben als «allgemeine Formel des Kapitals» bezeichnet, sie soll nun etwas genauer betrachtet werden. Verwertung ist nur möglich, weil eine bestimmte Ware gekauft und verbraucht wird, nämlich die Arbeitskraft. Um jedoch diese Ware zu «verbrauchen», also die Arbeit in einem Produktionsprozess anzuwenden, sind Produktionsmittel (Rohstoffe, Maschinen etc.) notwendig. Als Resultat des Produktionsprozesses erhält man eine neue Warenmenge, deren Wert über dem des vorgeschossenen Kapitals liegt und die für G´ verkauft wird.

Bezogen auf den Wert der neu produzierten Waren spielen Produktionsmittel und Arbeitskraft ganz unterschiedliche Rollen. Der Wert der bei der Produktion einer Ware verbrauchten Produktionsmittel geht in den Wert der neu produzierten Waren ein. Werden Produktionsmittel im Produktionsprozess vollständig verbraucht (wie z.B. Rohstoffe, Energie etc.), dann überträgt sich der Wert dieser verbrauchten Produktionsmittel vollständig auf die neu produzierte Warenmenge. Werden dagegen Produktionsmittel wie z.B. Werkzeuge oder Maschinen nicht vollständig verbraucht, dann überträgt sich nur ein Teil ihres Wertes. Hat z.B. eine bestimmte Maschine eine Lebensdauer von zehn Jahren, dann überträgt sich auf die in einem Jahr produzierte Warenmenge lediglich ein Zehntel ihres Werts.[29] Der in Produktionsmitteln ausgelegte Bestandteil des Kapitals wird seinen Wert während des Produktionsprozesses unter normalen Umständen nicht verändern, sondern auf den Wert der produzierten Waren übertragen. Marx nennt diesen Kapitalbestandteil daher *konstantes Kapital*, abgekürzt: c.

Anders verhält es sich mit der Arbeitskraft. Der Wert der Arbeitskraft geht in die produzierten Waren überhaupt nicht ein. Was in den Warenwert eingeht, ist derjenige Wert, der durch den «Verbrauch» der Arbeitskraft, d.h. durch die Verausgabung von Arbeit, *neu entsteht*. Die unterschiedliche Rolle, die Produktionsmittel und Arbeitskraft bei der Wertbildung spielen, kann man an Folgendem sehen: Ändert sich der Wert der verbrauchten Produktionsmittel, dann ändert sich entsprechend der Wert des Produkts. Ändert sich der Wert der Arbeitskraft, dann hat dies auf den Wert des Produkts keinen Einfluss. Wieviel Wert ein Arbeiter dem Produkt zusetzt, hängt nicht vom Wert der Arbeitskraft ab, sondern davon, inwieweit die verausgabte Arbeit als wertbildende, abstrakte Arbeit gilt.

Die Differenz zwischen dem neu zugesetzten Wert und dem Wert der Arbeitskraft ist gerade der *Mehrwert m*. Oder anders ausgedrückt: Der neu zugesetzte Wert ist gleich der Summe aus dem Wert der Arbeitskraft und dem Mehrwert. Denjenigen Bestandteil des Kapitals, der zur Bezahlung der Löhne verwendet wird, nennt Marx *variables Kapital*, abgekürzt: v. Dieser Kapitalteil ändert seinen Wert während des Produktionsprozesses, die Arbeiter und Arbeiterinnen werden mit v bezahlt, produzieren aber neuen Wert in Höhe von $v + m$.[30]

Der Wert der in einer bestimmten Periode (ein Tag oder auch ein Jahr) produzierten Warenmenge lässt sich also schreiben als:

$$c + v + m$$

wobei c den Wert des *verbrauchten* konstanten Kapitals bezeichnet, also den Wert der verbrauchten Rohstoffe und den anteiligen Wert der Werkzeuge und Maschinen, soweit sie verbraucht wurden.

---

29 Dabei hängt die «Lebensdauer» einer Maschine nur zum Teil von ihrem physischen Verschleiß ab. Kommen bald neue und verbesserte Maschinen auf den Markt, dann ist ihre ökonomische Lebensdauer erheblich kürzer als ihre physische. So werden Computer in der Regel nicht deshalb ausgemustert, weil sie nicht mehr funktionieren, sondern weil viel bessere Geräte angeboten werden.

30 Oben wurde betont, dass der Wert der Arbeitskraft nicht auf das Produkt übertragen wird, sondern dass durch Verausgabung von Arbeit neuer Wert geschaffen wird. Dieser neue Wert wird rechnerisch mit Hilfe von v und m ausgedrückt.

Die Verwertung des Kapitals resultiert nur aus seinem variablen Bestandteil. Messen lässt sich der Grad der Verwertung daher, indem man den Mehrwert auf das variable Kapital bezieht: die Größe m/v bezeichnet Marx als *Mehrwertrate*. Sie ist zugleich ein Maß für die Ausbeutung der Arbeitskraft. Die Mehrwertrate wird üblicherweise in Prozent angegeben: Ist z.B. m = 40 und v = 40, dann spricht man nicht von einer Mehrwertrate von 1 sondern von einer Mehrwertrate von 100%, ist m = 20 und v = 40 dann beträgt die Mehrwertrate 50% etc.

Die Mehrwertrate ist eine analytische Kategorie, die sich der wissenschaftlichen Durchdringung des Verwertungsprozesses verdankt; sie setzt voraus, dass wir wissen, wie die Verwertung zustande kommt. Für das praktische Bewusstsein der Kapitalisten ist sie jedoch irrelevant: Diese rechnen, dass ein Kapitalvorschuss in Höhe von c + v notwendig ist, um einen *Profit* in Höhe von m zu erzielen, unabhängig davon, wie dieser Profit zustande kommt (bzw. der Profit wird als «Frucht des Kapitals» gesehen). Ihr Verwertungsmaß ist die *Profitrate* m / (c + v). Profit und Profitrate, die im kapitalistischen Alltag eine entscheidende Rolle spielen, werden von Marx aber erst im dritten Band des «Kapital» behandelt (vgl. unten Kapitel 7), unter anderem deshalb sollte man unbedingt alle drei Bände des «Kapital» zur Kenntnis nehmen.

Die Länge des *Arbeitstages* ergibt sich aus der Summe von notwendiger Arbeitszeit (in ihr wird der Wert der Arbeitskraft v produziert) und Mehrarbeitszeit (in ihr wird der Wert des Mehrwerts m produziert). Ist der Wert der Arbeitskraft in einer bestimmten Gesellschaft zu einem bestimmten Zeitpunkt gegeben, dann ist auch der Umfang der notwendigen Arbeitszeit gegeben – aber noch nicht der Umfang der Mehrarbeitszeit.

In jeder auf Klassenherrschaft beruhenden Gesellschaft lassen sich «notwendige Arbeitszeit» (in ihr werden jene Produkte produziert, die die ausgebeutete Klasse zu ihrer Reproduktion bedarf) und «Mehrarbeitszeit» (in ihr wird das Mehrprodukt produziert, d.h. der Teil des Gesamtprodukts, den sich die herrschende Klasse aneignet) unterscheiden. Allerdings macht Marx auf einen entscheidenden Unterschied zwischen vorkapitalistischen und kapitalistischen Gesellschaften aufmerksam: «Indes ist klar, daß, wenn in einer ökonomischen Gesellschaftsformation nicht der Tauschwert, sondern der Gebrauchswert des Produkts vorwiegt, die Mehrarbeit durch einen engern oder weitern Kreis von Bedürfnissen [der herrschenden Klasse, M.H.] beschränkt ist, aber kein schrankenloses Bedürfnis nach Mehrarbeit aus dem Charakter der Produktion selbst entspringt.» (MEW 23, S. 250)

Aus jenem die kapitalistische Produktionsweise charakterisierenden «schrankenlosen Bedürfnis nach Mehrarbeit» macht Marx aber nun keineswegs einen moralischen Vorwurf an die einzelnen Kapitalisten. Zwar impliziert dieses Bedürfnis nach Mehrarbeit – eben weil es keine Schranke kennt –, dass das Kapital «rücksichtslos gegen Gesundheit und Lebensdauer des Arbeiters» (MEW 23, S. 285) ist, mithin auch die Zerstörung der Arbeitskraft in Kauf nimmt, doch ist dies kein individuelles moralisches Versagen des einzelnen Kapitalisten, sondern die Konsequenz aus der Logik kapitalistischer Warenproduktion.

Hat der Kapitalist die Arbeitskraft zu ihrem Tageswert gekauft, dann hat er das Recht, die Arbeitskraft einen Tag lang anzuwenden. Die Länge eines Arbeitstages ist jedoch unbestimmt: Ein Arbeitstag muss zwar kürzer sein als 24 Stunden, damit den Arbeitenden Zeit für physische und psychische Regeneration bleibt, doch um wie viel kürzer, ist nicht klar. Wenn der Kapitalist nun versucht, den Arbeitstag zu verlängern, dann versucht er lediglich wie jeder Käufer den Gebrauchswert der gekauften Ware maximal auszunutzen ganz so, wie man aus der Zahnpastatube auch noch das letzte bisschen Zahnpasta herauszudrücken versucht. Dass der einzelne Kapitalist von seinem Recht als Käufer auf maximale Ausnutzung des Gebrauchswerts der gekauften Ware auch ausgiebig Gebrauch macht, dafür sorgt die Konkurrenz der übrigen Kapitalisten.

Ebenfalls ganz innerhalb der Logik von Kauf und Verkauf verhalten sich die Arbeitenden, wenn sie versuchen, den Arbeitstag zu verkürzen. Sie müssen am nächsten Tag ihre Arbeitskraft wieder in normaler Verfassung zu Verfügung haben, um sie erneut verkaufen zu können. Ist der heutige Arbeitstag aber zu lang, dann ist dies nicht der Fall.

Sowohl der Kapitalist bei seinem Versuch, den Arbeitstag zu verlängern, als auch die Arbeiter bei ihrem Versuch, den Arbeitstag zu verkürzen, können sich somit gleichermaßen auf die Gesetze des Warentausches berufen; eine Grenze des Arbeitstages kann aus diesen Gesetzen nicht abgeleitet werden. Und das bedeutet:

«Es findet hier also eine Antinomie statt, Recht wider Recht, beide gleichmäßig durch die Gesetze des Warenaustausches besiegelt. Zwischen gleichen Rechten entscheidet die Gewalt. Und so stellt sich in der Geschichte der kapitalistischen Produktion die Normierung des Arbeitstages als Kampf um die Schranken des Arbeitstages dar – ein Kampf zwischen dem Gesamtkapitalisten, d.h. der Klasse der Kapitalisten, und dem Gesamtarbeiter, oder der Arbeiterklasse.» (MEW 23, S. 249)

Wo immer die Arbeitenden nicht in der Lage sind, dem Kapital ausreichend Widerstand entgegenzusetzen, und es genug Nachschub für die zerstörten Arbeitskräfte gibt, dehnt das Kapital die Arbeitszeit über alle physischen Grenzen hinweg aus. Der Kampf um den Normalarbeitstag, den Marx im «Kapital» ausführlich beschreibt, führte im 19. Jahrhundert zunächst in England, dann auch in anderen Ländern zu einer gesetzlichen Begrenzung der täglichen Arbeitszeit. Auf die besondere Rolle des Staates in diesem Prozess werden wir in Kapitel 11 noch zu sprechen kommen.

5.2 Absoluter und relativer Mehrwert, Zwangsgesetze der Konkurrenz

Kapital, der sich verwertende Wert, kennt keine innere Grenze der Verwertung, daher ist für das Kapital letzten Endes kein einmal erreichter Verwertungsgrad ausreichend. Geht man von der Mehrwertrate m/v als Maß der Verwertung aus, dann ergeben sich zwei grundsätzliche Möglichkeiten, die Kapitalverwertung zu steigern, die Marx als Produktion des absoluten bzw. relativen Mehrwerts bezeichnet (im Kapitel 7, wo wir die Profitrate als Verwertungsmaß betrachten, werden wir noch weitere Möglichkeiten kennen lernen).

Bei gegebenem Wert der Arbeitskraft steigt m/v wenn m vergrößert wird. Die von einer einzelnen Arbeitskraft produzierte Mehrwertmasse kann durch Verlängerung der Mehrarbeitszeit gesteigert werden, und die Mehrarbeitszeit lässt sich verlängern, indem der Arbeitstag verlängert wird. Vergrößerung von Mehrwert und Mehrwertrate durch Verlängerung des Arbeitstages bezeichnet Marx als Produktion des *absoluten Mehrwerts*.

Mit der Fixierung eines (gesetzlichen) Normalarbeitstages stößt die Produktion absoluten Mehrwerts noch nicht an ihre Grenze. Eine Verlängerung des Arbeitstages findet nicht nur statt, wenn die Zahl der täglichen Arbeitsstunden vergrößert wird, sondern auch dann, wenn diese Stunden besser ausgenutzt werden: durch Verkürzung von Pausenzeiten oder dadurch, dass bestimmte Arbeitsvorbereitungen nicht mehr zur Arbeitszeit gezählt werden etc. Darüber hinaus hat eine Erhöhung der Intensität der Arbeit (d.h. eine Beschleunigung des Arbeitsablaufs) dieselbe Wirkung wie eine Verlängerung der Arbeitszeit. Der intensivere Arbeitstag liefert ein größeres Wertprodukt als der normale Arbeitstag, ganz so, als sei der Arbeitstag verlängert worden. Auseinandersetzungen um die Ausnutzung der Arbeitszeit und die Intensivierung der Arbeit gehören auch heute zum betrieblichen Alltag.

Die Mehrarbeitszeit lässt sich aber auch ohne Veränderung der Länge des Arbeitstages oder der Ausnutzung der Arbeitszeit steigern: dann nämlich, wenn die notwendige Arbeitszeit verkürzt wird, d.h. wenn der Wert der Arbeitskraft abnimmt. Waren bei einem achtstündigen Arbeitstag bisher vier Stunden erforderlich, um den täglichen Wert der Arbeitskraft zu produzieren, dann blieben vier Stunden Mehrarbeit. Genügen nun drei Stunden zur Produktion des Werts der Arbeitskraft, dann bleiben fünf Stunden Mehrarbeitszeit. Die Vergrößerung von Mehrwert und Mehrwertrate durch eine Abnahme der notwendigen Arbeitszeit bezeichnet Marx als Produktion des *relativen Mehrwerts*.

Die notwendige Arbeitszeit muss hinreichen, um den Wert der Lebensmittel zu produzieren, die die Arbeitskraft zu ihrer Reproduktion benötigt. Soll der Wert der Arbeitskraft vollständig bezahlt werden (und dies muss unterstellt werden, sollen «normale» kapitalistische Verhältnisse betrachtet werden), dann ist eine Verringerung der notwendigen Arbeitszeit nur möglich, wenn sich entweder der als notwendig geltende Umfang der Lebensmittel vermindert (d.h. der «normale» Lebensstandard der Arbeiterklasse gesenkt wird, was aber schwierig durchzusetzen ist und nicht kontinuierlich, sondern allenfalls punktuell erfolgen kann) oder – und dies ist der typische Fall, um den es hier geht – wenn sich der Wert dieser Lebensmittel verringert.

Letzteres ist der Fall, wenn entweder die Produktivkraft der Arbeit in denjenigen Branchen steigt, die Lebensmittel (immer im weitesten Sinne verstanden, also nicht nur Nahrungsmittel) herstellen, oder wenn die Produktivkraft in solchen Branchen steigt, die Rohstoffe oder Maschinen für die Lebensmittelbranchen liefern: Mit den billigeren Produktionsmitteln sinkt dann auch der Wert der mit ihrer Hilfe produzierten Lebensmittel.

Die Produktion des relativen Mehrwerts läuft darauf hinaus, durch Steigerung der Produktivkraft der Arbeit den Wert der Lebensmittel zu vermindern und damit den Wert der Arbeitskraft zu senken.

Verlängerung der Arbeitszeit und Steigerung der Produktivkraft sind somit die beiden grundlegenden Möglichkeiten, den Verwertungsgrad des Kapitals zu erhöhen. Realisiert werden können diese beiden Möglichkeiten aber nur durch die *Handlungen* der einzelnen Kapitalisten.

Dass die Kapitalisten ein Interesse an der Verlängerung der Arbeitszeit haben, ist unmittelbar plausibel: Bei gegebenem Wert der Arbeitskraft erhöht jede Stunde des verlängerten Arbeitstages unmittelbar den Mehrwert, den der einzelne Kapitalist erhält.

Anders verhält es sich jedoch mit der Steigerung der Produktivkraft der Arbeit. Steigert z.B. ein Produzent von Tischen die Produktivkraft, dann verbilligen sich Tische. Aber nur in dem Ausmaß, in dem Tische in den Wert der Arbeitskraft eingehen, verbilligt sich auch die Arbeitskraft. Der Effekt ist minimal und meistens auch noch zeitlich verzögert. Als *individuelles Motiv* zur Steigerung der Produktivkraft reicht dieser kleine und unsichere Vorteil kaum aus.

Was die einzelnen Kapitalisten zur Produktivkraftsteigerung motiviert, ist denn auch etwas ganz anderes. Inwieweit die individuell verausgabte Arbeitszeit als wertbildend zählt, hängt (unter anderem) davon ab, ob für die Produktion eines Gutes die «gesellschaftlich notwendige Arbeitszeit» (also die Arbeitszeit, die bei einem bestimmten gesellschaftlich üblichen Stand von Produktivität und Intensität der Arbeit notwendig ist, vgl. oben Kapitel 3.1) aufgewendet wurde oder nicht. Beträgt die gesellschaftlich notwendige Arbeitszeit zur Herstellung eines bestimmten Typs von Tischen z.B. zehn Stunden und gelingt es nun einem Produzenten, diesen Tisch in acht Stunden herzustellen, dann hat er in acht Stunden dasselbe Wertprodukt geschaffen, wie die anderen Produzenten in zehn Stunden, d.h. er kann das Produkt achtstündiger Arbeit wie ein Produkt zehnstündiger Arbeit verkaufen.

Genau dies ist der Fall, wenn ein Kapitalist als erster die Produktivkraft der Arbeit in einem bestimmten Produktionsprozess erhöht. Nehmen wir an, bei der Produktion eines bestimmten Gutes, etwa eines bestimmten Computers, werde konstantes Kapital c im Wert von 200 verbraucht. Außerdem werde ein

Arbeitstag von acht Stunden unmittelbarer Arbeit benötigt, um den Computer aus den Vorprodukten herzustellen. Der Tageswert der Arbeitskraft sei 80, die Mehrwertrate betrage 100%, so dass der von einer Arbeitskraft produzierte tägliche Mehrwert ebenfalls 80 betrage. Der Wert des Produkts ist dann

$$c + v + m = 200 + 80 + 80 = 360$$

Nun nehmen wir an, es möge diesem Kapitalisten (zunächst als einzigem) gelingen, die für die Montage des Computers benötigte unmittelbare Arbeitszeit von acht auf vier Stunden zu reduzieren. Der Wert des Computers richtet sich nach den gesellschaftlichen Durchschnittsverhältnissen und bleibt zunächst noch bei 360. Unser pfiffiger Kapitalist muss nun aber nicht mehr variables Kapital von 80, sondern lediglich von 40 verausgaben. Er hat also nur Kosten von

200 (konstantes Kapital) + 40 (variables Kapital) = 240

Verkauft er das Produkt für 360, dann bleibt ihm ein Mehrwert von 120. Außer dem gesellschaftlich üblichen Mehrwert von 80 je Computer erzielt unser Kapitalist also einen Extramehrwert von 40 und eine Mehrwertrate von 300% statt 100%. Dieser *Extramehrwert* bzw. *Extraprofit* (vgl. die Bemerkung zum Profit in Kapitel 5.1) – und nicht die künftige Verbilligung der Arbeitskraft – ist für den Kapitalisten die Motivation zur Steigerung der Produktivkraft der Arbeit.

Der Extramehrwert bleibt dem Kapitalisten so lange erhalten, wie sich die neue Produktionsmethode noch nicht verallgemeinert hat. Hat sie sich aber durchgesetzt, dann bedeutet das, dass die gesellschaftlich notwendige Arbeitszeit zur Produktion eines Computers gesunken ist. Wäre zwischenzeitlich alles andere gleich geblieben (der Wert der Arbeitskraft, der Wert der Elemente des konstanten Kapitals etc.), dann wäre der neue Wert:

$$c + v + m = 200 + 40 + 40 = 280$$

und der Extramehrwert für unseren Kapitalisten wäre verschwunden, seine Mehrwertrate würde wieder 100% betragen.

Aber bleiben wir zunächst bei dem Kapitalisten, der die Produktivkraftsteigerung als erster einführt. Er benötigt nicht mehr dieselbe Menge an unmittelbarer Arbeitszeit, um dieselbe Produktenmasse zu produzieren. Er kann dann entweder dieselbe Menge wie früher aber mit weniger Arbeitskräften produzieren, oder mit derselben Menge an Arbeitszeit und Arbeitskräften eine größere Produktenmenge. Die erste Möglichkeit ist für den Kapitalisten meistens gar nicht realistisch, denn häufig ist die Steigerung der Produktivkraft der Arbeit nur möglich, wenn zugleich der Produktionsumfang erhöht wird (wir werden im nächsten Unterabschnitt auf diesen Zusammenhang zurückkommen). Wir können davon ausgehen, dass die Produktivkraftsteigerung in der Regel mit einer Vergrößerung der Zahl der Produkte einhergeht. Das einfachste Mittel, um die größere Produktmenge abzusetzen, besteht in einer Preissenkung: Das einzelne Produkt wird unter seinem bisherigen Wert verkauft. Auch wenn unser erfinderischer Kapitalist unter dem bisherigen Wert verkauft, braucht er nicht gänzlich auf den Extramehrwert zu verzichten. Verkauft er im obigen Beispiel den Computer (bei eigenen Kosten von 240) statt für 360 nur für 350, dann erzielt er einen Gesamtmehrwert von 110, was verglichen mit dem üblichen Mehrwert von 80 immer noch einen Extramehrwert von 30 bedeutet. Der größere Absatz unseres Kapitalisten bedeutet aber – wenn sich in der Ökonomie sonst nichts ändert, was eine größere Gesamtnachfrage hervorruft – dass die anderen Kapitalisten, die dasselbe Produkt anbieten, weniger absetzen können und im Extremfall bankrott gehen. Wollen sie ihre Marktanteile verteidigen, müssen sie ebenfalls zu einem niedrigeren Preis verkaufen. Bei unveränderter Produktionsweise würde dies zu einer Verminderung ihres Mehrwerts führen. Den anderen Kapitalisten bleibt also nichts anderes übrig, als ebenfalls die Produktivkraft der Arbeit zu erhöhen und Kosten zu senken, um in der Preiskonkurrenz mithalten zu können.

Die Konkurrenz zwingt somit die Kapitalisten dazu, die Produktivkraftsteigerung, mit der einer anfängt, mitzumachen, selbst wenn sie individuell gar nicht an einer immer höheren Kapitalverwertung interessiert sein sollten. Die *immanenten Gesetze des Kapitals*, wie die Tendenz zur Verlängerung des Arbeitstages und zur Produktivkraftentwicklung, sind unabhängig vom Wollen der einzelnen Kapitalisten. Sie setzen sich ihnen gegenüber als *Zwangsgesetze der Konkurrenz* durch. Da jeder Kapitalist diesen Zwang kennt, wartet er normalerweise nicht, bis er ihm von den Konkurrenten auferlegt wird, sondern versucht eher der erste zu sein, der die Produktivkraft steigert, so dass er wenigstens noch etwas vom Extramehrwert hat, anstatt immer nur Verluste zu begrenzen. Im Resultat setzt jeder Kapitalist alle anderen Kapitalisten genauso unter Druck, wie er von ihnen unter Druck gesetzt wird. Und alle tun sie dies, in dem sie einem blinden «Sachzwang» folgen. Auch wenn ein Kapitalist als Person noch so genügsam sein mag – sofern er Kapitalist bleiben will, kann er sich der Jagd nach einem immer größeren Gewinn nicht entziehen.

5.3 Die Methoden zur Produktion des relativen Mehrwerts: Kooperation, Teilung der Arbeit, Maschinerie

Die kapitalistische Produktion beginnt, wo eine größere Zahl von Arbeitern unter dem Kommando eines Kapitalisten zur Produktion derselben Warensorte zusammenwirken. Ein Geldbesitzer, dem es gerade mal gelingt, ein oder zwei Arbeiter zu beschäftigen, der aber, um den eigenen Lebensunterhalt sicherzustellen, selbst noch im Produktionsprozess mitarbeiten muss, ist noch kein Kapitalist im strengen Sinne, sondern ein «kleiner Meister». Kapitalist ist er erst, wenn er als personifiziertes Kapital wirken kann, d.h. seine ganze Zeit der Organisation und Kontrolle des kapitalistischen Produktionsprozesses und dem Verkauf der Produkte widmen kann.

Die *Kooperation* vieler Arbeiter bringt auch ohne Änderungen der technischen Produktionsbedingungen aus zwei Gründen eine Verbilligung der Produkte hervor. Zum einen werden viele Produktionsmittel gemeinsam vernutzt, so dass sie einen geringeren Wertbestandteil an das Produkt abgeben (100 Arbeiter mögen das 10fache produzieren wie 10 Arbeiter, sie brauchen aber z.B. nicht das 10fache an Baulichkeiten etc.). Zum anderen kann aus dem Zusammenwirken vieler Arbeitskräfte eine neue Kraft entstehen: So kann ein großer Baumstamm von einem einzelnen Arbeiter nicht bewegt werden, egal wie viel Zeit ihm zur Verfügung steht, vier Arbeiter können ihn dagegen sofort bewegen. Zehn Personen können Lasten in einer Kette erheblich schneller transportieren, als wenn jeder einzeln den ganzen Weg zurücklegt, etc.

Eine weitere Steigerung der Produktivkraft der Arbeit wird durch *Teilung der Arbeit* erreicht. Ein komplexer Arbeitsprozess wird in eine Vielzahl von einfachen Teilfunktionen zerlegt. Diese können einzeln meistens schneller ausgeführt werden als im Rahmen des Gesamtprozesses. Durch entsprechende Übung und Erfahrung sowie unterstützt durch spezielle, für diese Teilfunktion angepasste Werkzeuge kann der einzelne, auf eine Teilfunktion spezialisierte Arbeiter dann noch schneller werden. Die Kehrseite ist, dass der einzelne Arbeiter zu einem weitgehend unselbstständigen Teilarbeiter wird und dass die einseitige Belastung zu physischen und nervlichen Beeinträchtigungen führen kann. Einen Betrieb, dessen Produktionsprozess auf einer weitgehenden Teilung der Arbeit beruht, der aber keine oder nur wenige Maschinen benutzt, bezeichnet man als *Manufaktur*.

Zu Beginn des 20. Jahrhunderts wurde die Teilung der Arbeit im *Taylorismus* (benannt nach dem Ingenieur F. W. Taylor) auf die Spitze getrieben: Taylor zerlegte die Bewegungen im Arbeitsprozess in kleinste Elemente, um der einzelnen Arbeitskraft dann nur noch ganz wenige Bewegungen zuzuweisen. Zeitverschwendung und versteckte Pausen sollten dadurch minimiert werden. Vor allem in der Fließbandproduktion wurden solche Konzepte angewendet. Allerdings brachte diese extreme Arbeitsteilung für die Kapitalverwertung nicht nur Vorteile mit sich. Vor allem bei komplexen Produkten, bei denen es auf hohe Qualität ankommt, erwies sich eine zu starke Teilung der Arbeit eher als hinderlich, da zu viel Ausschuss produziert wurde. In der Entwicklung der kapitalistischen Produktionsprozesse kam es im 20. Jahrhundert daher abwechselnd zur Ausbreitung und zur Einschränkung des Taylorismus.

Die entscheidende Steigerung der Produktivkraft der Arbeit wird durch die Verwendung von *Maschinen* erreicht. Eine Maschine ist nicht einfach ein großes Werkzeug. Wesentlich ist, dass das Werkzeug nicht mehr Werkzeug in der Hand eines einzelnen Menschen ist, sondern dass es Werkzeug eines Mechanismus ist. Die Zahl der Werkzeuge, die von einer Maschine gleichzeitig betätigt werden kann, ist von menschlichen Schranken befreit. Eine weitere Steigerung der Produktivkraft wird erreicht, wenn die einzelnen Maschinen zu einem *Maschinensystem* kombiniert werden, das der Arbeitsgegenstand zu durchlaufen hat. Ein auf Maschinenproduktion beruhender Betrieb heißt *Fabrik*.

Für den Menschen bleibt in der Fabrik neben einzelnen Tätigkeiten, die noch nicht mechanisiert sind, vor allem die Aufgabe, die Maschinen zu überwachen, sie zu reparieren, zu warten und die von ihnen verursachten Fehler zu beheben. Mit dem Einsatz von Computern ändert sich dies nicht grundsätzlich. Zwar werden eine Vielzahl von Überwachungs- und Steuerungsaufgaben maschinell ausgeführt, allerdings müssen auch die steuernden Computer überwacht und ihre Programmierung wechselnden Anforderungen angepasst werden.

Die Arbeitsteilung in einer *Manufaktur* geht vom handwerksmäßigen Geschick der Arbeitskräfte aus. Auf dieses subjektive Geschick, auch wenn es auf ein «Detailgeschick» reduziert wird, bleibt das Kapital angewiesen. In der auf Maschinenproduktion beruhenden *Fabrik* ändert sich dies grundsätzlich:

«Dies subjektive Prinzip der Teilung fällt weg für die maschinenartige Produktion. Der Gesamtprozeß wird hier objektiv, an und für sich betrachtet, in seine konstituierenden Phasen analysiert, und das Problem, jeden Teilprozeß auszuführen und die verschiedenen Teilprozesse zu verbinden, durch Anwendung der Mechanik, Chemie usw. gelöst.» (MEW 23, S. 401)

Damit kann sich das Kapital bei maschineller Produktion weitgehend vom besonderen Geschick der einzelnen Arbeitskräfte lösen. Diese sind jetzt nicht mehr nur auf die Funktion eines Teilarbeiters reduziert, sondern bei einem entwickelten, gut funktionierenden Maschinensystem auf bloße Anhängsel dieses Systems. Die Herrschaft des Kapitals über die Arbeiter und Arbeiterinnen materialisiert sich jetzt sozusagen im Maschinensystem:

«Aller kapitalistischen Produktion, soweit sie nicht nur Arbeitsprozeß, sondern zugleich Verwertungsprozeß des Kapitals, ist es gemeinsam, daß nicht der Arbeiter die Arbeitsbedingung, sondern umgekehrt die Arbeitsbedingung den Arbeiter anwendet, aber erst mit der Maschinerie erhält diese Verkehrung technisch handgreifliche Wirklichkeit. Durch seine Verwandlung in einen Automaten tritt das Arbeitsmittel während des Arbeitsprozesses selbst dem Arbeiter als Kapital gegenüber, als tote Arbeit, welche die lebendige Arbeitskraft beherrscht und aussaugt.» (MEW 23, S. 446)

Kooperation, Teilung der Arbeit und der Einsatz von Maschinerie bewirken eine Erhöhung der Produktivkraft der Arbeit: Mit demselben Arbeitsaufwand kann eine größere Zahl von Produkten hergestellt werden, der Wert des einzelnen Produktes sinkt. Die erhöhte *Produktivkraft der Arbeit* erscheint unter kapitalistischen Produktionsbedingungen aber als *Produktivkraft des Kapitals*. Dies ist bereits bei der einfachen Kooperation der Fall: Da die vereinzelten Arbeitskräfte über die zusätzliche Produktivkraft, die aus ihrem Zusammenwirken entsteht, als vereinzelte nicht verfügen, sie aber erst unter dem Kommando des Kapitals kooperieren, scheint diese zusätzliche Produktivkraft eine Produktivkraft zu sein, die dem Kapital angehört. Noch stärker wird dieser Eindruck in der Manufaktur und Fabrik. Die einzelne Arbeitskraft wird auf eine Teilfunktion reduziert, die außerhalb von Manufaktur und Fabrik meistens völlig nutzlos ist. Dass die Arbeiter und Arbeiterinnen mit ihren Fähigkeiten überhaupt etwas anfangen können, scheint ein vom Kapital hervorgebrachtes Resultat zu sein. Als *Kapitalfetisch* können wir die Erscheinung des Kapitals als einer mit eigener Produktivkraft versehenen Macht bezeichnen. Wie der Warenfetisch ist auch der Kapitalfetisch nicht einfach nur ein falsches Bewusstsein oder bloßer Irrtum. Er hat vielmehr eine materielle Grundlage in der kapitalistischen Organisation des Produktionsprozesses:

«Die geistigen Potenzen der Produktion erweitern ihren Maßstab auf der einen Seite, weil sie auf vielen Seiten verschwinden. Was die Teilarbeiter verlieren, konzentriert sich ihnen gegenüber im Kapital. Es ist ein Produkt der manufakturmäßigen Teilung der Arbeit, ihnen die geistigen Potenzen des materiellen Produktionsprozesses als fremdes Eigentum und sie beherrschende Macht gegenüberzustellen. Dieser Scheidungsproß beginnt in der einfachen Kooperation, wo der Kapitalist den einzelnen Arbeitern gegenüber die Einheit und den Willen des gesellschaftlichen Arbeitskörpers vertritt. Er entwickelt sich in der Manufaktur, die den Arbeiter zum Teilarbeiter verstümmelt. Er vollendet sich in der großen Industrie, welche die Wissenschaft als selbständige Produktionspotenz von der Arbeit trennt und in den Dienst des Kapitals preßt.» (MEW 23, S. 382).[31]

In einer Hinsicht unterscheidet sich Produktivkraftsteigerung mittels Einsatz von Maschinerie grundlegend von der Produktivkraftsteigerung mittels Kooperation oder Teilung der Arbeit. Der Einsatz von Maschinerie kostet den Kapitalisten etwas, und da sich die Maschine im Produktionsprozess ver-

---

31 Die zunehmende Bedeutung von Wissen und Wissenschaft für die kapitalistische Produktion ist keineswegs ein neues Phänomen, wie es die heute modische Rede eines Übergangs von der «Industriegesellschaft zur Wissensgesellschaft» suggeriert. Und erst recht nicht wird dadurch – wie zuweilen behauptet – die kapitalistische Formbestimmung der Produktion in Frage gestellt.

braucht, überträgt sie ihren Wert auf das Produkt. D.h. statt das Produkt zu verbilligen, führt der Einsatz von Maschinerie zunächst zu einer Verteuerung des Produkts. Insgesamt kommt es nur zu einer Verbilligung des Produkts, wenn die Verteuerung aufgrund der Wertabgabe der Maschine überkompensiert wird durch die in der Produktion eingesparte unmittelbare Arbeitszeit.

Nehmen wir an, bei der Produktion eines bestimmten Produktes werden Rohstoffe im Wert von 50 verbraucht sowie 8 Arbeitsstunden, die unter normalen Bedingungen einen Wert von 80 produzieren sollen. Dann gilt für den Wert des Produkts:

$$50 \text{ (Rohstoffe)} + 80 \text{ (Arbeitszeit)} = 130$$

Nun nehmen wir an, das Produkt werde mit Hilfe einer Maschine produziert. Die Maschine habe einen Wert von 20.000 und diene zur Produktion von 1000 Stück, bevor sie verbraucht ist. Auf das einzelne Stück überträgt sich dann ein Wert von 20. Das einzelne, maschinell hergestellte Produkt verteuert sich zunächst um diese 20. Werden nun 3 Stunden Arbeit eingespart, so dass statt 8 nur 5 Stunden benötigt werden, dann ergibt sich für den Wert des maschinell hergestellten Produktes:

$$50 \text{ (Rohstoffe)} + 20 \text{ (Maschine)} + 50 \text{ (Arbeitszeit)} = 120$$

Das Produkt hat sich insgesamt um zehn Werteinheiten verbilligt, die 20 Einheiten Wertabgabe der Maschine wurden durch die Einsparung von drei Arbeitsstunden überkompensiert. Wäre nur eine Arbeitsstunde eingespart worden, dann wäre der Wert des Maschinenproduktes gestiegen, die Maschine hätte nicht zur Steigerung der Produktivkraft und zur Verbilligung des Produktes beigetragen.

Für die kapitalistische Anwendung der Maschine reicht es aber nicht aus, dass der Einsatz der Maschine das Produkt überhaupt verbilligt. Der Kapitalist interessiert sich nicht für den *Wert* eines Produktes, sondern für den *Mehrwert* (bzw. für den Profit, vgl. die Bemerkung in Kapitel 5.1). Wie im letzten Abschnitt dargelegt, führt er eine Produktivkraftsteigerung ein, damit seine individuellen Kosten geringer werden als der gesellschaftliche Durchschnitt, so dass er nicht nur den normalen Mehrwert (Profit), sondern einen Extramehrwert (Extraprofit) erhält. Nehmen wir nun im oben angeführten Beispiel an, dass die Mehrwertrate 100% betrage. Der Arbeiter, der acht Stunden arbeitet und dabei einen Wert von 80 schafft, erhält dann als Lohn 40. Die übrigen 40 sind der Mehrwert unseres Kapitalisten je Produkt. Vor Einführung der Maschine hat unser Kapitalist also Kosten von

50 (Rohstoffe) + 40 (Löhne für 8 Stunden) = 90.

Nach Einführung der Maschine hätte er Kosten von

50 (Rohstoffe) + 20 (Maschine) + 25 (Löhne für 5 Std.) = 95.

Obwohl diese Maschine den *Gesamtaufwand* an Arbeit für das betreffende Produkt senkt, würde sie nicht eingeführt, da sie nicht auch die *Kosten* des Kapitalisten vermindert. Diese Kosten werden erst dann vermindert, wenn an Löhnen (je Produkt) mehr eingespart wird, als die Maschine an Wert an das einzelne Produkt abgibt. Beträgt in unserem Beispiel die Wertabgabe der Maschine 20, dann müssen mehr als vier Stunden Arbeit eingespart werden, damit sich der Maschineneinsatz für den Kapitalisten lohnt. Oder anders ausgedrückt: Das *zusätzliche konstante Kapital c*, das bei der Maschinenproduktion für das einzelne Produkt aufgewendet wird, muss geringer sein als das durch Verminderung der Arbeitszeit eingesparte *variable Kapital v*. Der Kapitalist wird also nicht beliebig viel zusätzliches konstantes Kapital je Stück aufwenden, sondern maximal so viel, wie er an variablem Kapital pro Stück einspart.

Ob eine bestimmte Maschine (die einen bestimmten Wert an das einzelne Produkt abgibt) eingeführt wird oder nicht, hängt also davon ab, wie viel variables Kapital durch sie eingespart werden kann. Das eingesparte variable Kapital hängt aber nicht allein von den eingesparten Arbeitsstunden, sondern auch von der Höhe der Löhne ab. In unserem obigen Beispiel erhielten die Arbeiterinnen und Arbeiter für einen achtstündigen Arbeitstag einen Lohn von 40, das macht fünf je Arbeitsstunde. Drei eingesparte Arbeitsstunden ergeben dann eine Ersparnis an variablem Kapital von 15, so dass die Einführung der Maschine für den Kapitalisten nicht vorteilhaft war. Wären die Löhne aber höher gewesen z.B. acht je Arbeitsstunde, dann wären die drei eingesparten Arbeitsstunden mit 24 entlohnt worden. Bei diesem Lohnniveau hätte das eingesparte variable Kapital das zusätzliche konstante Kapital (20 in unserem Beispiel) überkompensiert, die Kosten unseres Kapitalisten hätten abgenommen. Dieselbe Maschine, die bei niedrigen Löhnen für den Kapitalisten keine Kostenersparnis bringt und daher nicht eingesetzt wird, bringt diese Kostenersparnis aber vielleicht bei einem höheren Lohnniveau und wird dann auch eingesetzt.

5.4 Das destruktive Potential kapitalistischer Produktivkraftentwicklung

Der kooperative Arbeitsprozess bedarf der Koordination. Im kapitalistischen Produktionsprozess übernimmt diese Funktion der Kapitalist. Die Leitung durch den Kapitalisten erfüllt aber nicht nur technisch-organisatorische Funktionen, sie ist zugleich Organisation der Ausbeutung und daher durch den Gegensatz zwischen dem Ausbeuter und den Ausgebeuteten bedingt, woraus Marx folgert, die kapitalistische Leitung sei «der Form nach despotisch» (MEW 23, S. 351). Bei einer großen Zahl von Arbeitern und Arbeiterinnen bedürfe es – ähnlich wie beim Militär – industrieller Ober- und Unteroffiziere, die im Namen des Kapitals kommandieren.

Die Form des betrieblichen Herrschaftszusammenhangs hat im 20. Jahrhundert teilweise einschneidende Veränderungen erfahren. Einschränkungen erfuhr die kapitalistische Despotie einerseits durch gesetzliche Regelungen, andererseits durch gewerkschaftliche Verhandlungsprozesse. Vor allem im letzten Jahrzehnt gab es in einer Reihe von Branchen sogar die Tendenz, von der Kapitalseite aus die Autonomie der Beschäftigten über den Arbeitsprozess zu stärken. Allerdings wurde durch alle diese Veränderungen der Zweck der kapitalistischen Produktion, die Verwertung des Kapitals, die Produktion von Mehrwert, nicht in Frage gestellt. Es ging einzig und allein um unterschiedliche Weisen, diesen Zweck durchzusetzen. Und dabei erwies es sich gerade bei qualifizierten Tätigkeiten häufig als günstiger, die Beschäftigten durch einen höheren Grad an Autonomie dazu zu motivieren, ihre Erfahrungen und Leistungspotenziale freiwillig einzubringen, statt sie durch ständigen Druck und Kontrolle dazu zu zwingen. Die Konsequenzen dieser Autonomie sind für die Beschäftigten aber meistens ähnlich zerstörerisch wie die alten despotischen Formen, nur dass diese Zerstörung nun selbstorganisiert vonstatten geht (vgl. zu neueren betrieblichen Tendenzen Wolf 1999, Glißmann/Peters 2001).

Die für die Arbeitskraft zerstörerischen Tendenzen kapitalistischer Produktivkraftsteigerung zeigen sich unmittelbar in der

Tendenz zur Ausdehnung und neuerdings zur «Flexibilisierung» der Arbeitszeit. Produktivkraftsteigerung bedeutet zwar, dass dieselbe Menge an Produkten in kürzerer Zeit hergestellt werden kann. Unter kapitalistischen Bedingungen führt Produktivkraftsteigerung aber nicht zu einer Verkürzung der Arbeitszeit. Insbesondere wenn die Produktivkraftsteigerung durch den Einsatz von Maschinen erreicht wurde, ist das Ergebnis eher eine Verlängerung der Arbeitszeit sowie Schicht- und Nachtarbeit, um möglichst lange Maschinenlaufzeiten zu erreichen. Dafür gibt es mehrere Gründe.

So lange die neue Maschine noch nicht zum gesellschaftlichen Standard geworden ist, erzielt der mit ihr produzierende Kapitalist einen Extramehrwert. Je mehr Produkte er in dieser Ausnahmesituation produziert und verkauft, desto größer ist dieser Extramehrwert. Gehört der Einsatz der Maschine später zu den durchschnittlichen Produktionsbedingungen, sind lange Maschinenlaufzeiten immer noch von Vorteil. Wie lange die Maschine gewinnbringend angewendet werden kann, hängt nicht nur von ihrem physischen Verschleiß ab, sondern auch davon, ob eine neue, bessere Maschine auf dem Markt ist. Je schneller eine Maschine ihren Wert auf die mit ihrer Hilfe produzierten Produkte überträgt, desto geringer ist das Risiko, dass sie durch eine neue, bessere Maschine ersetzt werden muss, bevor sie ihren gesamten Wert übertragen hat. Stößt die Verlängerung der Arbeitszeit aufgrund gesetzlicher oder tariflicher Beschränkungen an Grenzen, dann versucht der Kapitalist in der Regel eine Intensivierung der Arbeit durchzusetzen, etwa durch ein höheres Tempo der Maschinen.

Indem der Produktionsprozess von den Schranken der einzelnen Arbeitskraft gelöst und als objektiver Vorgang zum Gegenstand wissenschaftlicher Untersuchung gemacht wird, behandelt die moderne kapitalistische Industrie «die vorhandene Form eines Produktionsprozesses nie als definitiv. Ihre technische Basis ist daher revolutionär, während die aller früheren Produktionsweisen wesentlich konservativ war» (MEW 23, S. 511). Die technischen Grundlagen der Produktion werden immer wieder umgewälzt, die Produktivkraft der Arbeit immer weiter gesteigert. Das einzige Motiv dabei ist, den Gewinn zu steigern. Im Verlauf dieses Prozesses kommt es zu riesigen Investitionen, um neue Maschinen anzuschaffen oder ganze Produktionsanlagen zu erstellen. Sofern diese Investitionen der Verbilligung des Produktes dienen, gelten sie als notwendig. Investitionen, um die Arbeitsbedingungen für die Beschäftigten angenehmer zu gestalten oder auch nur Gesundheits- und Unfallgefahren zu mindern, stellen dagegen Abzüge vom Gewinn dar und werden vermieden. Auch heute lässt sich noch in vielen Bereichen feststellen:

«Die Ökonomisierung der gesellschaftlichen Produktionsmittel, erst im Fabriksystem treibhausmäßig gereift, wird in der Hand des Kapitals zugleich zum systematischen Raub an den Lebensbedingungen des Arbeiters während der Arbeit, an Raum, Luft, Licht und an persönlichen Schutzmitteln wider lebensgefährliche oder gesundheitswidrige Umstände des Produktionsprozesses.» (MEW 23, S. 449 f.)

Immer wieder bedarf es des gesetzlichen Zwangs oder der entschiedenen Gegenwehr der Beschäftigten, um selbst einfachste Verbesserungen der Arbeitsbedingungen durchzusetzen, so dass die folgende Marxsche Bemerkung nach wie vor aktuell ist:

«Was könnte die kapitalistische Produktionsweise besser charakterisieren als die Notwendigkeit, ihr durch Zwangsgesetz von Staats wegen die einfachsten Reinlichkeits- und Gesundheitsvorrichtungen aufzuherrschen?» (MEW 23, S. 505)

Der einzige Zweck kapitalistischer Produktion ist die beständige Produktion von Mehrwert. Die Konkurrenz zwingt den einzelnen Kapitalisten dazu, bei Strafe des Untergangs als Kapitalist, die Jagd nach einem immer größeren Mehrwert zum Zweck seines Handelns zu machen. Genau wie die Arbeitskraft ist auch die *Natur* bloßes Mittel zum Erreichen dieses Ziels. Von seiner inneren Logik her steht das Kapital der Zerstörung der natürlichen Lebensgrundlagen (durch Abwässer und Abgase, durch Zerstörung und Vergiftung ganzer Regionen) genauso gleichgültig gegenüber wie der Zerstörung der einzelnen Arbeitskraft. So wird heute weltweit eine industrielle Produktionsweise aufrechterhalten und ausgedehnt, die auf der Verbrennung fossiler Energieträger beruht, obgleich sowohl lokale als auch globale ökologische Verwüstungen aufgrund des Klimawandels absehbar sind (vgl. dazu Altvater 1992).

Dieses destruktive Potenzial kapitalistischer Produktivkraftentwicklung kann nur «von außen» durch den Widerstand der Arbeiter und Arbeiterinnen oder durch die Macht des Staates eingeschränkt werden. Fehlen solche Schranken oder werden sie schwächer, dann kommt dieses destruktive Potenzial sofort wieder verstärkt zur Geltung es ist der kapitalistischen Produktionsweise immanent. Nach wie vor gilt:

«Die kapitalistische Produktion entwickelt daher nur die Technik und Kombination des gesellschaftlichen Produktionsprozesses, indem sie zugleich die Springquellen alles Reichtums untergräbt: die Erde und den Arbeiter.» (MEW 23, S. 529 f.)

Angesichts des Ausmaßes der Umweltzerstörungen und Gesundheitsgefährdungen, die von der industriellen Produktionsweise ausgehen, wurde im letzten Drittel des 20. Jahrhunderts heftig darüber gestritten, ob diese Zerstörungen bereits in den stofflichen Bedingungen der *industriellen* Produktion angelegt sind, oder ob es erst die *kapitalistischen* Bedingungen sind, die diese Zerstörungen hervorrufen.

Eine explizite Diskussion dieser Problematik finden wir bei Marx nicht. Allerdings hat er betont, dass man unterscheiden müsse «zwischen der größeren Produktivität, die der Entwicklung des gesellschaftlichen Produktionsprozesses, und der größeren Produktivität, die seiner kapitalistischen Ausbeutung geschuldet ist» (MEW 23, S. 445). Deshalb wurde ihm oft unterstellt, dass er den industriellen Produktionsprozess «an sich» positiv sehe und nur dessen kapitalistische Hülle kritisiere. Dies war auch die Position des Marxismus-Leninismus. Dementsprechend wurden in der Sowjetunion kapitalistische Produktionsmethoden zum Teil völlig unkritisch nachgeahmt (vgl. zur Kritik einer solchen Marx-Interpretation Jacobs 1997).

Heute ist es jedenfalls deutlicher als zu Marx Zeiten, dass nicht jeder industrielle Produktionsprozess einfach nur von seiner kapitalistischen Anwendung abgekoppelt werden muss, um plötzlich nur noch segensreiche Wirkungen zu entfalten. Einige Entwicklungslinien der Industrialisierung sind nicht nur aufgrund ihrer kapitalistischen Anwendung zerstörerisch: Würde Atomenergie in einer sozialistischen Gesellschaft zur Anwendung kommen, dann wären auch dort die Risiken enorm, und genauso würde auch der breite Einsatz fossiler Brennstoffe zum Klimawandel führen. Das destruktive Potenzial des Kapitals macht sich nicht nur in der Art der *Anwendung* einer Technologie geltend, sondern bereits in der *Wahl* bestimmter technisch-industrieller *Entwicklungswege*.

5.5 Formelle und reelle Subsumtion, Fordismus, produktive und unproduktive Arbeit

Wird ein Arbeitsprozess, so wie er existiert, dem Kapital untergeordnet, spricht Marx von *formeller Subsumtion der Arbeit unter das Kapital*. Der einzige Unterschied zum vorkapitalistischen Zustand besteht darin, dass der Arbeiter oder die Arbeiterin statt für sich selbst nun für einen Kapitalisten arbeitet. Das kapitalistische Zwangsverhältnis äußert sich lediglich darin, dass der Arbeiter länger arbeitet, als zu seiner Selbsterhaltung notwendig ist, und dass sich der Kapitalist das dabei entstehende Mehrprodukt aneignet. Auf der Grundlage der formellen Subsumtion ist lediglich die Produktion des absoluten Mehrwerts möglich.

Wird der Arbeitsprozess umgestaltet, um die Produktivkraft zu steigern, spricht Marx von *reeller Subsumtion der Arbeit unter das Kapital*. Der Arbeitsprozess unter dem Kommando des Kapitals unterscheidet sich jetzt nicht nur formell, sondern reell, d.h. von der ganzen Organisation und Struktur her vom vorkapitalistischen Arbeitsprozess: Die kapitalistische Produktionsweise schafft die ihr entsprechende materielle Gestalt der Produktion. Die reelle Subsumtion ist erst möglich auf der Grundlage der formellen. Mit der reellen Subsumtion der Arbeit unter das Kapital wird die Produktion des relativen Mehrwerts möglich.

Bisher haben wir bei der Betrachtung des relativen Mehrwerts angenommen, dass der mengenmäßige Umfang der Lebensmittel, die zur Reproduktion der Arbeitskraft (bzw. der Arbeiterfamilie) notwendig sind, unverändert bleibt, dass sich der Lebensstandard der Arbeiterklasse also nicht verändert. Dies ist jedoch nicht zwangsläufig der Fall.

Gehen wir von einem achtstündigen Arbeitstag und einer Mehrwertrate von 100 Prozent aus. Dann zerfällt der Arbeitstag in vier Stunden notwendige Arbeitszeit, um den Wert der Arbeitskraft zu reproduzieren, und vier Stunden Mehrarbeitszeit, in welcher der Mehrwert produziert wird. Nehmen wir weiter an, der Geldausdruck des in acht Stunden geschaffenen Wertes sei unter normalen Bedingungen 160 Euro. Dann beträgt der Tageswert der Arbeitskraft 80 Euro, der täglich produzierte Mehrwert ebenfalls 80 Euro.

Nun möge sich die Produktivkraft der Arbeit in allen Branchen verdoppeln.[32] Dann können alle Güter in der Hälfte der bisherigen Arbeitszeit hergestellt werden, ihr Wert halbiert sich. Der Tageswert der Arbeitskraft wird dann statt in vier bereits in zwei Stunden produziert, er fällt von 80 auf 40 Euro. Für die Mehrarbeit bleiben dann noch zwei weitere Stunden, ihr Umfang erhöht sich von vier auf sechs Stunden, der Mehrwert steigt von 80 auf 120 Euro. Zwar hat sich der Wert der Arbeitskraft von 80 auf 40 Euro halbiert, für 40 Euro können jetzt aber genauso viele Lebensmittel gekauft werden wie früher für 80 Euro, der Lebensstandard der Arbeiterfamilie ist also gleich geblieben.

Nehmen wir nun weiter an, dass es den Arbeitern und Arbeiterinnen, z. B. aufgrund von Arbeitskämpfen oder Arbeitskräfteknappheit, gelingt, als Lohn nicht nur den in zwei Stunden geschaffenen Wert zu erhalten, sondern den in drei Stunden geschaffenen, statt 40 also 60 Euro. In diesem Fall wäre der Wert der Arbeitskraft immer noch gefallen (von 80 auf 60 Euro), die Mehrarbeit wäre immer noch um eine Stunde gestiegen (von vier auf fünf Stunden, der Mehrwert wäre jetzt 100 Euro), allerdings wäre jetzt auch der Lebensstandard der Arbeiterfamilie gestiegen. Denn der Wert der Lebensmittel hat sich aufgrund der Verdopplung der Produktivkraft halbiert, der Arbeiterhaushalt hat aber nicht nur die Hälfte, sondern drei Viertel des früheren Lohnes zur Verfügung. Wenn sich unser Arbeiterhaushalt heute für 40 Euro genauso viele Lebensmittel kaufen kann wie früher für 80 Euro, er heute aber 60 Euro zur Verfügung hat, dann kann er den Umfang der Lebensmittel um 50% steigern. Oder in heute gebräuchlichen Begriffen ausgedrückt: Die *Nominallöhne* (d.h. die in Geld ausgedrückten Löhne) sind um 25% gefallen (von 80 Euro auf 60 Euro), die *Reallöhne* (d.h. die Löhne ausgedrückt in Kaufkraft) sind um 50% gestiegen (es können 50% mehr Güter gekauft werden).

Die Steigerung der Produktivkraft hat bewirkt, dass eine *Erhöhung des Lebensstandards der Arbeiterklasse* mit einer *Erhöhung des von den Kapitalisten angeeigneten Mehrwerts* einhergeht. Verringerung des Werts der Arbeitskraft bei gleichzeitiger Vergrößerung des von der einzelnen Arbeitskraft produzierten Mehrwerts bedeutet, dass sich die Mehrwertrate

---

32 Diese enorme Zunahme wird nur unterstellt, um die folgenden Rechnungen zu vereinfachen. Vergleicht man Epochen, die einige Jahrzehnte auseinander liegen, dann ist es aber durchaus möglich, dass sich die Produktivkraft verdoppelt hat.

m/v und damit auch die Ausbeutung der Arbeitskraft vergrößert hat. *Erhöhte Ausbeutung* (d.h. ein größerer Teil des Arbeitstages dient der Mehrarbeit) und *Erhöhung des Lebensstandards der Arbeiterklasse* schließen sich also keineswegs aus.

Schließlich kann es in unserem Beispiel auch noch zu einer Verkürzung der Arbeitszeit kommen. Nehmen wir an, die tägliche Arbeitszeit werde von 8 Stunden auf 7,5 Stunden verringert. Wenn die Arbeitskraft nach wie vor 60 Euro (den in drei Stunden geschaffenen Wert) erhält, bleiben als Mehrarbeitszeit noch 4,5 Stunden (eine halbe Stunde mehr als vor der Produktivkraftsteigerung), der Mehrwert wäre 90 Euro (10 Euro mehr als vor der Produktivkraftsteigerung).[33]

Das zuletzt skizzierte Beispiel entspricht – nicht von den genauen quantitativen Relationen, aber von seiner Tendenz her – der Entwicklung in den fortgeschrittenen kapitalistischen Ländern. Dass die Arbeiterklasse in diesen Ländern heute einen höheren Lebensstandard und kürzere Arbeitszeiten hat als vor 50 oder 100 Jahren, heißt keineswegs – wie immer wieder behauptet wird –, dass die Ausbeutung abgenommen habe oder gar verschwunden sei. Bereits im letzten Kapitel wurde betont, dass mit Ausbeutung nicht ein besonders schlechter und erbärmlicher Zustand gemeint ist, sondern der Sachverhalt, dass die Arbeiter und Arbeiterinnen einen größeren Wert schaffen, als sie in Gestalt des Lohnes erhalten. Gemessen wird der Grad der Ausbeutung nicht mit dem Lebensstandard, sondern mit der Mehrwertrate. Und da ist es durchaus möglich, dass Erhöhung des Lebensstandards und Verkürzung der Arbeitszeiten mit einer Steigerung von Mehrwert und Mehrwertrate einhergehen.

Die gerade skizzierte, von der Produktion des relativen Mehrwerts ausgehende Dynamik (beschleunigte technische Entwicklung, steigender Lebensstandard der Arbeiterklasse bei gleichzeitig steigenden Gewinnen) hat allerdings eine bislang noch nicht angesprochene Voraussetzung: Die Mehrzahl der Lebensmittel, die in den Konsum der Arbeiterhaushalte einge-

---

33 Bei Arbeitszeitverkürzungen kommt es regelmäßig zu einer Intensivierung der Arbeit (in derselben Zeit wird ein größeres Wertprodukt produziert), was einer weiteren Erhöhung des Mehrwerts zugute käme. In unserer Beispielrechnung bleibt dies aber unberücksichtigt.

hen, muss kapitalistisch produziert sein. Solange die Arbeiterhaushalte einen großen Teil ihrer Lebensmittel selbst herstellen oder von Kleinbauern und kleinen Handwerkern beziehen, führt die Produktivkraftsteigerung in kapitalistischen Betrieben zwar zu einem kurzfristigen Extramehrwert, aber nur zu einer geringen Senkung des Werts der Arbeitskraft. Erst im Laufe des 20. Jahrhunderts kam es soweit, dass der Großteil der von einem Arbeiterhaushalt verbrauchten Güter tatsächlich kapitalistisch produziert wurde. Dabei spielte der so genannte Fordismus eine entscheidende Rolle: Henry Ford war es in seinen Automobilwerken seit 1914/15 gelungen, gestützt auf die tayloristische Zerlegung des Arbeitsprozesses, das Model T als standardisiertes Massenprodukt am Fließband zu produzieren und ganz erheblich zu verbilligen, so dass dieses Auto für breite Bevölkerungsschichten zu einem Konsumgut werden konnte. Gleichzeitig erhöhte Ford die Löhne weit über den damaligen Durchschnitt, um die Fluktuation der Arbeitskräfte zu vermindern. Nach dem Zweiten Weltkrieg setzte sich der Fordismus in den USA und Westeuropa auf breiter Ebene durch: Einerseits wurden durch Taylorismus und Fließbandproduktion Massenkonsumgüter wie Autos, Kühlschränke, Waschmaschinen, Fernsehgeräte etc. immer weiter verbilligt, andererseits die Reallöhne erhöht. Da der Wert der Arbeitskraft trotz steigender Reallöhne sank, konnten die Gewinne dennoch wachsen. Standardisierte Massenproduktion, eine Ausweitung der Massenkonsumtion und steigende Gewinne gingen für knapp zwei Jahrzehnte Hand in Hand und waren eine wichtige, wenn auch nicht die einzige Grundlage des «Wirtschaftswunders» der Nachkriegszeit.

Der Zweck des Arbeitsprozesses, unabhängig von seiner ökonomischen Formbestimmung betrachtet, besteht in der Produktion eines bestimmten Gebrauchswerts. Vom Standpunkt des Arbeitsprozesses aus ist Arbeit, die diesen Gebrauchswert schafft (oder daran beteiligt ist) produktive Arbeit. Der Zweck des kapitalistischen Produktionsprozesses besteht in der Produktion von Mehrwert. Vom Standpunkt des kapitalistischen Produktionsprozesses aus ist nur Arbeit, die Mehrwert produziert, *produktive Arbeit*. Wenn im Folgenden von produktiver Arbeit die Rede ist, dann ist, wenn nichts anderes gesagt wird, immer diese im kapitalistischen Sinne produktive Arbeit gemeint.

Ob es sich bei einer bestimmten Art der Arbeitsverausgabung um produktive Arbeit im kapitalistischen Sinne handelt oder nicht, hängt *nicht* vom konkreten Charakter dieser Arbeit, sondern von den ökonomischen Umständen ab, unter denen sie verausgabt wird. Backe ich eine Pizza, die ich selbst esse oder meinen Freunden vorsetze, dann habe ich zwar einen Gebrauchswert geschaffen, aber keine Ware (die Pizza wird nicht verkauft), daher habe ich auch keinen Wert oder Mehrwert produziert; meine Arbeit war im kapitalistischen Sinne unproduktiv. Verkaufe ich die Pizza dagegen bei einem Straßenfest, dann habe ich Ware und Wert produziert, aber keinen Mehrwert, meine Arbeit war also immer noch unproduktiv. Werde ich nun als Koch in einem kapitalistisch betriebenen Restaurant eingestellt und backe dort eine Pizza, die von zahlenden Gästen aufgegessen wird, dann habe ich nicht nur Wert, sondern auch Mehrwert produziert, insofern war meine Arbeit «produktiv».

Ob meine Arbeit produktiv ist, hängt nicht vom Charakter des produzierten Gebrauchswerts ab, sondern davon, ob ich Ware produziere, die zugleich Mehrwert enthält. Bereits in Kapitel 3.1 wurde darauf hingewiesen, dass nicht nur materielle Produkte, sondern auch Dienstleistungen, sofern sie verkauft werden, Waren sind. In einem kapitalistisch betriebenen Theater sind die Schauspieler daher genauso «produktive Arbeiter», wie die Stahlwerker, die in einem kapitalistischen Stahlwerk arbeiten. Für den Warencharakter einer Sache spielt es auch keine Rolle, ob sie «wirklich» nützlich und für die Reproduktion der Gesellschaft notwendig ist: Eine Luxusjacht, ein Werbefilm oder ein Panzer sind, wenn sie Käufer finden, Waren. Und wenn sie unter kapitalistischen Bedingungen produziert wurden, ist die bei ihrer Produktion verausgabte Arbeit «produktive Arbeit».

Um in kapitalistischem Sinne produktive Arbeit zu verrichten, muss ich Lohnarbeiter sein. Allerdings gilt nicht das umgekehrte. Nicht jeder Lohnarbeiter ist automatisch «produktiver Arbeiter». Bleiben wir bei dem Pizzabeispiel von oben: Bin ich Koch in einem kapitalistisch betriebenen Restaurant, so ist meine Arbeit produktiv. Nun nehmen wir an, der Restaurantbesitzer leistet sich einen privaten Koch und ich wechsle vom Restaurant in den Haushalt des Restaurantbesitzers. Dann bin ich nach wie vor Lohnarbeiter, allerdings produziere ich jetzt keine Waren mehr, sondern nur noch Gebrauchswerte: Die

Pizza, die ich in der häuslichen Küche des Restaurantbesitzers zubereite, wird nicht verkauft, sondern von ihm und seinen Freunden verzehrt. Ich habe weder Wert noch Mehrwert produziert und bin daher ein «unproduktiver» Lohnarbeiter.

Hier kann man den Sinn der Unterscheidung zwischen produktiver und unproduktiver Arbeit sehr gut deutlich machen: Werde ich als Koch in einem Restaurant beschäftigt, dann muss der Restaurantbesitzer für meinen Lohn und die von mir verarbeiteten Lebensmittel ebenso Geld aufwenden, als wenn ich als sein privater Koch arbeiten würde. Das Geld, das er für den Restaurantbetrieb aufwendet, wird aber nur *vorgeschossen*, es kommt, wenn das Restaurant gut läuft, um den Mehrwert vermehrt zu dem Restaurantbesitzer zurück. Das Geld, das er für mich als privaten Koch bezahlt, wird *verausgabt*, der Restaurantbesitzer erhält zwar einen Gebrauchswert zurück, aber kein Geld. Um Geld für einen privaten Koch verausgaben zu können, benötigt der Restaurantbesitzer den Mehrwert, den der Koch im Restaurant produziert. Die Menge der unproduktiven Arbeit, die sich der Restaurantbesitzer leisten kann, wird begrenzt durch die Menge an Mehrwert, welche die produktiven Arbeiter im Restaurant produzieren.

5.6 Akkumulation, industrielle Reservearmee, Verelendung

Wenn nach dem Ende des kapitalistischen Produktionsprozesses das Produkt erfolgreich verkauft wurde, erhält der Kapitalist nicht nur das ursprünglich vorgeschossene Kapital zurück, sondern zusätzlich noch einen Mehrwert. Dieser Mehrwert ist der Zweck der kapitalistischen Produktion. Er soll allerdings nicht dem Konsum des Kapitalisten dienen – dann wäre der Zweck der Produktion nur die Masse von Gebrauchswerten, die sich mit dem Mehrwert kaufen lässt – sondern der weiteren Kapitalverwertung: Die Kapitalbewegung ist *Selbstzweck* (vgl. oben Kapitel 4.2). Am Ende des Verwertungsprozesses G – W – G′ wird erneut Geld als Kapital vorgeschossen, und zwar nicht nur die ursprüngliche Wertsumme G, sondern eine um den Mehrwert (abzüglich der Konsumausgaben des Kapitalisten) *vergrößerte* Wertsumme, die unter sonst gleich bleibenden Umständen dann einen vergrößerten Mehrwert liefern sollte. Die Verwandlung des Mehrwerts in Kapital heißt *Akkumulation*.

Der einzelne Kapitalist wird durch die Konkurrenz zur Akkumulation gezwungen. Er muss sich an dem Wettlauf um eine beständige Steigerung der Produktivkraft beteiligen, damit er in der Preiskonkurrenz mithalten kann. Die Steigerung der Produktivkraft über den Einsatz neuer Maschinen ist im Allgemeinen teuer. Häufig genügt es nicht, dieselbe Wertsumme nur in andere Maschinen zu investieren; oft ist eine höhere Wertsumme notwendig, so dass dem einzelnen Kapitalisten die Akkumulation aufgezwungen wird.

Der Umfang der Akkumulation kann beim einzelnen Kapital ganz unterschiedlich ausfallen. Bei großen Investitionen, wenn ganze Produktionsanlagen erneuert werden müssen, reicht der zuvor produzierte Mehrwert eventuell nicht aus. In diesem Fall kann der Umfang der Akkumulation durch einen Kredit gesteigert werden. Andererseits kann es Fälle geben, in denen nicht der ganze Mehrwert zur Akkumulation benötigt wird, dann kann der restliche Mehrwert als zinstragendes Kapital bei Banken oder auf dem Finanzmarkt angelegt werden. In beiden Fällen wird der Zinssatz zu einer entscheidenden Größe. Die Untersuchung von zinstragendem Kapital, Kredit etc. setzt allerdings noch einige Zwischenschritte voraus und erfolgt bei Marx erst im dritten Band des «Kapital» (vgl. Kapitel 8). Seine Darstellung des Akkumulationsprozesses im ersten Band (an ihr orientiert sich auch dieser Abschnitt) ist daher noch längst nicht vollständig – was wiederum auf die Notwendigkeit verweist, sich bei der Lektüre des «Kapital» nicht auf den ersten Band zu beschränken.

Zu Beginn dieses Kapitels wurde die Unterscheidung zwischen *konstantem Kapital c* (derjenige Teil des Kapitals, der für Maschinen, Rohstoffe etc. vorgeschossen wird) und *variablem Kapital v* (Vorschüsse für Löhne) eingeführt. Das Verhältnis von konstantem zu variablem Kapital c/v bezeichnet Marx als *Wertzusammensetzung* des Kapitals. Das Verhältnis der Masse von Produktionsmitteln zur Masse an Arbeit nennt Marx *technische Zusammensetzung* des Kapitals. Insofern die Wertzusammensetzung des Kapitals durch die technische Zusammensetzung bestimmt wird, bezeichnet Marx sie als *organische Zusammensetzung* des Kapitals (vgl. MEW 23, S. 640). Die organische Zusammensetzung berücksichtigt also nur solche Veränderungen der Wertzusammensetzung, die sich aufgrund von veränderten technischen Bedingungen ergeben (etwa weil eine neue, teurere Maschine eingesetzt wird), nicht aber solche, die allein aus Veränderungen des Werts der eingesetzten Produktionsmittel folgen. Wird z.B. Kohle teurer, dann erhöht sich in einem Stahlwerk das konstante Kapital c und damit wächst auch c/v, ohne dass sich an den Produktionsbedingungen etwas geändert hätte. In diesem Fall wäre zwar die Wertzusammensetzung gestiegen, nicht aber die organische Zusammensetzung. Wenn im Folgenden von der Kapitalzusammensetzung die Rede ist, dann ist stets die Wertzusammensetzung und nicht die organische Zusammensetzung gemeint.[34]

Akkumuliert das Kapital unter gleich bleibenden Bedingungen, also insbesondere bei konstanter Wertzusammensetzung, konstantem Wert der Arbeitskraft und konstanter Länge des Arbeitstages, dann wächst die Nachfrage nach Arbeitskräften genauso stark wie das Kapital. Wird z.B. so viel Mehrwert in Kapital verwandelt, dass die als Kapital vorgeschossene Wertsumme um 20% steigt, dann werden auch 20% mehr Arbeitskräfte benötigt. Die erhöhte Nachfrage nach Arbeitskräften verbessert zunächst die Bedingungen, unter denen die Arbeitskraft verkauft wird, so dass der aktuelle Preis der Arbeitskraft über ihren Wert steigen kann. Damit wird aber der Mehrwert vermindert, was die weitere Akkumulation verlangsamt, den Anstieg der Nachfrage nach Arbeitskräften und damit auch weitere Lohnsteigerungen bremst.

Erhöht sich der Lohn, dann hat dies auch Konsequenzen für den Einsatz von arbeitssparender Maschinerie. Wie in Kapitel 5.3 erläutert wurde, wird ein Kapitalist nur dann eine Maschine einsetzen, wenn die Verteuerung der Produktionskosten (aufgrund der Wertabgabe der Maschine an das Produkt) geringer ist als die Einsparung an variablem Kapital. Wie viel variables Kapital ein Kapitalist aber einspart, wenn er die Arbeitszeit um ein bestimmtes Quantum vermindert, hängt von der Höhe des Lohns ab. Daher kommen bei hohen Löhnen Maschinen zum Einsatz, die dem Kapitalisten bei niedrigen Löhnen noch keinen

---

34 Mit der organischen Zusammensetzung bekommt man insbesondere dann Probleme, wenn man über die durchschnittliche Zusammensetzung des *Gesamtkapitals* einer Gesellschaft spricht, denn technische Veränderungen in einer Branche ändern den Wert ihres Produktes und führen damit zu Änderungen der Wertzusammensetzung in allen anderen Branchen, die dieses Produkt verwenden. D.h. Änderungen der organischen Zusammensetzung lassen sich von Änderungen der Wertzusammensetzung nicht mehr scharf abgrenzen (vgl. dazu Heinrich 1999, S. 315 ff.).

Kostenvorteil gebracht hätten. Steigende Löhne führen daher zu einem beschleunigten Einsatz arbeitssparender Maschinen. Der typische Akkumulationsprozess erfolgt nicht unter gleich bleibenden Bedingungen, sondern bei steigender Wertzusammensetzung des Kapitals: Auch bei einem fortgesetzten Akkumulationsprozess kann somit die Nachfrage nach Arbeitskräften und damit auch der Lohn beschränkt werden. Wir sehen hier, was schon in Kapitel 4.4 erwähnt wurde, dass der kapitalistische Akkumulationsprozess selbst dafür sorgt, dass der Lohn im Durchschnitt auf den Wert der Arbeitskraft beschränkt bleibt und dass dieser Wert, obgleich historisch veränderlich, nie so hoch steigen kann, dass er die Verwertung des Kapitals ernsthaft beeinträchtigt.

Die Menge von Arbeitern und Arbeiterinnen, die bereit (bzw. gezwungen) sind, ihre Arbeitskraft zu verkaufen, aber keinen Käufer finden, bezeichnet Marx als *industrielle Reservearmee*. Die Größe dieser industriellen Reservearmee hängt von zwei gegenläufigen Effekten ab. Einerseits findet Akkumulation von Kapital und damit eine Ausweitung der Produktion statt, was – bei unveränderter Wertzusammensetzung – mehr Arbeitskräfte erfordert (Beschäftigungseffekt der Akkumulation). Andererseits führt die Steigerung der Produktivkraft der Arbeit, die sich in einer steigenden Wertzusammensetzung ausdrückt, dazu, dass bei unveränderter Produktionsmenge weniger Arbeitskräfte benötigt werden (Freisetzungseffekt der Produktivkraftsteigerung). Ob die Nachfrage nach Arbeitskräften steigt oder fällt, hängt davon ab, welcher dieser beiden Effekte überwiegt.

Angenommen, die Produktivkraft der Arbeit verdoppelt sich, dann ist zur Herstellung einer bestimmten Produktmenge nur noch die Hälfte der Arbeitskräfte nötig. Wenn nun so viel Mehrwert in neues Kapital verwandelt wird, dass sich die Produktion ebenfalls verdoppeln kann, bleibt die Zahl der beschäftigten Arbeitskräfte gleich. Wird weniger Kapital akkumuliert, dann steigt zwar immer noch die produzierte Menge, allerdings wird die größere Menge von einer kleineren Anzahl von Arbeitskräften produziert.

Marx ging nun davon aus, dass das Kapital tendenziell eine immer größer werdende «industrielle Reservearmee» hervorbringt. Bei einer ungefähr gleich bleibenden Zahl von Arbeitskräften ist dies nur möglich, wenn der «Freisetzungseffekt» der Produktivkraftsteigerung den «Beschäftigungseffekt» der Akkumulation überwiegt. Betrachtet man ein einzelnes Kapital, so kann man im Allgemeinen nicht voraussagen, welcher Effekt stärker ist. Marx argumentierte allerdings, dass es für die einzelnen Kapitale zwei Möglichkeiten des Wachstums gibt. Zum einen aufgrund der Verwandlung von Mehrwert in Kapital, diese Art des Wachstums bezeichnete er als *Konzentration des Kapitals*; zum anderen aufgrund des Zusammenschlusses verschiedener Einzelkapitale (sei es in einem «friedlichen» Fusionsprozess oder als «feindliche» Übernahme), was er *Zentralisation des Kapital*s nannte.[35] Bei der Zentralisation wächst das einzelne Kapital ganz erheblich, was sich dann meistens auch in einer beschleunigten technischen Umwälzung ausdrückt (das vergrößerte Kapital verfügt über mehr Investitionsmöglichkeiten, es kann Maschinen anschaffen, für welche die Mittel des kleineren Kapitals nicht ausgereicht hätten, etc.), ohne dass aber das Gesamtkapital gewachsen wäre. Insofern kommt es aufgrund der Zentralisation immer wieder zu Produktivkraftsteigerungen mit bedeutenden Freisetzungseffekten, ohne dass ihnen Beschäftigungseffekte aufgrund einer Akkumulation gegenüberstehen. Diese Überlegung ist zwar sehr plausibel; ob es in der *gesamten* Ökonomie aber zu Beschäftigungs- oder Freisetzungseffekten kommt, hängt davon ab, wie häufig solche Zentralisationsprozesse sind und in welchem Verhältnis die von ihnen ausgehenden Freisetzungseffekte zu den Beschäftigungseffekten der übrigen Kapitale stehen.

Die von Marx angenommene *tendenziell wachsende* industrielle Reservearmee lässt sich zwar nicht streng begründen. Allerdings ist zumindest klar, dass die industrielle Reservearmee im Kapitalismus auf Dauer nicht verschwinden kann. Ein Kapitalismus mit Vollbeschäftigung ist immer eine Ausnahme: Vollbeschäftigung ermöglicht es den Arbeitern und Arbeiterinnen, höhere Löhne durchzusetzen, was dazu führt, dass sich der Akkumulationsprozess verlangsamt und/oder dass verstärkt arbeitssparende Maschinerie eingesetzt wird, so dass erneut eine industrielle Reservearmee entsteht.

Für die einzelnen Kapitalisten bietet die Existenz dieser Reservearmee einen doppelten Vorteil. Zum einen drücken die

---

35 Die Marxsche Terminologie weicht hier von der heute gebräuchlichen ab: unter «Konzentration» wird heute genau der Vorgang bezeichnet, den Marx unter «Zentralisation» fasst, die Verminderung der Zahl der Einzelkapitale.

unbeschäftigten Arbeitskräfte auf den Lohn der Beschäftigten, zum anderen stellen sie wirklich eine «Reserve» für sprunghafte Ausdehnungen der Akkumulation dar: Eine schnelle Ausweitung der Produktion, z.B. aufgrund von neuen Absatzmöglichkeiten im Ausland, ist bei Vollbeschäftigung nicht möglich. Von daher liegen Appelle an Unternehmer, doch auch etwas zum Abbau der Arbeitslosigkeit beizutragen, immer schon daneben. Falsch liegt aber auch eine Kritik am Kapitalismus, die ihm zum Vorwurf macht, Arbeitslosigkeit zu produzieren[36]: Der einzige Zweck des Kapitals ist Verwertung, aber keineswegs die Herstellung von Vollbeschäftigung oder gar ein gutes Leben für die Mehrheit der Bevölkerung.

Im Anschluss an die Untersuchung der industriellen Reservearmee finden sich im 23. Kapitel des ersten «Kapital»-Bandes verschiedene Äußerungen, die als «Verelendungstheorie» interpretiert wurden. Vor allem in den 1920er Jahren wurde diese Verelendungstheorie auch als Revolutionstheorie verstanden: Im Kapitalismus verelendeten die Massen, so dass diese zwangsläufig einsehen würden, dass ihnen nichts anderes als die revolutionäre Abschaffung des Kapitalismus übrig bleibe. Allerdings zeigte nicht nur der deutsche Faschismus, dass sich die am meisten «verelendeten» Teile der Bevölkerung keineswegs automatisch nach links entwickeln; sie können sich ebenso gut rechten, nationalistischen und faschistischen Bewegungen zuwenden.

Zu Zeiten des «Wirtschaftswunders» in den 60er und frühen 70er Jahren, wurde von den Anhängern des Kapitalismus gerne darauf verwiesen, dass die «Marxsche Verelendungs-theorie» durch Vollbeschäftigung und den ständig steigenden Lebensstandard der Arbeiter und Arbeiterinnen offensichtlich widerlegt sei, was dann auch zu einem grundsätzlichen Argument gegen die Marxsche Ökonomiekritik ausgedehnt wurde: Die falsche Voraussage der Entwicklung des Kapitalismus mache deutlich, dass die Marxsche Analyse völlig verkehrt sei.

---

36 Einen solchen Vorwurf erhebt auch Robert Kurz, der in seinem «Schwarzbuch» angesichts von Massenarbeitslosigkeit und Massenelend zu dem Schluss kommt, «daß das globale kapitalistische System ... vollkommen versagt hat» (Kurz 1999, S. 699). Versagen kann man aber nur bei der Erreichung von Zielen, die man tatsächlich hat.

Marxisten wollten dieses Urteil nicht akzeptieren und machten eine (bei Marx noch nicht vorhandene) Unterscheidung zwischen «absoluter Verelendung» – der Lebensstandard der Arbeiterklasse sinkt absolut – und «relativer Verelendung»: Der Lebensstandard mag zwar steigen, aber der Anteil der Arbeiterklasse am Reichtum der Gesellschaft nimmt relativ zu den Kapitalisten ab.

Dem Inhalt nach hatte Marx eine absolute Verelendungstheorie 1848 im «Kommunistischen Manifest» vertreten (vgl. MEW 4, S. 473). Im ersten Band des «Kapital», der neunzehn Jahre später erschien, ist davon allerdings nicht mehr die Rede. Dort machte er deutlich, dass gerade die Produktion des relativen Mehrwerts (die, wenn man will, als «relative Verelendung» aufgefasst werden kann), eine Steigerung des Lebensstandards der Arbeiterklasse bei gleichzeitiger Vergrößerung des Mehrwerts zulässt (vgl. oben Kapitel 5.5).

Allerdings ging es Marx an der viel diskutierten Stelle im 23. Kapitel des ersten Bandes gar nicht in erster Linie um eine bestimmte Einkommensverteilung. Dort schreibt Marx mit Verweis auf seine vorangegangene Analyse der Produktion des relativen Mehrwerts:

«innerhalb des kapitalistischen Systems vollziehn sich alle Methoden zur Steigerung der gesellschaftlichen Produktivkraft der Arbeit auf Kosten des individuellen Arbeiters; alle Mittel zur Entwicklung der Produktion schlagen um in Beherrschungs- und Exploitationsmittel des Produzenten, verstümmeln den Arbeiter in einen Teilmenschen, entwürdigen ihn zum Anhängsel der Maschine, vernichten mit der Qual seiner Arbeit ihren Inhalt, entfremden ihm die geistigen Potenzen des Arbeitsprozesses im selben Maße, worin letzterem die Wissenschaft als selbständige Potenz einverleibt wird; sie verunstalten die Bedingungen, innerhalb deren er arbeitet, unterwerfen ihn während des Arbeitsprozesses der kleinlichst gehässigen Despotie, verwandeln seine Lebenszeit in Arbeitszeit, schleudern sein Weib und Kind unter das Juggernaut-Rad des Kapitals [bezieht sich auf einen indischen Kult, bei dem sich die Gläubigen an hohen Feiertagen unter den Wagen mit dem Bildnis des Gottes warfen, M.H.]. Aber alle Methoden zur Produktion des Mehrwerts sind zugleich Methoden der Akkumulation, und jede Ausdehnung der Akkumulation wird umgekehrt Mittel zur Entwicklung jener Methoden. Es folgt daher, dass im Maße wie Kapital akkumuliert, die Lage des Arbeiters, welches immer seine Zahlung, hoch oder niedrig, sich verschlechtern muß.» (MEW 23, S. 674 f.)

Dass es Marx nicht in erster Linie um die Entwicklung der Einkommen oder des Lebensstandards geht, macht der letzte Satz des Zitats deutlich, die «Verschlechterung» der Lage der Arbeitenden bezieht sich auf die Gesamtheit ihrer Lebens- und Arbeitsumstände, was auch die folgende Äußerung deutlich macht:

«Die Akkumulation von Reichtum auf dem einen Pol ist also zugleich Akkumulation von Elend, Arbeitsqual, Sklaverei, Unwissenheit, Brutalisierung und moralischer Degradation auf dem Gegenpol.» (MEW 23, S. 675)

Die Marxsche Kritik am Kapitalismus reduziert sich gerade *nicht* auf die Frage der Verteilung der Einkommen oder der Vermögen. Diese Verteilung kann innerhalb des Kapitalismus bis zu einem gewissen Grad verändert werden und es liegt durchaus im Interesse des Kapitals, dass die Arbeiter und Arbeiterinnen nicht in völliger Armut versinken, denn darunter leidet auch die Qualität ihrer Arbeitskraft. Auch Arbeitslose, die Mitglieder der «industriellen Reservearmee», sollen nicht einfach nur dahinvegetieren, denn dann ist ihre Arbeitskraft, die das Kapital bei einem erneuten Akkumulationsschub benötigt, nicht mehr einsetzbar (vgl. dazu unten Kapitel 11 f.).

Was Marx kritisiert, ist nicht eine bestimmte Verteilung von Gütern oder Einkommen, sondern es sind die in einem umfassenden Sinn «elenden» Arbeits- und Lebensbedingungen, die er mit Begriffen wie «Arbeitsqual», «Unwissenheit», «Brutalisierung» etc. charakterisiert. Dass diese Lebensbedingungen keineswegs Kinderkrankheiten des Kapitalismus sind, dass sie vielmehr, bei allem Wechsel in ihrer konkreten Gestalt, «elend» bleiben, das versucht Marx bei seiner Analyse des kapitalistischen Produktions- und Akkumulationsprozesses nachzuweisen. Da dieser Prozess als einzigen Zweck die Verwertung und eine ständig verbesserte Verwertung kennt und da ihm Mensch und Natur lediglich Mittel für die Verwertung sind, besitzt dieser Prozess gegenüber Mensch und Natur eine immanente Destruktivität, die diese elenden Lebensbedingungen in immer neuen Formen und auch bei steigendem Lebensstandard immer wieder erneut produziert.

Marx macht aus diesem Ergebnis seiner Analyse keinen moralischen Vorwurf an die einzelnen Kapitalisten, sondern zieht die einfache Folgerung: Ist man tatsächlich daran interessiert, diese elenden Lebensbedingungen zu ändern, dann bleibt nichts anderes als die *Abschaffung des Kapitalismus*. Die Marxsche *Kritik* besteht nicht in einer moralischen Vorhaltung, sondern im Nachweis, wie der Kapitalismus tatsächlich funktioniert.

6. Die Zirkulation des Kapitals

*I*n seinem Verwertungsprozess nimmt Kapital abwechselnd die Formen von Ware und Geld an. Wie bereits aus der «allgemeinen Formel des Kapitals» G – W – G´ ersichtlich ist, umschließt der Verwertungsprozess Produktions- *und* Zirkulationsakte. Im vorangegangenen Kapitel wurde allein der Produktionsprozess des Kapitals behandelt, den Marx im ersten Band des «Kapital» darstellt. Den Zirkulationsprozess des Kapitals untersucht er im zweiten Band. In diesem Kapitel sollen einige Begriffe aus dieser Untersuchung erläutert werden, die zum Verständnis der Inhalte des dritten Bandes notwendig sind.

6.1 Der Kreislauf des Kapitals. Zirkulationskosten, industrielles Kapital und Kaufmannskapital

*D*ie Formel G – W – G´ beschreibt abstrakt den *Kreislauf* des Kapitals. Dieser zerfällt in drei Stadien:

Erstes Stadium: Der Kapitalist erscheint auf dem Warenmarkt als Käufer, er setzt sein *Geldkapital* G in Ware W um. Geld ist die selbstständige Form des Werts, Geldkapital ist die Geldform des Kapitals. Was aus diesem Kaufakt einen Abschnitt im Kapitalkreislauf macht, ist der Zusammenhang, in dem er steht: Es wird gekauft, um neue Ware zu produzieren, die mit Gewinn weiterverkauft werden soll. Dies wird möglich aufgrund des speziellen stofflichen Gehalts der gekauften Waren: Der Kapitalist kauft Produktionsmittel (Pm) und Arbeitskraft (A), d.h. er verwandelt Geldkapital G in *produktives Kapital* P.

Zweites Stadium: Der Zirkulationsprozess wird unterbrochen, das produktive Kapital P wird in einem Produktionsprozess verbraucht. Produktives Kapital besteht zwar aus Produktionsmitteln und Arbeitskraft, das heißt aber umgekehrt nicht, dass diese immer schon produktives Kapital wären. Produktionsmittel und Arbeitskraft sind zwar stets die Faktoren des Produktionsprozesses, egal welches seine gesellschaftliche

Form ist; produktives Kapital sind sie aber nur *innerhalb eines kapitalistischen* Produktionsprozesses. Resultat des kapitalistischen Produktionsprozesses ist eine neue Warenmenge; als Daseinsform des verwerteten Kapitals ist diese Warenmenge *Warenkapital* W′. Es besteht nicht nur aus qualitativ anderen Waren als die ursprüngliche Warenmenge W (Produktionsmittel und Arbeitskraft), es sollte beim Verkauf auch einen höheren Wert besitzen als W.

Drittes Stadium: Der Zirkulationsprozess wird fortgesetzt, indem der Kapitalist auf dem Warenmarkt als Verkäufer auftritt. Er verkauft die neue Warenmenge W gegen G, d.h. er verwandelt das Warenkapital zurück in Geldkapital, das aber jetzt verwertetes, d.h., um den Mehrwert vermehrtes Geldkapital ist.

Als ausführliche Kreislauffigur (die Punkte deuten an, dass der Zirkulationsprozess durch den Produktionsprozess unterbrochen wird) erhält man somit:

$$G - W \genfrac{}{}{0pt}{}{\nearrow Pm}{\searrow A} \ldots P \ldots W' - G'$$

In seinem Kreislauf nimmt das Kapital nacheinander die Formen Geldkapital, produktives Kapital und Warenkapital an. Bei diesen Formen handelt es sich nicht um selbstständige Kapitalsorten, sondern um einzelne Abschnitte des Kapitalkreislaufs.

Die Zeitdauer, die das Kapital im Produktionsprozess zubringt, ist seine *Produktionszeit*; die Zeitdauer, die es im Zirkulationsprozess zubringt, sei es in der Form von Geldkapital, das Warenverkäufer sucht, sei es als Warenkapital, das Käufer sucht, ist seine *Umlaufszeit*. Die Produktionszeit ist länger als die reine Arbeitszeit: Wenn Maschinen über Nacht stillstehen oder Vorräte gelagert werden, dann befindet sich Kapital auch außerhalb der Arbeitszeit im Produktionsprozess. Allerdings wird nur innerhalb der Arbeitszeit Wert und Mehrwert produziert, so dass die Kapitalisten bemüht sind den Überschuss von Produktions- und Umlaufszeit über die reine Arbeitszeit hinaus möglichst gering zu halten.

Bei der Zirkulation entstehen *Zirkulationskosten*. Dabei ist zu unterscheiden zwischen den Kosten von produktiven Akten, die Gebrauchswert und Wert des Produktes vergrößern, also einer Fortsetzung des Produktionsprozesses während der Zirkulation, und den *reinen Zirkulationskosten*, die zum Gebrauchswert und daher auch zum Wert des Produkts nichts hinzufügen, da sie lediglich aus dem *Formwandel* von Geld in Ware bzw. von Ware in Geld herrühren.

Zu ersteren gehören vor allem Transportkosten. Gebrauchswert hat eine Sache für mich nur, wenn ich sie auch an dem Ort zur Verfügung habe, an dem ich sie konsumieren will. Der Transport z.B. eines Fahrrads von der Fabrik zum Konsumenten ist für den Gebrauchswert dieses Fahrrads genauso notwendig wie die Montage der Reifen und trägt daher ebenso zum Wert des Fahrrads bei wie diese Montage.

Dagegen hat die bloße Formverwandlung von Ware und Geld nichts mit dem Gebrauchswert der Ware und daher auch nichts mit ihrem Wert zu tun. Reine Zirkulationsagenten (z.B. Kassierer) können zwar auch Lohnarbeiter sein, die wie alle anderen Lohnarbeiter Mehrarbeit leisten, da sie z.B. acht Stunden arbeiten, ihr Lohn aber eine Wertsumme darstellt, die unter normalen Umständen in vier Stunden produziert wird. Allerdings haben diese Zirkulationsagenten selbst keinen Wert und daher auch keinen Mehrwert produziert. Bei ihrer Arbeit handelt es sich um Arbeit, die unter kapitalistischen Bedingungen zwar notwendig, aber trotzdem «unproduktiv», d.h., nicht Mehrwert schaffend, ist. Der Lohn für diese Arbeit (und der Wert der von ihr verbrauchten Produktionsmittel) ist ein Abzug vom Mehrwert, den die produktiven Arbeiter produziert haben. Dass die unproduktiven Arbeiter Mehrarbeit leisten und daher ebenfalls ausgebeutet werden, trägt nicht zum Mehrwert bei, verringert aber diesen Abzug vom Mehrwert.

Was soeben für die Kosten der reinen Zirkulationsagenten gesagt wurde, gilt generell für die reinen Zirkulationskosten: Sie bilden einen Abzug vom Mehrwert; verringern sie sich, nimmt der verbleibende Mehrwert zu. Damit entsteht der Schein, die Kapitalverwertung resultiere nicht nur aus der Ausbeutung der Arbeitskraft im Produktionsprozess, sondern unabhängig davon auch aus dem Zirkulationsprozess des Kapitals. Der *Kapitalfetisch*, von dem bereits bei der Untersuchung des Produktionsprozesses die Rede war (vgl. Kapitel 5.3), verfestigt sich im Zirkulationsprozess weiter.

Kapital, das die drei Formen Geldkapital, produktives Kapital und Warenkapital durchläuft, bezeichnet Marx als *industrielles Kapital*. Damit wird nicht eine *stoffliche* Besonderheit betont (wie etwa die Benutzung großer Industrieanlagen), sondern ein Charakteristikum auf der *Wertseite*:

«Das industrielle Kapital ist die einzige Daseinsweise des Kapitals, worin nicht nur Aneignung von Mehrwert, resp. Mehrprodukt, sondern zugleich dessen Schöpfung Funktion des Kapitals ist.» (MEW 24, S. 61)

Zum industriellen Kapital in diesem Sinne gehört auch Kapital, das in Dienstleistungsunternehmen angelegt ist. Der einzige Unterschied besteht hier darin, dass das fertige Produkt (sei es nun eine Theateraufführung oder ein Transport) kein gegenständliches Ding ist, das als selbstständiges Warenkapital auftreten kann; es kann nur gleichzeitig mit seinem Produktionsprozess konsumiert werden, so dass die Kreislauffigur folgende Gestalt hat:

$$G - W \begin{smallmatrix} \nearrow Pm \\ \searrow A \end{smallmatrix} \ldots P - G'$$

Der Wert einer solchen Dienstleistung ist aber wie der Wert jeder anderen kapitalistisch produzierten Ware als Summe des Werts der bei ihrer Produktion verbrauchten Produktionsmittel c und des durch Verausgabung der Arbeitskraft neu geschaffenen Werts (v + m) bestimmt.

Nicht zum industriellen Kapital gehören dagegen das reine Kaufmannskapital (Handelskapital, kommerzielles Kapital) und das zinstragende Kapital. Beide eignen sich zwar einen Teil des Mehrwerts an, es gehört aber nicht zu ihrer Kapitalfunktion, diesen Mehrwert auch zu produzieren.

Das reine *Kaufmannskapital* hat es *nur* mit Kauf und Verkauf der Waren zu tun, die von ihm beschäftigten Arbeiter und Arbeiterinnen verrichten unproduktive Arbeit, die keinen Mehrwert liefert[37]: der industrielle Kapitalist spart sich die

---

37 Zu den Funktionen des reinen Kaufmannskapitals gehört nicht auch noch der Transport, der selbst wieder eine Sphäre des industriellen Kapitals darstellt. Es handelt sich hier um begriffliche Unterscheidungen; in der Realität kann es durchaus vorkommen, dass ein bestimmtes Kapital die Funktion des Transports und des Verkaufs kombiniert, d.h. ein Teil des ausgelegten Kapitals ist industrielles Kapital und damit wert- und mehrwertschaffend, während ein anderer Teil Kaufmannskapital ist, das weder Wert noch Mehrwert schafft.

Ausgaben für diese unproduktive Arbeit (also die eigentlichen Zirkulationskosten) und kürzt außerdem die Umlaufzeit seines Kapitals ab, indem er nicht an die Konsumenten, sondern an den Kaufmann verkauft. Dafür verkauft er die von seinem Kapital produzierten Waren *unter* ihrem Wert an den Kaufmann, der sie dann zu ihrem Wert weiterverkauft. Auf diese Weise teilt der industrielle Kapitalist den von seinem Kapital produzierten Mehrwert mit dem kaufmännischen Kapitalisten.

6.2 Der Umschlag des Kapitals. Fixes und zirkulierendes Kapital

Wird der Kreislauf des Kapitals nicht als vereinzelter Vorgang, sondern als periodischer Prozess betrachtet, spricht man vom *Umschlag* des Kapitals. Die *Umschlagszeit* ist die Summe aus Produktions- und Umlaufzeit, es ist diejenige Zeit, für die ein Kapitalist Kapital vorschießen muss, bis er es verwertet zurückerhält.

Ein Teil der Produktionsmittel, wie z.B. Gebäude und Maschinen, ist erst nach mehreren Produktionsperioden verschlissen. Entsprechend ihrem durchschnittlichen Verschleiß übertragen sie nur einen Teil ihres Wertes auf den Wert der Produkte: Kann z.B. eine Maschine zwanzig Produktionsperioden hindurch genutzt werden, dann überträgt sie auf das Produkt jeder dieser zwanzig Perioden ein zwanzigstel ihres Werts. Während der Wert dieser Maschine bereits teilweise in die Zirkulation eingeht, bleibt die Maschine in ihrer Naturalform in der Produktionssphäre fixiert. Bestandteile des konstanten Kapitals mit dieser Eigenschaft werden als *fixes Kapital* bezeichnet. Dem fixen Kapital steht das *flüssige* oder *zirkulierende* Kapital gegenüber: Dies sind alle die Bestandteile des Kapitals, die während einer Produktionsperiode stofflich verbraucht werden, deren Naturalform also verschwindet. Zum zirkulierenden Kapital gehören einerseits die nicht-fixen Teile des konstanten Kapitals, also Roh- und Hilfsstoffe, Energie etc., sowie das variable Kapital.

Der Unterschied zwischen fixem und zirkulierendem Kapital ist kein stofflicher (etwa der zwischen beweglichen und unbeweglichen Dingen), sondern ein Unterschied in der *Zirkulation des Werts*, der für den Kapitalisten von enormer praktischer Bedeutung ist. Der Wert des zirkulierenden Kapitals wird unter normalen Bedingungen bereits nach einem Umschlag ersetzt und muss dann auch sofort für die nächste Produktionsperiode vorgeschossen werden. Der Wert des fixen Kapitals überträgt sich erst im Verlauf von mehreren Produktionsperioden auf das Produkt, es fließt daher nach einem Umschlag auch nur teilweise zurück. Diese Rückflüsse werden nicht sofort benötigt, sondern erst dann, wenn die stofflichen Elemente des fixen Kapitals auch tatsächlich ersetzt werden müssen, wenn z.B. eine neue Maschine angeschafft wird. Dann muss allerdings der Gesamtbetrag des fixen Kapitals auf einen Schlag vorgeschossen werden. Bis dahin bilden die Rückflüsse des fixen Kapitals einen *Amortisationsfonds*.

Fixes und zirkulierendes Kapital sowie konstantes und variables Kapital sind beides Unterscheidungen des produktiven Kapitals, des in Produktionsmittel und Arbeitskraft verwandelten Kapitalwerts. Die Unterscheidung zwischen konstantem und variablem Kapital bezieht sich auf die *Wertbildung*: Das konstante Kapital c überträgt seinen Wert bloß auf das Produkt, das variable Kapital schafft dagegen einen neuen Wert in Höhe von $v + m$. Die Unterscheidung von fixem und zirkulierendem Kapital bezieht sich dagegen auf die *Zirkulation des Werts*, den Zeitpunkt, wann der entsprechende Kapitalwert wieder zum Kapitalisten zurückkehrt.

Die Unterscheidung zwischen konstantem und variablem Kapital setzt eine Reihe von *theoretischen* Einsichten in den Wertbildungsprozess voraus (über den Zusammenhang von Wert und Arbeit, über den Unterschied von Arbeit und Arbeitskraft, die Erkenntnis, dass «Lohn» als Bezahlung der Arbeit ein «imaginärer Ausdruck» ist etc.); Einsichten, wie sie im spontanen Alltagsbewusstsein, auch des Kapitalisten nicht zu erwarten sind (vgl. zum Alltagsbewusstsein Kapitel 10). Aufgrund ihrer *praktischen* Bedeutung ist dagegen die Unterscheidung in fixes und zirkulierendes Kapital für den Kapitalisten unmittelbar einsichtig und Grundlage seiner Kalkulation. Indem diese Unterscheidung das variable Kapital mit einem Teil des konstanten Kapitals zum zirkulierenden Kapital zusammenfasst, verhüllt sie den Unterschied von konstantem und variablem Kapital noch zusätzlich.

6.3 Die Reproduktion des gesellschaftlichen Gesamtkapitals

Die Kreisläufe der Einzelkapitale sind miteinander verschlungen und setzen einander voraus: Der Kreislauf des einen Kapitals setzt voraus, dass es die Produkte anderer Kapitale, d.h., Produktionsmittel sowie Lebensmittel, welche die von ihm beschäftigten Arbeitskräfte konsumieren können, auf dem Markt vorfindet. Hat das Einzelkapital dann selbst Waren produziert, ist es darauf angewiesen, dass diese Waren als Produktions- oder Lebensmittel in den Kreislauf anderer Kapitale eingehen. Die Reproduktion eines Einzelkapitals kann daher nicht isoliert betrachtet werden, sie ist nur möglich als Teil der Reproduktion des *gesellschaftlichen Gesamtkapitals*, das von der Gesamtheit der Einzelkapitale gebildet wird.

Damit sich das gesellschaftliche Gesamtkapital reproduzieren kann, muss das Gesamtprodukt eine bestimmte *stoffliche* Proportionierung aufweisen: Es müssen einerseits so viele Produktionsmittel produziert werden, wie die Einzelkapitale insgesamt benötigen, und andererseits so viele Lebensmittel, wie Arbeiterhaushalte und Kapitalisten konsumieren. Da Produktions- und Lebensmittel aber nicht einfach verteilt, sondern getauscht werden, müssen die stofflich bestimmten Teile des gesellschaftlichen Gesamtprodukts auch eine bestimmte *wertmäßige* Proportionierung aufweisen, so dass die Produktions- und Lebensmittel auch bezahlt werden können.

Wir können uns diese Proportionierung an einem extrem vereinfachten Beispiel klar machen. Unterstellen wir eine Ökonomie, in der es nur Arbeiter und Kapitalisten gibt und in der jede Produktion kapitalistisch organisiert ist. Von fixem Kapital sehen wir ab, d.h. wir unterstellen, dass das gesamte konstante Kapital innerhalb der betrachteten Periode von, sagen wir, einem Jahr verbraucht wird und seinen Wert auf das Produkt überträgt.

In dieser Ökonomie gibt es Tausende verschiedener Branchen (Stahlindustrie, Chemieindustrie, Nahrungsmittelhersteller, Bekleidungsindustrie etc.), und die meisten dieser Branchen lassen sich nochmals in eine Vielzahl von Teilbranchen zerlegen. Für unsere Zwecke unterscheiden wir lediglich zwei große Abteilungen der Produktion: Abteilung I soll Produktionsmittel produzieren, Abteilung II Konsumtionsmittel im weitesten Sinne. Der Unterschied der beiden Abteilungen liegt in der Verwendung ihrer Produkte: Produkte von Abteilung I gehen in weitere Produktionsprozesse ein, Produkte von Abteilung II hingegen fließen in den Konsum von Arbeiterhaushalten und Kapitalisten. Eine Reihe von Produkten, z.B. Autos, sind für beide Verwendungsweisen geeignet. In unserer vereinfachten Sicht unterstellen wir, dass Autos, die als Produktionsmittel verwendet werden, in Abteilung I und Autos, die in den privaten Konsum eingehen, in Abteilung II produziert werden.

Damit sich das Gesamtkapital reproduzieren kann, dürfen die Produkte der beiden Abteilungen nicht in einem beliebigen Mengen- und Wertverhältnis stehen. Ihre notwendige Proportionierung wollen wir zunächst unter der Voraussetzung *einfacher Reproduktion* untersuchen, d.h. wir sehen ab von Akkumulation, wir unterstellen also, dass der gesamte Mehrwert in den Konsum der Kapitalisten eingeht.

Sind c_I und v_I konstantes und variables Kapital der Abteilung I und m_I der dort produzierte Mehrwert (entsprechend c_{II}, v_{II}, und m_{II} für Abteilung II), dann gilt für den gesamten Produktenwert:

in Abteilung I $c_I + v_I + m_I$
in Abteilung II $c_{II} + v_{II} + m_{II}$

Das Produkt von Abteilung I besteht stofflich aus Produktionsmitteln. Soll einfache Reproduktion möglich sein, dann muss dieses Produkt die in beiden Abteilungen verbrauchten Produktionsmittel ersetzen. Es muss also folgendes Wertverhältnis gelten:

(1) $c_I + v_I + m_I = c_I + c_{II}$

Das Produkt von Abteilung II besteht aus Konsumtionsmitteln. Es muss den Verbrauch der Arbeiter und der Kapitalisten aus beiden Abteilungen decken. Dafür muss gelten:

(2) $c_{II} + v_{II} + m_{II} = v_I + v_{II} + m_I + m_{II}$

Aus beiden Gleichungen folgt jeweils (indem man die identischen Glieder auf beiden Seiten der Gleichung abzieht):

(3) $c_{II} = v_I + m_I$

D.h. der Wert des in Abteilung II verbrauchten konstanten Kapitals muss gleich sein dem Wert von variablem Kapital und Mehrwert aus Abteilung I.

Die Einzelkapitale planen ihre Produktion jedoch unabhängig voneinander, daher können die eben formulierten Bedingungen nur zufälligerweise erfüllt sein. Normalerweise wird immer eine gewisse Disproportion zwischen den einzelnen Abteilungen auftreten.

Berücksichtigen wir nun die *erweiterte Reproduktion*, unterstellen wir also Akkumulation, d.h. die Verwandlung eines Teils des Mehrwerts in neues Kapital, dann können wir im Prinzip dieselben Überlegungen anstellen: Das Produkt von Abteilung I muss jetzt nicht nur hinreichen, um die in Abteilung I und II verbrauchten Produktionsmittel zu ersetzen, es müssen noch mehr Produktionsmittel produziert worden sein, um die Akkumulation in beiden Abteilungen zu ermöglichen. Dasselbe gilt für Abteilung II: Es müssen jetzt nicht nur so viele Lebensmittel produziert werden, wie Arbeiter und Kapitalisten verbrauchen, sondern es müssen zusätzliche Lebensmittel produziert werden, um den Verbrauch der zusätzlich beschäftigten Arbeitskräfte zu decken.

Um Akkumulation zu ermöglichen, müssen beide Abteilungen mehr produzieren als bisher verbraucht wurde; die Akkumulation der einen Einzelkapitale setzt die Akkumulation anderer Einzelkapitale voraus und zwar in doppelter Hinsicht: Einerseits muss unser akkumulationswilliges Einzelkapital mehr Produkte auf dem Markt vorfinden als früher, andererseits produziert es bei Akkumulation selbst eine größere Warenmenge, die nur abgesetzt werden kann, wenn andere Einzelkapitale ebenfalls akkumulieren. Auch dabei werden die richtigen Proportionen nur zufälligerweise eingehalten, Disproportionen zwischen den Branchen sind die Regel.

In der Geschichte marxistischer Debatten spielten die gerade erläuterten *Reproduktionsschemata* zu Beginn des 20. Jahrhunderts eine wichtige Rolle: An ihnen wurde darüber diskutiert, ob ein krisenfreier Kapitalismus zumindest im Prinzip möglich sei und welche Entwicklungsperspektiven der Kapitalismus in kapitalistisch unterentwickelten Ländern wie Russland habe (vgl. zu diesen Debatten Rosdolsky 1968b, Milios/Economakis 2003). Damit wurde diesen Schemata aber zuviel an Erklärungskraft aufgebürdet. Zwar stellen sie eine Gesamtschau kapitalistischer Produktion und Zirkulation dar, sind aber noch längst kein Abbild kapitalistischer Reproduktion, so wie sie empirisch stattfindet. Vielmehr bildet die in den Reproduktionsschemata ausgedrückte Einheit von Produktions- und Zirkulationsprozess erst die Grundlage, auf der dann Kategorien wie Profit, Zins, Unternehmergewinn, Aktienkapital etc., in denen sich die konkreteren Verhältnisse ausdrücken, überhaupt sinnvoll abgehandelt werden können.

7. Profit, Durchschnittsprofit und das «Gesetz des tendenziellen Falls der Profitrate»

In den Kapiteln 7 bis 10 werden Themen aus dem dritten Band des «Kapital» behandelt. Erst in diesem Band finden wir diejenigen Kategorien, welche die «Empirie» kapitalistischer Verhältnisse, d.h. die Art und Weise, wie sich die kapitalistische Produktionsweise unmittelbar der Anschauung präsentiert, ausdrücken. Den Zusammenhang der drei Bände des «Kapital» charakterisierte Marx zu Beginn des dritten Bandes folgendermaßen: «Im ersten Buch wurden die Erscheinungen untersucht, die der kapitalistische *Produktionsprozeß*, für sich genommen, darbietet, als unmittelbarer Produktionsprozeß... Aber dieser unmittelbare Produktionsprozeß erschöpft nicht den Lebenslauf des Kapitals. Er wird in der wirklichen Welt ergänzt durch den *Zirkulationsprozeß*, und dieser bildete den Gegenstand der Untersuchungen des zweiten Buches. Hier zeigte sich..., daß der kapitalistische Produktionsprozeß, im ganzen betrachtet, Einheit von Produktions- und Zirkulationsprozeß ist. Worum es sich in diesem dritten Buch handelt, kann nicht sein allgemeine Reflexionen über diese Einheit anzustellen. Es gilt vielmehr die konkreten Formen aufzufinden und darzustellen, welche aus dem *Bewegungsprozeß des Kapitals, als Ganzes betrachtet*, hervorwachsen... Die Gestaltungen des Kapitals, wie wir sie in diesem Buch entwickeln, nähern sich also schrittweis der Form, worin sie auf der Oberfläche der Gesellschaft, in der Aktion der verschiedenen Kapitale aufeinander, der Konkurrenz, und im gewöhnlichen Bewußtsein der Produktionsagenten selbst auftreten.» (MEW 25, S. 33)

7.1 Kostpreis, Profit und Profitrate – Kategorien und alltägliche Mystifikationen

Der Wert jeder kapitalistisch produzierten Ware lässt sich als $c + v + m$ darstellen, wobei c den Wert der verbrauchten Produktionsmittel und $v + m$ den durch Verausgabung lebendiger Arbeit neu geschaffenen Wert darstellt. Für den Kapitalisten wesentlich ist die Größe $c + v$: Sie gibt an, was die Ware den

Kapitalisten selbst kostet, diese Größe bezeichnet Marx als den *Kostpreis* der Ware.

Für die Wertbildung der Ware spielen c und v ganz unterschiedliche Rollen: Der Wert der verbrauchten Produktionsmittel wird auf das Produkt übertragen, der Wert der Arbeitskraft hat dagegen mit dem Wert des Produkts überhaupt nichts zu tun, denn auf das Produkt übertragen wird ein Neuwert, der auf der Verausgabung der Arbeitskraft beruht. Rechnerisch ist dieser Neuwert gleich v + m (vgl. oben Kapitel 5.1).

Die unterschiedlichen Rollen, die c und v bei der Wertbildung spielen, sind aber nicht unmittelbar sichtbar: in Form des Arbeitslohns scheint nämlich alle Arbeit bezahlte Arbeit zu sein. Mit v scheint der Wertbeitrag der Arbeit zum fertigen Produkt genauso bezahlt zu sein, wie mit c der Wertbeitrag der verbrauchten Produktionsmittel bezahlt wird; ein prinzipieller Unterschied zwischen den beiden Kapitalbestandteilen ist nicht sichtbar. Der einzige Unterschied, der dem Kapitalisten auffällt, ist der zwischen fixem und zirkulierendem Kapital. Dieser Unterschied hat aber nichts mit der Wertbildung zu tun, sondern mit dem Zeitpunkt des Wertrückflusses (vgl. Kapitel 6.2).

Der Mehrwert m ist zunächst nur ein Überschuss des Werts der Ware über ihren Kostpreis, d.h. über den Wert des bei ihrer Produktion verausgabten Kapitals. Dem Kapitalisten ist zwar klar, dass dieser Wertüberschuss in den produktiven Vorgängen, die mit dem Kapital geschehen, seine Ursache hat. Da der Kapitalist hinsichtlich der Wertbildung aber keinen Unterschied zwischen dem Anteil der einzelnen Kapitalteile an der Wertbildung sieht, scheint dieser Überschuss gleichmäßig aus allen Teilen des Kapitals zu entspringen (aus konstantem und variablem Kapital genauso wie aus fixem und zirkulierendem Kapital).[38]

Der Mehrwert als Frucht des vorgeschossenen Gesamtkapitals ist *Profit*. Im Profit wird dieselbe Größe statt auf den Wert der Arbeitskraft auf den Wert des vorgeschossenen Gesamtkapitals bezogen. Profit ist aber nicht nur ein anderer Ausdruck für Mehrwert, wichtig ist, dass mit ihm eine ganz andere, die

---

38 Aufgrund welcher Ursache dieser Überschuss aus dem Kapital entspringt, darüber gibt es sowohl in der klassischen politischen Ökonomie als auch in der gegenwärtigen ökonomischen Theorie ganz unterschiedliche Auffassungen.

tatsächlichen Verhältnisse «mystifizierende» Vorstellung verbunden wird. Mehrwert ist der Überschuss des von der lebendigen Arbeit geschaffenen Neuwerts über den Wert der Arbeitskraft; die Verausgabung der lebendigen Arbeit ist (unter kapitalistischen Verhältnissen) Ursache des Mehrwerts. Profit dagegen ist Überschuss des Werts der Ware über den bei ihrer Produktion verbrauchten Teil des vorgeschossenen Kapitals; das Kapital erscheint hier als Ursache des Profits. Den Unterschied von Mehrwert und Profit fasst Marx folgendermaßen zusammen:

«Im Mehrwert ist das Verhältnis zwischen Kapital und Arbeit bloßgelegt; im Verhältnis von Kapital und Profit (...) erscheint das Kapital als Verhältnis zu sich selbst, ein Verhältnis, worin es sich als ursprüngliche Wertsumme von einem, von ihm selbst gesetzten Neuwert unterscheidet. Daß es diesen Neuwert während seiner Bewegung durch den Produktionsprozeß und den Zirkulationsprozeß erzeugt, dies ist im Bewusstsein. Aber wie dies geschieht, das ist nun mystifiziert und scheint von ihm selbst zukommenden, verborgnen Qualitäten herzustammen.» (MEW 25, S. 58)

Diese im Profit stattfindende Mystifikation des tatsächlichen Verhältnisses hat eine andere Mystifikation zur Voraussetzung, nämlich den Lohn als Bezahlung der Arbeit: Nur weil der Lohn als Bezahlung nicht des Werts der Arbeitskraft, sondern als Bezahlung des Werts der Arbeit erscheint, kann der Mehrwert als Profit, d.h. als Frucht des Kapitals erscheinen.

Mehrwert in Gestalt des Profits ist aber nicht nur eine die tatsächlichen Verhältnisse mystifizierende Vorstellung; diese Vorstellung hat praktische Relevanz, denn der Kapitalist ist nur am Profit als Überschuss des Werts der Ware über das zu ihrer Produktion benötigte Kapital interessiert. Das Maß der Verwertung ist für ihn daher auch nicht die Mehrwertrate m / v, sondern die *Profitrate* m / (c + v). Bei jedem Kapitalvorschuss ist er an einer möglichst hohen Profitrate interessiert; sie ist die Größe, die für das praktische Handeln der Kapitalisten entscheidend ist.

Die Profitrate kann – bei ansonsten gleich bleibenden Umständen – durch eine Erhöhung der Mehrwertrate gesteigert werden (vgl. Kapitel 5: Produktion des absoluten und relativen Mehrwerts). Die Profitrate kann aber auch bei gleich bleibender (und sogar fallender) Mehrwertrate erhöht werden. Grundsätzlich gibt es dafür drei Möglichkeiten.

(1) *Ökonomie in der Anwendung* des konstanten Kapitals. Es wird sparsamer mit den Elementen des konstanten Kapitals umgegangen. Solche Einsparungen können durch eine *Ausdehnung des Produktionsumfangs* entstehen: Eine doppelt so große Produktion benötigt nicht zwangsläufig das Doppelte an Energie, Baulichkeiten etc. Dies gilt insbesondere dann, wenn die Ausdehnung der Produktion durch eine Ausdehnung der Arbeitszeit erreicht wird: In einem Zwei-Schicht Betrieb kann mit denselben Maschinen und Baulichkeiten doppelt so viel produziert werden wie in einem Ein-Schicht Betrieb. Lediglich die Rohstoffe müssen verdoppelt werden. Bei gleich bleibender Mehrwertrate verdoppeln sich Mehrwert und variables Kapital, das konstante Kapital steigt aber um weit weniger als das doppelte, so dass die Profitrate enorm wächst. Daher kann es sich der Kapitalist auch leisten, Überstunden- und Nachtarbeitszuschläge zu zahlen. Dadurch sinkt zwar die Mehrwertrate etwas, aufgrund der enormen Einsparung an konstantem Kapital wächst die Profitrate aber trotzdem.

Bei *gleich bleibendem Produktionsumfang* können Einsparungen von konstantem Kapital durch eine rationellere Verwendung von Rohstoffen und Energie, aber auch auf Kosten der Arbeiter und Arbeiterinnen erreicht werden, indem an Maßnahmen zur Arbeitssicherheit gespart wird oder z.B. gesundheitsgefährdende Arbeitsprozesse in Kauf genommen werden.

In Kapitel 5.3 wurde die Ökonomisierung in der Anwendung des konstanten Kapitals bereits angesprochen, allerdings nur als ein Moment, welches das Produkt verbilligt. Hier wird nun deutlich, dass sie gleichzeitig die Profitrate erhöht.

(2) *Ökonomisierung in der Produktion des konstanten Kapitals*. Sinkt der Wert der Elemente des konstanten Kapitals, dann nimmt der Wert des konstanten Kapitals ab, ohne dass an der konkreten Produktionsweise etwas geändert werden muss. Die Steigerung der Profitrate in einer Sphäre ist dann der Produktivkraftsteigerung in einer anderen Sphäre geschuldet.

(3) *Beschleunigung des Kapitalumschlags*. Schlägt ein Kapital zweimal im Jahr um, dann wird doppelt so viel Mehrwert produziert wie bei einem Kapital, das, unter sonst identischen Bedingungen, nur einmal im Jahr umschlägt. Die Profitrate des ersten Kapitals wäre deshalb doppelt so hoch wie die des zweiten. Jede Beschleunigung des Kapitalumschlags erhöht die Profitrate.

7.2 Durchschnittsprofit und Produktionspreise

Aus den gerade genannten Methoden zur Erhöhung der Profitrate bei gleich bleibender Mehrwertrate wird deutlich: Zwei Kapitalien, die mit derselben Mehrwertrate produzieren, haben eine unterschiedliche Profitrate, wenn sie bei gleicher Umschlagszeit eine *unterschiedliche Wertzusammensetzung* c/v aufweisen oder wenn sie bei gleicher Wertzusammensetzung eine *unterschiedliche Umschlagszeit* haben.

Zur Verdeutlichung ein Zahlenbeispiel: Angenommen, die Mehrwertrate liege einheitlich bei 100 Prozent und von fixem Kapital werde abgesehen. Die beiden Kapitale A und B sollen dieselbe Umschlagszeit von einem Jahr haben. Für Kapital A sei c = 90 und v = 10, für Kapital B sei c = 60 und v = 40. Dann wird von Kapital A ein Mehrwert m = 10 produziert, seine Profitrate beträgt 10 / (90 + 10) = 10%. Kapital B produziert einen Mehrwert m = 40, die Profitrate beträgt hier also 40 / (60 + 40) = 40%. Die ungleichen Wertzusammensetzungen führen zu ungleichen Profitraten: je höher die Wertzusammensetzung, desto niedriger die Profitrate.

Betrachten wir nun ein Kapital C, das dieselbe Wertzusammensetzung wie Kapital A haben soll, das aber zweimal im Jahr umschlägt. Sein Mehrwert ist daher 2 x 10 = 20 und seine Profitrate beträgt 20 / (90 + 10) = 20%, während Kapital A nur auf eine Profitrate von 10% kommt. Je geringer die Umschlagszeit desto höher die (jährliche) Profitrate.

Wertzusammensetzung und Umschlagszeit des Kapitals sind von den Kapitalisten aber nicht beliebig wählbar, sondern an die konkreten Umstände einzelner Branchen gebunden: In einem Stahlwerk wird z.B. erheblich mehr konstantes Kapital im Verhältnis zum variablen eingesetzt als in der Bekleidungsindustrie. Würden die Waren «zu ihren Werten verkauft», d.h. wären die normalen Preise der Waren adäquater Ausdruck der Warenwerte, dann müsste es in den einzelnen Branchen ganz unterschiedliche Profitraten geben, auch wenn die Mehrwertrate, also die Ausbeutung der Arbeitskraft, überall gleich wäre. Der einzige Zweck des Kapitals ist die Verwertung. Das einzige Interesse der Kapitalbesitzer, sofern sie sich als Kapitalisten, d.h. als personifiziertes Kapital (vgl. Kapitel 4.1) verhalten, besteht darin, die größtmögliche Verwertung ihres vorgeschossenen Kapitals zu erreichen. Bieten unterschiedliche Branchen unterschiedliche Profitraten, so werden die Kapitalbesitzer versuchen, ihr Kapital aus Branchen mit niedrigen Profitraten abzuziehen und in Branchen mit höheren Profitraten zu investieren. Ist die Kapitalbewegung zwischen den Branchen möglich (und nicht z.B. durch gesetzliche Beschränkungen behindert), dann wird immer mehr Kapital in Branchen mit hoher Profitrate strömen und Branchen mit niedriger Profitrate verlassen. Dies führt dazu, dass das Warenangebot in den Branchen mit hoher Profitrate zu- und in denen mit niedriger Profitrate abnimmt. Aufgrund der Konkurrenz der Kapitalisten wird einerseits das zunehmende Angebot in den Branchen mit ursprünglich hohen Profitraten zu sinkenden Verkaufspreisen und schließlich zu sinkenden Profitraten führen, während andererseits das abnehmende Angebot in den Branchen mit ursprünglich niedrigen Profitraten dort zum Steigen der Preise und schließlich zu steigenden Profitraten führt; die unterschiedlichen Profitraten gleichen sich zu einer *durchschnittlichen* oder *allgemeinen* Profitrate an.

Die Konkurrenz der Kapitalisten, ihre Jagd nach einer möglichst hohen Profitrate, führt damit zu zwei Ergebnissen: Einerseits sind die Preise nicht nur zufällig und vorübergehend, sondern dauerhaft *kein adäquater Ausdruck der Werte*, andererseits bildet sich auf der Grundlage dieser Preise eine für alle Kapitale tendenziell gleiche Durchschnittsprofitrate heraus. Die Preise, bei denen diese Durchschnittsprofitrate erzielt wird, nennt Marx *Produktionspreise*.

Der Durchschnittsprofit, den ein Kapital erzielt, ist gleich dem Kostpreis der Ware (den Kosten für Produktionsmittel und Löhne pro Wareneinheit) multipliziert mit der Durchschnittsprofitrate. Die Produktionspreise ergeben sich als Summe von Kostpreis und Durchschnittsprofit.[39] Betragen die Auslagen für Produktionsmittel 100 Euro, für Löhne 20 Euro und liegt die Durchschnittsprofitrate bei 10 Prozent, dann ist der Kostpreis der Ware 120 Euro, der Durchschnittsprofit 12 Euro und der Produktionspreis 132 Euro.

Dem einzelnen Kapitalisten erscheint dieser Durchschnittsprofit als ein Aufschlag auf den Kostpreis. Für ihn scheint die Höhe seines individuellen Profits von zwei Größen abzuhän-

---

39 Um die Sache rechnerisch zu vereinfachen, sehen wir auch hier wieder von fixem Kapital ab und unterstellen eine Umschlagszeit von einem Jahr.

gen: vom Verkaufspreis, den «der Markt hergibt», also von dem Preis, zu dem er die Ware verkaufen kann, und von der Höhe des Kostpreises. Kann er den Kostpreis drücken, etwa durch den vermehrten Einsatz von Maschinerie und den verminderten Einsatz von Arbeitskräften (vgl. Kapitel 5.2 zur Produktion des relativen Mehrwerts), dann kann er mehr als den Durchschnittsprofit aufschlagen – er erhält also einen Extraprofit – und trotzdem zum Marktpreis verkaufen.

Der tatsächliche Profit eines Kapitals, der vom Durchschnittsprofit abweichen kann, scheint damit einerseits von objektiven Verhältnissen (den Preisen am Markt) und andererseits vom subjektiven Geschick des Kapitalisten, mit einem niedrigen Kostpreis zu produzieren, abzuhängen. Dass der Profit auf der Aneignung von Mehrarbeit beruht, ist nicht sichtbar. Im Gegenteil: Gelingt es dem einzelnen Kapitalisten mit geringerem Einsatz von Arbeit zu produzieren, dann steigt in der Regel sein Profit.

Tatsächlich hängt aber auch der Durchschnittsprofit vom Mehrwert ab: nicht vom Mehrwert des *einzelnen* Kapitals, sondern vom Mehrwert, der in der gesamten Ökonomie produziert wurde, d.h. vom Mehrwert des *gesellschaftlichen Gesamtkapitals*. Der Ausgleich der Profitraten zu einer allgemeinen Profitrate bedeutet nichts anderes als eine Umverteilung des gesamtgesellschaftlichen Mehrwerts. Würden die Waren zu ihren Werten getauscht, dann erhielte jeder Kapitalist den Mehrwert, der mit Hilfe seines individuellen Kapitals produziert wurde und die Profitraten der einzelnen Kapitalien wären sehr unterschiedlich. Werden die Waren zu Produktionspreisen getauscht, dann erhält im Durchschnitt jeder Kapitalist einen Profit, der proportional zur Größe seines vorgeschossenen Kapitals ist, d.h. jedes Kapital erzielt im Durchschnitt die selbe Profitrate. Die Kapitalisten verhalten sich bezüglich des Durchschnittsprofits so wie die Aktionäre einer Aktiengesellschaft: Der prozentuale Gewinn ist für alle derselbe, jeder erhält einen Anteil am Gewinn des Unternehmens proportional zur Größe seiner Einlage.

Im dritten Band des «Kapital» hat Marx eine einfache *quantitative* Umrechnungsmethode skizziert, um von einem Wertsystem (d.h. c, v und m sind für die verschiedenen Branchen gegeben, innerhalb einer Branche sollen sie für alle Kapitale gleich sein) zu einem Produktionspreissystem zu kommen. Diese Berechnungsmethode hat sich allerdings als falsch herausgestellt. Dass sie einen Fehler beinhaltet, bemerkte auch Marx (MEW 25, S. 174), allerdings hat er die Auswirkungen dieses Fehlers unterschätzt. Das «Transformationsproblem», d.h. die Frage, wie (und ob überhaupt) Wertgrößen in Produktionspreise zu transformieren sind, wurde in den letzten hundert Jahren intensiv diskutiert (ausführlich setze ich mich mit dieser Debatte in Heinrich 1999, S. 267 ff. auseinander).

Im Rahmen einer *monetären* Werttheorie kann es aber gar nicht um ein irgendwie geartetes Umrechnungsverfahren von Werten in Produktionspreise gehen.[40] Die «Transformation von Werten in Produktionspreise» stellt vielmehr eine *begriffliche Weiterentwicklung* der Formbestimmung der Ware dar.

Von einem *Tausch zu Werten* kann man sprechen, so lange das einzige Bestimmungsmoment des Austauschs das Verhältnis der individuell verausgabten Arbeit zur gesellschaftlichen Gesamtarbeit ist. Damit sich die individuell verausgabte Arbeit als wertbildend erweist, müssen die drei in Kapitel 3.3 angesprochenen Reduktionen im Tausch vollzogen werden. Bei der dabei untersuchten Ware (also der Ware, wie sie oben in Kapitel 3 dargestellt wurde) geht es faktisch zwar um kapitalistisch produzierte Ware, bei ihrer Untersuchung wird aber vom Kapital abstrahiert.

Die so gewonnenen Begriffe von Wert, Wertgröße, Geld etc. bilden dann die kategoriale Voraussetzung, um den Produktions- und Zirkulationsprozess des Kapitals darstellen zu können (siehe Kapitel 5 und 6). Das Kapital, um das es bei dieser Analyse geht, ist aber noch längst nicht das empirisch vorhandene Einzelkapital. Erst nachdem das Kapital als Einheit von Produktions- und Zirkulationsprozess dargestellt ist, sind wir soweit, dass wir die grundlegenden Eigenschaften des empirisch vorhandenen Einzelkapitals behandeln können.

Der Übergang von *Wert und Mehrwert zu Produktionspreis und Durchschnittsprofit* hat es nicht mit einer historischen oder überhaupt zeitlichen Abfolge zu tun, sondern mit einem Über-

---

40 Marx starkes Interesse an einem quantitativen Umrechnungsverfahren ist Ausdruck seiner weiter oben (Kapitel 3.3, Fußnote 10) angesprochenen Ambivalenzen. An manchen Stellen bleibt er eben doch noch der von ihm überwundenen nicht-monetären Werttheorie der Klassik verhaftet. Wird Wert unabhängig vom Austausch an der einzelnen Ware festgemacht (was auch im traditionellen Marxismus die vorherrschende Auffassung war), dann stellt sich in der Tat ein quantitatives «Transformationsproblem».

gang zwischen verschiedenen *Ebenen der Darstellung*: Auf der Ebene von Wert und Mehrwert wird die kapitalistische Tauschvergesellschaftung noch abstrakt gefasst, der Tausch wird allein vom Verhältnis der individuell verausgabten Arbeit zur Gesamtarbeit bestimmt; auf der Ebene von Produktionspreis und Durchschnittsprofit wird der Tausch ebenso vom Verhältnis des individuellen Kapitals zum gesellschaftlichen Gesamtkapital bestimmt. Hier kommt zum Ausdruck, dass es beim Tausch nicht allein um die Vergesellschaftung von Warenproduzenten geht, sondern um die Vergesellschaftung von *kapitalistischen* Warenproduzenten.[41]

7.3 Das «Gesetz des tendenziellen Falls der Profitrate» – eine Kritik

Dass die Durchschnittsprofitrate in den entwickelten kapitalistischen Ländern tendenziell fällt, galt im späten 18. und im 19. Jahrhundert als eine unumstrittene empirische Tatsache – umstritten waren die Ursachen für den Profitratenfall. Für einen Fall der Profitrate kann es ganz verschiedene Ursachen geben, z.B. steigende Löhne oder Verteuerung des Rohmaterials. Die genannten Ursachen sind allerdings von eher zufälliger und vorübergehender Natur: die Löhne können auch wieder sinken und das Rohmaterial billiger werden, so dass die Profitrate wieder steigt.

Was Marx unter der Überschrift «Gesetz vom tendenziellen Fall der Profitrate» zeigen wollte, war, dass es unabhängig von solchen vorübergehenden Ursachen eine Tendenz zum Fall der Profitrate gibt, die aus «dem Wesen der kapitalistischen Produktionsweise» entspringt (MEW 25, S. 223). D.h.: Abgesehen von allen besonderen Umständen sollen die ganz allgemeinen Eigenschaften kapitalistischer Entwicklung einen tendenziellen

---

41 Insofern bewirkt auch der oben skizzierte Prozess der Konkurrenz nicht einen zeitlichen Übergang von einem *Wertsystem* zu einem *Produktionspreissystem* (da es Kapitalismus mit einem Tausch zu Werten nicht gibt), sondern den Übergang von einem Preissystem mit ungleichen Profitraten zu einem Preissystem mit (tendenziell) gleicher Profitrate. Durch Produktivkraftsteigerungen, Änderungen der Nachfrage etc. kommt es immer wieder zu Verschiebungen der Preise und ungleichen Profitraten in den einzelnen Sphären, weshalb der über die Konkurrenz vermittelte Ausgleichsprozess immer wieder erneut stattfindet.

Fall der Profitrate hervorbringen. Ob es Marx gelungen ist, einen solchen Nachweis zu führen, wurde und wird äußerst kontrovers diskutiert.

Zu Beginn dieses Kapitels wurde gezeigt, dass die Profitrate durch Einsparung von konstantem Kapital oder durch eine Beschleunigung des Kapitalumschlags gesteigert werden kann. Die eigentliche Quelle der Verwertung ist aber die Ausbeutung der Arbeitskraft. In Kapitel 5 wurde deutlich, dass es zwei grundsätzliche Möglichkeiten gibt, um die Ausbeutung der Arbeitskraft zu vergrößern: Verlängerung der Arbeitszeit («Produktion des absoluten Mehrwerts») und Senkung des Werts der Arbeitskraft durch Steigerung der Produktivkraft der Arbeit («Produktion des relativen Mehrwerts»). Die Verlängerung der Arbeitszeit ist aber nur begrenzt möglich, deshalb ist die typisch kapitalistische Methode zur Steigerung der Ausbeutung die Produktion des «relativen Mehrwerts», und zwar durch den Einsatz immer besserer Maschinen. Die ständige Umwälzung der Produktion und die zunehmende Verdrängung lebendiger menschlicher Arbeit durch den Einsatz neuer und effizienterer Maschinen – das ist das Bild, das die kapitalistische Produktionsweise seit dem späten 18. Jahrhundert bietet. Eine solche beschleunigte Produktivkraftentwicklung hat es in keiner anderen dem Kapitalismus vorangegangenen Produktionsweise gegeben.

In Kapitel 5.2 wurde dargestellt, dass die einzelnen Kapitalisten Produktivkraftsteigerungen einführen, um einen Extramehrwert (bzw., wie wir jetzt sagen können: einen *über dem Durchschnittsprofit liegenden Extraprofit*) zu erzielen. Dieser Extraprofit verschwindet, wenn sich die Produktivkraftsteigerung verallgemeinert. Dann sinkt der Wert bzw. der Produktionspreis der produzierten Waren. Sofern es sich um Waren handelt, die in den Konsum der Arbeiterhaushalte eingehen, sinkt dann auch der Wert der Ware Arbeitskraft, so dass im Resultat die Mehrwertrate steigt.

Marx will nun nachweisen, dass die Durchschnittsprofitrate aufgrund dieser für den Kapitalismus typischen Weise der Produktivkraftsteigerung fällt: Als Resultat der beständigen Jagd nach Extraprofiten soll sich nach der Verallgemeinerung der neuen Produktionsbedingungen nicht nur ein gesunkener Wert (bzw. Produktionspreis) der Waren ergeben, sondern (hinter dem Rücken und gegen den Willen der einzelnen Kapitalisten) auch eine gesunkene Durchschnittsprofitrate.

Tendenzieller Fall der Profitrate und kapitalistische Produktivkraftentwicklung sind für Marx zwei Seiten derselben Medaille. Könnte Marx diesen Zusammenhang schlüssig nachweisen, dann hätte er in der Tat gezeigt, dass der Fall der Profitrate zum «Wesen» des Kapitalismus gehört. Wir werden uns nun detaillierter mit Marx Argumentation auseinander setzen.

Wenn die Durchschnittsprofitrate fällt, dann müssen zwar nicht die Profitraten aller Einzelkapitale fallen, aber doch der meisten oder der größten Einzelkapitale. Ist der Fall der Profitrate tatsächlich eine typische Tendenz, dann muss er sich auch an einem typischen Einzelkapital demonstrieren lassen. Auf ein solches typisches Einzelkapital beziehen sich die Marxschen Argumente. Wie Marx argumentieren auch wir im Folgenden auf der Wertebene (Produktionspreise bringen zusätzliche Komplikationen mit sich), sehen von fixem Kapital ab und unterstellen eine stets gleiche Umschlagszeit von einem Jahr. Das Produkt hat dann den Wert $c + v + m$ und die Profitrate beträgt $m / (c + v)$.

Wie in Kapitel 5 diskutiert wurde, hat Produktivkraftsteigerung mittels Maschinerie zur Folge, dass sowohl die Mehrwertrate m/v als auch die Wertzusammensetzung des Kapitals c/v zunehmen. Die quantitative Entwicklung dieser beiden Größen ist entscheidend für die Bewegung der Profitrate. Dividiert man in der obigen Profitratenformel Zähler und Nenner durch v (wir kürzen den Bruch durch v, ändern also nicht den Zahlenwert des Bruches), dann erhalten wir für die Profitrate den Ausdruck:

$$\frac{m}{c + v} = \frac{m/v}{c/v + v/v} = \frac{m/v}{c/v + 1}$$

Hier werden Mehrwertrate und Wertzusammensetzung als Determinanten der Profitrate sichtbar.

Marx stützt seine Begründung für den tendenziellen Fall der Profitrate auf das Steigen von c/v. Würde m/v unverändert bleiben, dann würde das Steigen von c/v automatisch zu einem Sinken der Profitrate führen (der Zähler unseres Bruches bliebe konstant, der Nenner wächst, damit vermindert sich der Wert des Bruches). Allerdings behauptet Marx, dass die Profitrate auch bei steigender Mehrwertrate falle.

Steigt sowohl die Mehrwertrate m/v als auch die Kapitalzusammensetzung c/v, dann fällt die Profitrate nur, wenn $c / v + 1$ (der Nenner unseres Bruches) *schneller* steigt als m/v (der Zähler). Um nachzuweisen, dass die Profitrate zwangsläufig fällt, reicht der Nachweis nicht aus, dass c/v steigt, es muss vielmehr gezeigt werden, dass c/v *in einem bestimmten Ausmaß* steigt, nämlich so stark, dass die gerade genannte Bedingung erfüllt ist. Und hier liegt die grundlegende Schwierigkeit für jeden Beweis des «Gesetzes vom tendenziellen Fall der Profitrate»: Über das *Ausmaß des Steigens* von c/v ist eine allgemeine Aussage gar nicht möglich. In einem Fall kann eine bestimmte Produktivkraftsteigerung durch eine kleine Menge an zusätzlichem konstantem Kapital erreicht werden; c/v steigt dann nur wenig, was zu Folge haben kann, dass die Profitrate aufgrund der steigenden Mehrwertrate steigt und nicht fällt. In einem anderen Fall ist für dieselbe prozentuale Produktivkraftsteigerung eine große Menge an zusätzlichem konstantem Kapital notwendig; c/v steigt dann stark, eventuell sinkt die Profitrate.

Auch Marx versucht nicht den direkten Nachweis zu führen, dass c/v stets in einem solchen Ausmaß wächst, dass die Profitrate fällt. Er geht stattdessen vom Umfang des Mehrwerts (der *Mehrwertmasse*) aus. Der gesamte Mehrwert eines Kapitals ergibt sich aus dem durchschnittlichen Mehrwert pro Kopf multipliziert mit der Anzahl N der Arbeitskräfte, wobei der durchschnittliche Mehrwert pro Kopf gleich der Mehrwertrate m / v multipliziert mit dem durchschnittlichen Lohn pro Kopf v_k ist. Für den gesamten Mehrwert m gilt also

$$m = m/v \times v_k \times N$$

Sinkt die Anzahl der Arbeitskräfte, dann vermindert sich der produzierte Mehrwert. Steigt aber gleichzeitig die Mehrwertrate, dann kann das Sinken der Zahl der Arbeitskräfte kompensiert werden und es wird dieselbe Mehrwertmasse produziert allerdings nur innerhalb bestimmter Grenzen, denn der Mehrwert pro Kopf kann nicht beliebig groß werden. Dies lässt sich an einem einfachen Beispiel (vgl. MEW 25, S. 257 f.) demonstrieren. Nehmen wir an, 24 Arbeitskräfte leisten jeden Tag zwei Stunden Mehrarbeit, dann ergibt dies insgesamt 48 Stunden Mehrarbeit. Sinkt nun die Anzahl der Arbeitskräfte auf zwei, dann können diese zwei Arbeitskräfte pro Tag nicht ebenfalls 48 Stunden Mehrarbeit liefern, egal wie groß die Mehrwertrate ist. Dieses Ergebnis lässt sich verallgemeinern: Nimmt die Zahl der beschäftigten Arbeitskräfte nur stark genug ab, dann nimmt irgendwann auch die von ihnen produzierte Mehrwertmasse ab, egal wie stark die Mehrwertrate steigt.

Mit dieser Überlegung glaubte Marx, das Gesetz vom tendenziellen Fall der Profitrate ausreichend bewiesen zu haben. Dies ist aber nicht der Fall. Eine sinkende Mehrwertmasse m zeigt nur dann mit Sicherheit einen Fall der Profitrate an, wenn das Gesamtkapital c + v, das zur Produktion dieser Mehrwertmasse notwendig ist, nicht ebenfalls gefallen, sondern mindestens gleich geblieben ist. Und dies setzt Marx in seinem Beispiel stillschweigend voraus. Allerdings ist diese Annahme nicht unproblematisch. Werden, um bei dem Beispiel zu bleiben, statt 24 Arbeiter nur noch zwei beschäftigt, dann sind entsprechend weniger Löhne zu zahlen. Bei gleich bleibendem Wert der Arbeitskraft würde sich das variable Kapital auf ein Zwölftel des alten Werts vermindern. Da aber die Mehrwertrate enorm ansteigt, vermindert sich auch der Wert der Arbeitskraft enorm, für die beiden verbleibenden Arbeitskräfte wäre also weit weniger als ein Zwölftel des früheren variablen Kapitals aufzuwenden. Damit das Gesamtkapital gleich groß bleibt, reicht es somit nicht, dass das konstante Kapital c überhaupt zunimmt, es muss vielmehr um einen bestimmten Betrag zunehmen, nämlich um so viel wie das variable Kapital abgenommen hat. Ob dies der Fall ist oder nicht, lässt sich auf einer allgemeinen Ebene aber überhaupt nicht beantworten: Wir wissen nicht, ob die Produktivkraftsteigerung mit viel oder mit wenig zusätzlichem konstantem Kapital bewirkt wurde.

Steigt das konstante Kapital aber nicht so stark, um die Verminderung des variablen Kapitals auszugleichen, dann sinkt das vorgeschossene Gesamtkapital. Wir haben in diesem Fall eine sinkende Mehrwertmasse bei sinkendem Kapital. Ob die Profitrate fällt, hängt dann davon ab, wer schneller fällt: die Mehrwertmasse oder das vorgeschossene Kapital. Fällt die Mehrwertmasse schneller, dann sinkt die Profitrate, fällt das vorgeschossene Kapital schneller, dann steigt die Profitrate trotz gesunkener Mehrwertmasse.

Im Gegensatz zu Marx können wir also nicht von einem «Gesetz des tendenziellen Falls der Profitrate» ausgehen. Das heißt nicht, dass die Profitrate nicht fallen könnte, sie kann sehr wohl fallen, sie kann aber auch steigen. Eine dauerhafte *Tendenz* zum Profitratenfall lässt sich auf der allgemeinen Ebene, auf der Marx im «Kapital» argumentiert, nicht begründen.[42]

---

[42] Eine Auseinandersetzung mit Positionen, die das Marxsche «Gesetz» verteidigen, sowie eine Diskussion weiterer Aspekte dieses «Gesetzes» findet sich in Heinrich (1999, S .327 ff).

Die Frage ist nun, ob die Marxsche Ökonomiekritik mit dem «Gesetz des tendenziellen Falls der Profitrate» tatsächlich so viel verliert. Viele Marxisten sahen in diesem «Gesetz» die Grundlage der Marxschen Krisentheorie, weshalb auch so vehement darum gestritten wurde. In Kapitel 9 werden wir jedoch sehen, dass die Marxsche Krisentheorie keineswegs auf dieses «Gesetz» angewiesen ist.

Für Marx brachte dieses Gesetz allerdings noch etwas Allgemeineres zum Ausdruck, nämlich
«daß die kapitalistische Produktionsweise an der Entwicklung der Produktivkräfte eine Schranke findet, die nichts mit der Produktion des Reichtums als solcher zu tun hat; und diese eigentümliche Schranke bezeugt die Beschränktheit und den nur historischen, vorübergehenden Charakter der kapitalistischen Produktionsweise» (MEW 25, S. 252).

Die Beschränktheit der kapitalistischen Produktionsweise kommt aber bereits darin zum Ausdruck, dass die Entwicklung der Produktivkräfte und die Produktion des Reichtums der Verwertung des Werts untergeordnet sind und dieser bornierte Zweck eine Fülle von Destruktionskräften gegenüber Mensch und Natur freisetzt. Ob nun der kapitalistisch-buchhaltungsmäßige Ausdruck der Verwertung steigt oder fällt, ändert nichts am grundsätzlich bornierten Charakter der kapitalistischen Produktionsweise.

8. Zins, Kredit und «fiktives Kapital»

8.1 Zinstragendes Kapital, Zins und Unternehmergewinn – Vollendung des Kapitalfetischs

Seit es Geld gibt, wird es wahrscheinlich auch gegen Zins ausgeliehen. Zinstragendes Kapital existierte schon lange bevor die gesamte Ökonomie kapitalistisch organisiert war; wir finden es in den unterschiedlichsten Gesellschaftsformationen, in der antiken Sklavenhaltergesellschaft genauso wie in der mittelalterlichen Feudalgesellschaft. In vorbürgerlichen Gesellschaften verschuldeten sich einerseits Fürsten und Könige, um ihren Luxuskonsum oder um Kriege zu finanzieren; Schulden und Zinsen wurden dann aus Steuern und Eroberungen zurückgezahlt. Andererseits verschuldeten sich in Not geratene Bauern und Handwerker; sie mussten die Schulden mittels ihrer Arbeitsleistung zurückzahlen, was angesichts ihrer Not und Zinssätzen von 20, 30 Prozent oder noch mehr oft gar nicht möglich war, so dass sie häufig Haus und Hof verloren. Enteignung durch den «Wucherer» war ein verbreitetes Phänomen. Der Verleiher erschien als «Blutsauger», Hass auf den Wucherer war die Folge.

Unter kapitalistischen Verhältnissen, d.h. wenn auch die Produktion kapitalistisch organisiert ist, erfolgt das Verleihen von Geld unter ganz anderen Bedingungen. Auf der Grundlage der kapitalistischen Produktion kann eine Geldsumme in Kapital verwandelt werden, und man kann erwarten, dass dieses Kapital den Durchschnittsprofit einbringt. Geld ist nicht nur wie in der einfachen Zirkulation selbstständiger Ausdruck des Werts und damit gegen jede Ware austauschbar. Geld ist jetzt *mögliches Kapital*:

«In dieser Eigenschaft als mögliches Kapital, als Mittel zur Produktion des Profits, wird es Ware, aber eine Ware sui generis [von eigener Art, M.H.]. Oder was auf dasselbe herauskommt, Kapital als Kapital wird zur Ware.» (MEW 25, S. 351)

Der Verkauf dieser besonderen Ware hat eine besondere Form: Geld wird verliehen. «Verkauft» wird dabei seine (unter kapitalistischen Verhältnissen vorhandene) Fähigkeit, in einem bestimmten Zeitraum einen Profit zu erzielen. Der «Preis», der für diese besondere Ware zu zahlen ist, ist der *Zins*. Gezahlt wird der Zins aus dem Profit, der mit Hilfe des Geldes erzielt wurde.

Geld leihen sich zwar auch Nicht-Kapitalisten, z.B. Lohnarbeiter – sei es aufgrund einer Notlage oder zur Finanzierung einer Anschaffung – die den Kredit aus ihren Arbeitslöhnen zurückzahlen müssen. Solche «Konsumentenkredite» sind durchaus bedeutsam und spielen auch für den Verlauf des Akkumulationsprozesses eine wichtige Rolle, da sie zur Stabilisierung der Nachfrage beitragen. Neu am Kapitalismus ist aber, dass ein großer Teil der Kredite, der *Bereicherung der Schuldner* dient: Sie leihen sich Geld, *um es als Kapital zu verwenden*. Diese Form des Kredits, die in vorbürgerlichen Gesellschaften nur ausnahmsweise vorkam, ist die für kapitalistische Unternehmen typische Kreditform, die alle anderen Formen dominiert. Die besondere Zirkulationsform des modernen *zinstragenden Kapitals* ist daher

$$G - G - W - G' - G''$$

Das moderne zinstragende Kapital (nur von ihm ist im Folgenden die Rede, daher lasse ich den Zusatz modern weg) wird somit *doppelt vorgeschossen*: einmal von seinem Besitzer an den industriellen Kapitalisten und dann vom industriellen Kapitalisten zur Finanzierung eines Profit bringenden Produktionsprozesses. Anschließend erfolgt auch ein *doppelter Rückfluss*: zunächst an den industriellen Kapitalisten und von diesem wieder an den Geldbesitzer. Der Rückfluss an den industriellen Kapitalisten beinhaltet (bei erfolgreicher Verwertung) einen Profit, der Rückfluss an den Geldbesitzer einen Zins, der aus diesem Profit gezahlt wird.

Dass der Zins aus dem Profit gezahlt wird, sagt noch nichts über die Höhe des Zinssatzes aus. Unter «normalen» kapitalistischen Verhältnissen wird der Zinssatz über Null liegen (sonst würden die Geldbesitzer ihr Geld nicht verleihen) aber unter dem Durchschnittsprofit (sonst würden die industriellen Kapitalisten kein zusätzliches Kapital nachfragen).[43] Die jeweilige

---

43 Unter nicht normalen Umständen, z.B. in Zeiten akuter Krise, fragen Kapitalisten Kredite nach, nicht um zusätzlichen Profit zu machen, sondern um ihren vorhandenen Zahlungsverpflichtungen nachzukommen und einen Bankrott abzuwenden. In solchen Situationen kann der Zinssatz auch über der Durchschnittsprofitrate liegen.

Höhe des Zinssatzes hängt vom jeweiligen Stand von Angebot und Nachfrage ab, ein «natürlicher» Zinssatz oder eine «natürliche» Relation zwischen Zinssatz und Durchschnittsprofitrate existiert nicht.[44]

Den Kapitalisten, der das zinstragende Kapital besitzt, bezeichnet Marx als *Geldkapitalisten*, denjenigen, der sich dieses Kapital leiht, als *fungierenden Kapitalisten*, in dessen Hand aus dem zinstragenden Kapital ein im Reproduktionsprozess *fungierendes* Kapital wird. Das jeweilige fungierende Kapital wirft einen bestimmten Profit ab, den Bruttoprofit, der über oder unter dem Durchschnittsprofit stehen kann. Aus diesem Bruttoprofit wird der Zins bezahlt, was übrig bleibt, ist der *Unternehmergewinn*, den der fungierende Kapitalist erhält.

Die Aufspaltung des Bruttoprofits in Zins und Unternehmergewinn ist zunächst nur eine *quantitative* Teilung. Allerdings verfestigt sich diese quantitative Teilung zu einer *qualitativen*, die auch diejenigen Kapitalisten in ihre Überlegungen einbeziehen, die sich kein Kapital leihen.

Der Geldkapitalist ist Eigentümer des zinstragenden Kapitals. Dafür, dass er die Verfügung über sein Eigentum einem anderen überlässt, erhält er Zins. Der *Zins* scheint demnach die bloße Frucht des Kapital*eigentums*, des außerhalb des Produktionsprozesses existierenden Kapitals zu sein. Im Gegensatz dazu scheint der *Unternehmergewinn* Resultat des *Fungierens* des Kapitals im Produktionsprozess zu sein. Zins und Unternehmergewinn erscheinen daher als *qualitativ* verschiedene Größen, die aus verschiedenen Quellen stammen. Dieser Schein wird noch dadurch verstärkt, dass sich der Zinssatz am Markt als einheitliche Größe herausbildet, die nicht vom einzelnen Kapitalisten abhängt, während die Profitrate des einzelnen Kapitals (und damit auch der jeweilige Unternehmergewinn als Überschuss über den Zins) durchaus von Maßnahmen des fungierenden Kapitalisten (Einsparung an Produktionsmitteln, Verkürzung der Umschlagszeit etc., siehe Kapitel 7.2) beeinflusst werden kann.

---

44 Tatsächlich finden wir in jedem Augenblick nicht nur *einen* Zinssatz, sondern verschiedene Zinssätze, je nach Dauer des Kredits. Diese Zinssätze liegen in einem bestimmten Bereich, z.B. zwischen 4% und 6%. Ist davon die Rede, dass die Zinsen steigen oder sinken, so ist gemeint, dass sich dieser ganze Bereich verschiebt und dabei eventuell auch schmaler oder breiter wird.

Die Unterscheidung zwischen Zins und Unternehmergewinn wird damit auch für den Kapitalisten relevant, der kein geliehenes Kapital benutzt: Er hat nämlich die Wahl, ob er sein Kapital ausleiht und als Kapitaleigentümer lediglich den Zins erhält oder ob er es selbst fungieren lässt. Als eigentliches Resultat des Fungierens erscheint ihm dann aber nicht der gesamte Profit, sondern lediglich der Unternehmergewinn, da er den Zins auch so bekommen würde. Zwar hat nicht die Kapitalistenklasse als Ganzes die Wahl, in welcher Weise sie ihr Kapital verwenden will – ohne fungierende Kapitalisten könnte gar kein Zins gezahlt werden – der einzelne Kapitalist hat diese Wahl aber durchaus.

Der Zins ist Ausdruck der Kapitalverwertung, der Ausbeutung der Arbeitskraft. Gegensätzlich steht das Kapital der Lohnarbeit aber nur innerhalb des Ausbeutungsprozesses gegenüber. Im zinstragenden Kapital ist von diesem Gegensatz nichts mehr zu sehen, denn zinstragend ist das Kapital als Eigentum, außerhalb des Produktionsprozesses. Der verleihende Geldkapitalist steht nicht den Lohnarbeitern gegenüber, sondern dem fungierenden Kapitalisten, der sich Kapital leiht. Der Zins drückt zwar die Eigenschaft des Kapitals aus, sich die Produkte fremder Arbeit anzueignen, aber er drückt diese Eigenschaft als eine Eigenschaft des Kapitals aus, die ihm anscheinend außerhalb des Produktionsprozesses und unabhängig von dessen kapitalistischer Bestimmtheit zukommt.

Aber auch der fungierende Kapitalist scheint nicht den Lohnarbeitern gegensätzlich gegenüberzustehen. Der Unternehmergewinn, den der fungierende Kapitalist erzielt, scheint unabhängig vom Kapitaleigentum zu sein (dieses wird ja bereits mit dem Zins bezahlt), er gilt vielmehr als Resultat des Fungierens innerhalb des Produktionsprozesses, eines Produktionsprozesses, der scheinbar keine kapitalistische Bestimmtheit aufweist, sondern als einfacher Arbeitsprozess in Erscheinung tritt. Unternehmergewinn erhält der fungierende Kapitalist demnach nicht als Eigentümer, sondern als ein besonderer *Arbeiter* – ein Arbeiter, der für die Oberaufsicht und Leitung des Arbeitsprozesses verantwortlich ist. Die Arbeit des Ausbeutens und die ausgebeutete Arbeit gelten gleichermaßen als Arbeit. Insgesamt ergibt sich:

«Auf den Zins fällt die gesellschaftliche Form des Kapitals, aber in einer neutralen und indifferenten Form ausgedrückt; auf den Unternehmergewinn fällt die ökonomische Funktion des Kapitals, aber von dem bestimmten, kapitalistischen Charakter dieser Funktion abstrahiert.» (MEW 25, S. 396)

Das Besondere am zinstragenden Kapital ist nicht der Zins – dieser ist nur ein besonderer Ausdruck der Kapitalverwertung –, sondern die scheinbar unvermittelte Form dieser Verwertung, wie sie in der Formel G – G´ ausgedrückt wird: Das Geld selbst scheint sich von ganz alleine zu vermehren. Marx bezeichnet das zinstragende Kapital daher als die «fetischartigste Form» (MEW 25, S. 404) des Kapitalverhältnisses (vgl. zum Kapitalfetisch, wie er aus dem kapitalistischen Produktionsprozess hervorgeht, Kapitel 5.3), denn:

«Das gesellschaftliche Verhältnis ist vollendet als Verhältnis eines Dings, des Geldes, zu sich selbst. (...) Es wird ganz so Eigenschaft des Geldes, Wert zu schaffen, Zins abzuwerfen, wie die eines Birnbaums, Birnen zu tragen.» (MEW 25, S. 405)

An diese «fetischartigste Form» des Kapitalverhältnisses schließen historisch eine Reihe von verkürzten Kapitalkritiken an, die alle darauf hinauslaufen, nicht das Kapitalverhältnis selbst zu kritisieren, sondern nur die Existenz des Zinses, also den Zusammenhang zwischen Zins und Kapitalverhältnis auszublenden. Die Zinsnahme wurde einerseits dem «produktiven» Kapitalverhältnis gegenübergestellt und moralisch kritisiert, als Einkommen, das nicht auf eigener Leistung beruhe. Andererseits wurde die Existenz des Zinses zur Ursache aller gesellschaftlichen Übel erklärt: Die ganze Gesellschaft werde direkt oder indirekt geknechtet, nur um letzten Endes den Geldbesitzern Zins zahlen zu können.

8.2 Kreditgeld, Banken und «fiktives Kapital»

*I*m voran gegangenen Abschnitt wurden die Formbestimmungen betrachtet, die das zinstragende Kapital im Unterschied zum industriellen Kapital aufweist, sowie die daraus hervorgehenden Verkehrungen. Jetzt müssen wir uns mit den historisch veränderlichen Institutionen beschäftigen, die die Bewegung des zinstragenden Kapitals vermitteln: den Banken und Kapitalmärkten.[45]

Banken sind Vermittler des Kreditgeschäfts. Sie nehmen einerseits Einlagen von Geldbesitzern an, andererseits verleihen sie Geld. Der Einlagenzinssatz, den die Banken zahlen, ist

---

45 Auch von den Grundbegriffen können hier nur die Anfänge betrachtet werden. Eine ausführlichere Einführung findet sich bei Krätke (1995) sowie bei Itoh/Lapavitsas (1999).

geringer als der Kreditzinssatz, den sie für ihre Kredite nehmen. Aus dieser Differenz schöpft die Bank ihre Einnahmen. Was nach Abzug der Kosten von diesen Einnahmen übrig bleibt, ist der Bankgewinn.[46]

Die Banken stellen aber nicht nur eine passive Vermittlungsinstanz dar, indem sie Geld aus einer Hand in eine andere Hand befördern. Die Banken «schaffen» auch Geld – *Kreditgeld*.

Kreditgeld ist ein *Zahlungsversprechen*, das selbst Geldfunktionen verrichtet. Kreditgeld kann bereits entstehen, wenn sich A von B 100 Euro leiht und einen Schuldschein unterschreibt, der bei B verbleibt (hat der Schuldschein einen festen, relativ kurzfristigen Zahlungstermin, spricht man von einem *Wechsel*). Dieser Schuldschein ist ein Zahlungsversprechen von A. Kauft nun B eine Ware von C und akzeptiert C diesen Schuldschein als Bezahlung, dann hat das Zahlungsversprechen von A als Geld fungiert. Neben den ursprünglichen 100 Euro Bargeld (dem «wirklichen Geld», mit dem A einkaufen kann) zirkulieren dann auch noch 100 Euro *Kreditgeld* (mit denen B einkauft). Dieses Kreditgeld ist mit der Kreditvergabe «aus dem Nichts» entstanden und verschwindet mit der Einlösung des Zahlungsversprechens auch wieder «ins Nichts». Der Schuldschein wird vernichtet.

In der Regel zirkulieren nicht die Zahlungsversprechen von Privatpersonen, sondern von Banken oder bankähnlichen Institutionen wie Kreditkartenorganisationen. Bezahle ich mit Scheck oder Kreditkarte, dann erhält der Käufer von mir kein wirkliches Geld, sondern nur ein Zahlungsversprechen – nämlich, die Zusicherung, bei Vorlage des Schecks bzw. Kreditkartenabschnitts, von der Bank bzw. der Kreditkartenorganisation Geld zu erhalten. Allerdings garantiere nicht ich dieses Versprechen, sondern die Bank.[47]

Kreditgeld (oder *Buchgeld*, so die heute übliche Bezeichnung für das von den Banken geschaffene Kreditgeld) entsteht bei jeder Einlage bei einer Bank: Zahle ich 100 Euro Bargeld auf mein Konto ein, dann befinden sich die 100 Euro Bargeld in der Kasse der Bank (und können von der Bank z.B. für einen Kredit ver-

---

46 Weitere Einnahmequellen der Banken sind Gebühren (z.B. für Kontoführung) und Provisionen (für die Vermittlung des An- und Verkaufs von Aktien und Wertpapieren).
47 Üblicherweise garantiert dies die Bank oder Kreditkartenorganisation nur bis zu einer gewissen Höhe, allerdings kann sich der Verkäufer durch eine einfache Abfrage vergewissern, dass Scheck oder Kreditkarte gültig sind.

wendet werden); zugleich wächst mein Kontoguthaben, über das ich per Scheck oder Überweisung verfügen kann, um 100 Euro. Zusätzlich zu den 100 Euro Bargeld, die aus meiner Tasche in die Kasse der Bank wanderten, sind also 100 Euro Buch- oder Kreditgeld auf meinem Konto neu entstanden.

Lässt nun der Verkäufer, den ich mit einem Scheck bezahlt habe, diesen Scheck seinem Konto gutschreiben, so wurde das Kreditgeld lediglich von meinem Konto auf sein Konto transferiert und kann weiterhin als Geld fungieren. Nur wenn der Verkäufer den Scheck gegen Bargeld einlöst (also Bargeld aus der Kasse der Bank verlangt), wird Kreditgeld vernichtet. Tatsächlich muss die Bank (abgesehen von gesetzlichen Regelungen) von den 100 Euro Bargeld, die ich eingezahlt habe, nur einen Teil als Barreserve halten (soviel wie durchschnittlich nachgefragt wird), über den Rest kann sie verfügen. Da aber die meisten Zahlungen «bargeldlos» von Konto zu Konto abgewickelt werden (und auch Kredite normalerweise nicht als Bargeld ausgezahlt werden, sondern als Kreditgeld) ist der Betrag an Bargeld, den eine Bank halten muss, nur ein kleiner Bruchteil des von ihr geschaffenen Kreditgeldes.

Bei ihrer Kreditvergabe sind die Banken nicht allein auf die Einlagen der Vermögensbesitzer angewiesen, sie können sich auch bei der staatlichen Zentralbank verschulden. Die Zentralbank darf als einzige Instanz Banknoten (Bargeld) drucken, sie «schöpft» in einer Ökonomie, deren Geld nicht mehr an eine Geldware gebunden ist, das wirkliche Geld («wirklich» im Unterschied zum Kreditgeld, das nur das Versprechen ist, Geld zu zahlen). Bei dieser Geldschöpfung ist die Zentralbank an keine formelle Grenze gebunden.

Solange das Geldsystem noch an eine Geldware (z.B. Gold) gebunden war, waren die Banknoten kein wirkliches Geld, sondern nur dessen Vertreter, die Notenausgabe der Zentralbank blieb daher durch die jeweiligen Deckungsvorschriften begrenzt. Die Notenausgabe musste zu einem bestimmten Teil durch die Goldreserven der Zentralbank gedeckt sein. Wurde nun verlangt, dass sie Noten in Gold umtauschte, verminderte sich ihr Goldvorrat und sie konnte nur eine geringere Zahl an Noten ausgeben. Gerade in Krisensituationen floss einerseits Gold ab, andererseits wuchs aber der Bedarf an Krediten, so dass die Banken mehr Banknoten benötigten. Eine vermehrte Notenausgabe durch die Zentralbank war aufgrund des Goldabflusses aber nicht möglich, ohne die Deckungsvorschriften auszusetzen. Die Geldware erwies sich als vermeidbares Hindernis der kapitalistischen Reproduktion. Da das Geldsystem heute nicht mehr an eine Geldware gebunden ist (vgl. oben den Schluss von Kapitel 3.7), entfällt dieses Hindernis. Das Bankensystem kann ohne Geldware flexibler auf Krisen reagieren als früher – allerdings heißt dies nicht, das sich die Krisen selbst vermeiden lassen (vgl. dazu Kapitel 9).

Im Gegensatz zur Position von Marx, der die Existenz einer Geldware im Kapitalismus für unumgänglich hielt, wird deutlich, dass ein Geldsystem, das an eine Geldware gebunden ist, keineswegs zur kapitalistischen Produktionsweise «in ihrem idealen Durchschnitt» gehört (vgl. genauer dazu Heinrich 1999, S. 302 ff.).

Am *Kapitalmarkt* treten Kreditnehmer und Geldbesitzer unmittelbar in eine Kreditbeziehung. Die Kreditnehmer, vor allem große Unternehmen und Staaten, leihen sich direkt bei den Geldbesitzern Geld und versprechen dafür eine feste jährliche Zinszahlung sowie die Rückzahlung des geliehenen Geldes zu einem festen Termin; die Geldbesitzer erhalten im Tausch für ihr Geld ein *Wertpapier*, in dem diese Bedingungen niedergelegt sind (aufgrund des festen Zinses spricht man von *festverzinslichen Wertpapieren*). Da der Kredit ohne Beteiligung der Banken zustande kommt,[48] können sich Kreditnehmer und Kreditgeber die Zinsdifferenz zwischen Einlagenzinssatz und Kreditzinssatz der Banken teilen: Der Zinssatz des Wertpapiers ist in der Regel geringer als der Kreditzins der Bank und höher als der Einlagenzins. Allerdings trägt der Kreditgeber jetzt auch das volle Risiko des Kreditausfalls: Geht das Unternehmen pleite, dem er Geld geliehen hat, verliert er sein Geld; deshalb können in der Regel auch nur große Unternehmen, von denen man annimmt, dass sie zahlungsfähig bleiben, solche Anleihen auflegen. Geht dagegen einer der Kreditnehmer der Bank pleite, dann schmälert dies den Gewinn der Bank, berührt aber nicht die Einlagen, so lange die Bank selbst nicht pleite geht.

Unternehmen können sich am Kapitalmarkt Geld nicht nur über Anleihen, sondern auch über die Ausgabe von *Aktien* beschaffen. Mit einer Aktie erwirbt man einen Anteil am jeweiligen Unternehmen, man wird Miteigentümer. Ähnlich wie das festverzinsliche Wertpapier stellt die Aktie einen *An-*

---

48 Die Banken treten lediglich als Vermittler dieser Käufe auf und erhalten eine Provision.

spruch dar: Man hat Anspruch auf Stimmrecht bei der Aktionärsversammlung sowie auf einen Teil des ausgeschütteten Gewinns (die *Dividende*), beides entsprechend dem Anteil an der Gesamtheit der Aktien. Allerdings gibt es keinen Anspruch auf Rückzahlung des Aktienpreises durch das Unternehmen, und die Höhe des ausgeschütteten Gewinns steht auch nicht fest, sondern hängt von der Geschäftsentwicklung ab.

Festverzinsliche Wertpapiere und Aktien können am Kapitalmarkt verkauft werden.[49] Sie haben einen *Preis*, ihren jeweiligen *Börsenkurs* oder *Kurswert* (die Börsenkurse vom Vortag kann man im Wirtschaftsteil großer Zeitungen nachlesen). Diese Papiere haben aber keinen Wert, sondern es sind lediglich *Ansprüche* auf Werte (Zins und Dividende), verkauft werden Ansprüche: Nach dem Verkauf zahlt das Unternehmen Zins oder Dividende nicht mehr an Person A, sondern an Person B. Im Alltag wie auch in der herrschenden Wirtschaftstheorie wird zwischen Preis und Wert jedoch nicht unterschieden: Der Börsenkurs gilt als «Wert» der Aktie oder des festverzinslichen Wertpapiers.

Wie viel der Besitzer eines *festverzinslichen* Wertpapiers beim Verkauf erhält (der Börsenkurs), hängt vor allem von der Höhe der aktuellen Marktzinsen ab. Angenommen, A hat im letzten Jahr ein Wertpapier von Unternehmen Y gekauft, 1.000 Euro gezahlt und dafür den Anspruch erworben, dass ihm Unternehmen Y zehn Jahre lang 50 Euro Zinsen und nach zehn Jahren die ursprünglichen 1.000 Euro zahlt. A hat dann ein Wertpapier mit dem Nennwert 1.000 Euro und einer (auf den Nennwert bezogenen) Verzinsung von 5 Prozent erhalten. Nehmen wir weiter an, dass im folgenden Jahr die Zinsen auf 7 Prozent steigen, dann bedeutet das, dass man für neue Wertpapiere, die 1.000 Euro kosten, 70 Euro als jährliche Zinszahlung erhält. Will nun A sein Wertpapier verkaufen, wird er niemanden finden, der ihm 1000 Euro dafür zahlt, da die Zinszahlung bei 50 Euro fixiert ist. A wird sein Wertpapier nur verkaufen können, wenn er sich mit weniger als 1000 Euro zufrieden gibt: Der *Kurswert* des Wertpapiers fällt also mit steigenden Zinsen unter den Nennwert. Bei fallenden Zinsen würde der Kurswert über den Nennwert steigen.[50]

---

49 Die Bezeichnung Kapitalmarkt verwende ich hier als Oberbegriff für Wertpapier- und Aktienmarkt. Häufig wird als Oberbegriff auch «Finanzmarkt» benutzt, im 19. und frühen 20. Jahrhundert war die Bezeichnung «Börse» üblich. Zuweilen wird auch zwischen dem Kapitalmarkt als Markt für langfristige Anleihen und dem Geld-

Ähnlich sieht es beim Verkauf von *Aktien* aus, auch hier wechseln ständig die Börsenkurse. Für deren Bewegung ist aber nicht allein die aktuelle Dividende entscheidend, sondern vor allem der *zukünftige Gewinn* des Unternehmens. Die Dividende spielt nur eine untergeordnete Rolle, da vom Gewinn in der Regel nur ein kleinerer Teil als Dividende an die Aktionäre ausgeschüttet wird, der größere Teil wird investiert. Der zukünftige Gewinn ist aber nie sicher, er ist eine *Erwartungsgröße*. Steigen die Gewinn*erwartungen*, dann steigen auch die Aktienkurse, sinken die Gewinn*erwartungen* oder besteht große Unsicherheit über sie, dann sinken die Kurse. Insofern drückt sich in der Entwicklung der Aktienkurse nicht die gegenwärtige Entwicklung aus, sondern die *Erwartung der zukünftigen Entwicklung*.

Die Zirkulation von Wertpapieren und Aktien stellt eine ähnliche Verdopplung wie das Kreditgeld dar: Dort zirkuliert neben dem wirklichen Geld das Zahlungsversprechen, hier haben wir auf der einen Seite das *wirkliche Kapital*, das vom Geldbesitzer an ein Unternehmen geflossen und von diesem verwendet wird, und auf der anderen den *Anspruch* auf Zins- bzw. Dividendenzahlung, der mit wechselnden Kurswerten gehandelt wird und zirkuliert.

Diese zirkulierenden Ansprüche, Wertpapiere und Aktien, bezeichnet Marx aufgrund ihrer spezifischen «Wertbestimmung» (d.h. der gerade skizzierten Bestimmung der Börsenkurse) als *fiktives Kapital*. Damit ist jedoch nicht gemeint, dass diese Ansprüche prinzipiell nicht eingelöst werden könnten. Es geht vielmehr darum, dass das wirkliche Kapital, das die Geldbesitzer ursprünglich in Geldform in der Hand hatten, von ihnen nur einmal vorgeschossen wird, beim Kauf der Aktien und Anleihen. Danach befindet es sich in der Hand der Unternehmen und wird von ihnen vorgeschossen. Die Papiere, Aktien oder Anleihen, stellen bloße Ansprüche auf bestimmte Zahlungen dar, ihr «Wert» (der Börsenkurs) hat nichts mit der Wertsumme zu tun, die ursprünglich einmal für diese Ansprüche bezahlt wurde (diese Wertsumme existiert jetzt z.B. als

---

markt als Markt für kurzfristige Anleihen unterschieden.
51 Um wieviel der Kurswert steigt oder fällt, hängt außerdem von der Restlaufzeit des Papiers (dem Zeitraum bis zur Rückzahlung) sowie der Risikobewertung des Schuldners (der Einschätzung seiner künftigen Zahlungsfähigkeit) ab.

produktives Kapital bei einem Unternehmen oder wurde, wenn es sich um eine Staatsanleihe handelt, vom Staat verausgabt). Der «Wert» der Papiere ist ein Rechenwert, der bei den festverzinslichen Wertpapieren auf dem Vergleich von Zins des Papiers und Marktzins beruht, bei den Aktien auf den Gewinnerwartungen.[52] Inwieweit dieser «Wert» beständig ist und längerfristig zu entsprechenden Zahlungen führt, hängt von den tatsächlichen Gewinnen der jeweiligen Unternehmen ab.

Da sich die Gewinnerwartungen schnell ändern können, können sich auch die Kurse der Aktien sehr schnell ändern. Daher können an einem Handelstag an der Börse bei stark fallenden Kursen Milliarden Euro Kurswert (d.h. Milliarden an fiktivem Kapital) vernichtet werden und bei stark steigenden Kursen Milliarden Euro an Kurswert neu entstehen. Bei diesen Summen handelt es sich allerdings nicht um Schätze, die vernichtet werden bzw. neu entstehen und von denen man sich eine bessere Verwendung vorstellen könnte, sondern um die rechnerische Bewertung von Papieren. Diese Kursveränderungen sind allerdings auch keine unwichtigen Vorgänge. Werden Aktien und Wertpapiere als Sicherheiten für Kredite benutzt, dann werden diese Sicherheiten durch fallende Kurse entwertet. Der Kreditnehmer muss dann weitere Sicherheiten beibringen oder den Kredit zurückzahlen; falls er das nicht kann, geht er bankrott. Hat die Bank zu viele derartige Kreditausfälle, droht ihr ebenfalls der Bankrott.

Erwartungen haben die Tendenz, sich eine Zeit lang zu verstärken: Steigen die Aktienkurse, wollen viele auf den Zug aufspringen, die Nachfrage steigt, die Kurse steigen und es wollen noch mehr Geldbesitzer auf den Zug aufspringen; fallen dagegen die Kurse, dann wollen viele ihre Aktien los werden, das Angebot steigt, die Kurse fallen weiter etc. Starke Ausschläge der Wertentwicklungen sind die Folge: Einer Aktienhausse (stark steigenden Kursen) folgt die Baisse (fallende Kurse).

---

52 An Kapitalmärkten werden nicht nur festverzinsliche Wertpapiere und Aktien, sondern auch eine Reihe weiterer Papiere gehandelt, die selbst nur Ansprüche auf Aktien oder Wertpapiere darstellen, genaugenommen also Ansprüche auf Ansprüche. Die «Innovationen», die in den letzten Jahrzehnten an den internationalen Finanzmärkten stattgefunden haben (vor allem die sog. Derivate), bestehen vor allem in der Erfindung immer neuer Arten von handelbaren Ansprüchen, also immer neuen Formen fiktiven Kapitals.

8.3 Das Kreditsystem als Steuerungsinstanz der kapitalistischen Ökonomie

Banken und Kapitalmärkte können wir zusammenfassend als *Kreditsystem* bezeichnen. Die Bewegung des zinstragenden Kapitals, die von diesem Kreditsystem vermittelt wird, ist keine bloße Zutat, kein «Überbau» über dem industriellen Kapital. Zwar entspringt, wie gleich deutlich werden wird, das zinstragende Kapital einerseits der Zirkulation des industriellen Kapitals, andererseits ist aber die Bewegung des industriellen Kapitals gar nicht möglich ohne Kredit.

In Kapitel 3 hatten wir herausgestellt, dass es sich bei der Marxschen Werttheorie um eine monetäre Werttheorie handelt: Ware und Wert können nicht existieren und auch nicht begrifflich erfasst werden ohne Bezug auf Geld. Ähnliches lässt sich auch über das Verhältnis von Kapital und Kredit aussagen. Im traditionellen Marxismus dominierte allerdings sowohl eine nicht-monetäre Werttheorie als auch eine Kapitaltheorie, die den Kredit auf einen bloßen Zusatz reduzierte, der für das Verständnis und die Existenz des Kapitals im Grunde genommen nicht notwendig ist.

Bei der Zirkulation des industriellen Kapitals entsteht eine Reihe von Fonds, die aus zeitweise «unbeschäftigtem» Kapital bestehen: aufgrund des Verkaufs der Waren fließt vorgeschossenes Kapital zurück, das aber nicht sofort wieder als Kapital verwendet werden kann. Am wichtigsten sind *Akkumulationsfonds* (Mehrwert, der investiert werden soll, aber erst zu einem späteren Zeitpunkt, weil z.B. eine Mindestsumme für die Investition erforderlich ist) und *Amortisationsfonds* (in dem die zurückfließenden Wertbestandteile des fixen Kapitals gesammelt werden, vgl. Kapitel 6.2). Bis zu ihrer Investition können solche Fonds als zinstragendes Kapital verwendet werden.

Anstatt darauf zu warten, bis diese Fonds gefüllt sind, kann aber auch ein Teil der Akkumulation wie auch die Erneuerung des fixen Kapitals mit einem Kredit finanziert werden, so dass die darauf folgenden Rückflüsse nicht in einen Akkumulations- oder Amortisationsfonds fließen, sondern zur Zinszahlung und zur Rückzahlung des Kredits verwendet werden.

Schließlich ist die Zirkulation des Mehrwerts (d.h. des Teils des gesellschaftlichen Gesamtproduktes, dessen Wert dem gesamtgesellschaftlichen Mehrwert entspricht) nicht möglich, ohne dass entweder Schätze existieren oder Kredite vergeben werden: Lassen wir das fixe Kapital unberücksichtigt, dann schießen die Kapitalisten eines Landes im Laufe eines Jahres Kapital im Wert von c + v vor, produzieren aber in diesem Jahr Produkte im Wert von c + v + m. Es fragt sich also, wo das Geld zum Kauf von Produkten im Wert von m herkommt. Eine Möglichkeit besteht darin, dass ein Teil der Kapitalisten zusätzlich zu dem von ihnen vorgeschossenen Kapital noch über einen Schatz verfügen, dann können sie einen Teil von m kaufen und die Kapitalisten, die verkauft haben, können mit diesem Geld wiederum bei der ersten Gruppe von Kapitalisten kaufen, so dass am Ende sämtliche Produkte verkauft und die Schätze wieder an ihre ursprünglichen Besitzer zurückgeflossen sind. Einen Schatz lediglich zur Erleichterung der Zirkulation zu halten, hieße aber, auf die Verwertung dieser Wertsumme zu verzichten. Folgen die Kapitalisten der Maxime möglichst großer Kapitalverwertung, dann werden sie keinen solchen Schatz halten, sondern die entsprechenden Käufe mittels kurzfristiger Kredite finanzieren.

Es ist also die Zirkulation des Kapitals, die einerseits zeitweise unbeschäftigtes Kapital und andererseits die Nachfrage nach Kredit hervorbringt. Mit dem Wachstum des gesellschaftlichen Gesamtkapitals wird daher auch der Umfang der Kredite zunehmen. Das bloße Anwachsen der Kreditgeschäfte allein ist somit noch kein Zeichen einer krisenhaften oder instabilen kapitalistischen Entwicklung (wie z.B. von Robert Kurz 1995 nahe gelegt wird).

Ein entwickeltes Kreditsystem ermöglicht dem *Einzelkapital*, einerseits auf die Bildung von Schätzen zu verzichten und brachliegendes Kapital auszuleihen, andererseits, wenn es einen Kredit aufnimmt, weit mehr zu akkumulieren als nur die Profite der Vorperiode. Für ein kapitalistisches Unternehmen ist eine gewisse Verschuldung daher keineswegs «ungesund» oder ein Zeichen von Schwäche. In vorkapitalistischen Gesellschaften verschuldeten sich die Produzenten meistens aufgrund von Notlagen und hatten dann nicht selten Probleme, auch nur die Zinsen zu zahlen. Unter kapitalistischen Verhältnissen dienen die Kredite vor allem zur Finanzierung einer zusätzlichen Akkumulation: Kredite sollen die am Eigenkapital gemessene Profitrate steigern. Angenommen die Durchschnittsprofitrate beträgt acht Prozent und der Marktzinssatz fünf Prozent. Investiert ein Kapitalist eine Million Euro, dann kann er einen Profit von 80.000 Euro erwarten. Leiht er sich nun eine weitere Million Euro und diese zweite Million Euro wirft ebenfalls den Durchschnittsprofit ab, dann erhält unser Kapitalist zusätzlich 80.000 Euro, von denen er 50.000 Euro als Zins an den Geldbesitzer bezahlen muss. Sein Gesamtprofit beträgt dann 80.000 plus 30.000 oder 110.000 Euro: sein Eigenkapital (die eigene Million) hat ihm aufgrund des Kredits nicht nur die acht Prozent Durchschnittsprofit eingebracht, sondern elf Prozent. Diese Steigerung der Profitrate ist das Hauptmotiv zur Aufnahme von Krediten. Erfüllen sich die Erwartungen nicht – sei es, weil das einzelne Geschäft misslingt, sei es, weil sich die wirtschaftliche Lage insgesamt verschlechtert – dann kann es passieren, dass die tatsächlich erzielte Profitrate unter der Zinsrate liegt. In diesem Fall hätte das geliehene Kapital keinen zusätzlichen Profit, sondern Verlust gebracht (die Differenz zwischen Zins und Profit).

Die Existenz des Kredits hat aber auch Auswirkungen auf das *gesellschaftliche Gesamtkapital*. Die Kapitalbewegungen zwischen den Branchen, über die der Ausgleich der Profitraten (vgl. Kapitel 7.2) erfolgt, besteht im wesentlichen aus einer Änderung der Kreditflüsse, so dass in der einen Branche viel, in der anderen wenig akkumuliert wird; die Verlagerung des bereits investierten Kapitals wäre erheblich schwieriger und vor allem zeitaufwendiger. Der Kredit und ein entwickeltes Kreditsystem ermöglichen es, riesige Kapitalmassen in kurzer Zeit zu konzentrieren und umzuleiten. Häufig ist genau das für die beschleunigte Entwicklung neuer Produktivkräfte erforderlich, denn die Einführung neuer Technologien erfordert meistens erhebliche Anfangsinvestitionen.

Die Existenz des Kreditwesens ermöglicht nicht nur dem Einzelkapital, sondern auch dem gesellschaftlichen Gesamtkapital, mehr als nur die Profite der Vorperiode zu akkumulieren, sofern die sachlichen Voraussetzungen der Akkumulation vorhanden sind. Eine expansive Kreditvergabe kann daher zu einem erheblichen Akkumulationsschub führen (genauso wie eine restriktive Kreditvergabe den Akkumulationsprozess abwürgen kann). Insofern stellt das Kreditsystem eine *strukturelle Steuerungsinstanz* der kapitalistischen Ökonomie dar. Die Kapitalisten sind zwar bestrebt, ihr Kapital möglichst in den Sphären zu investieren, in denen die höchsten Profite erwartet werden. Da diese Investitionen aber in der Regel zumindest teilweise kredit- oder aktienfinanziert sind, hängt es ganz wesentlich am Kreditsystem, also den Banken und Kapitalmärkten, wie reibungslos diese Kapitalbewegungen vor sich gehen und wie schnell die Akkumulation stattfindet.

Das Kreditsystem verleiht der Akkumulation erst ihre Flexibilität, es «beschleunigt daher die materielle Entwicklung der Produktivkräfte und die Herstellung des Weltmarkts», ist andererseits aber auch «Haupthebel der Überproduktion und Überspekulation im Handel» (MEW 25, S. 457): Die Steuerung der Akkumulation durch das Kreditsystem ist ein durch und durch krisenhafter Prozess. Die Kreditvergabe, vor allem aber der Handel mit Wertpapieren und Aktien «leben» von Erwartungen und Unsicherheiten. Es muss hier «spekuliert» werden und diese Spekulation kann auch misslingen und zur Vernichtung des eingesetzten Kapitals führen. An der Börse kann es zu spekulativen «Blasen» (völlig überhöhten Aktienkursen) und dem anschließenden «Platzen» dieser Blasen kommen (dem plötzlichen Absturz der Kurse). Nur weiß man vor dem Platzen der Blase nie ganz genau, ob es sich wirklich um eine Blase oder um die in den hohen Kursen vorweggenommene Steigerung der Profitabilität der Kapitale handelt.

Doch wäre es falsch, den «spekulativen» Finanzmärkten eine «solide» kapitalistische Produktion gegenüberzustellen. Jede kapitalistische Produktion beinhaltet ein spekulatives Element, kein Kapitalist kann sich völlig sicher sein, dass er seine Waren absetzt bzw. welchen Preis er für sie erzielt. Die Spekulation an den Finanzmärkten ist offensichtlicher und kurzfristiger, aber keineswegs etwas qualitativ ganz anderes als die kapitalistische Produktion. Beide gehen von notwendigerweise unsicheren Erwartungen aus und beide versuchen durch den Handel mit ihren jeweiligen Produkten dasselbe: ihren Profit zu maximieren.

Allerdings ist das Verhältnis von Finanzmärkten und industrieller Produktion weder in quantitativer noch in qualitativer Hinsicht stets dasselbe. Dieses Verhältnis kann sowohl in verschiedenen Ländern unterschiedlich sein, als sich auch im Laufe der Entwicklung des Kapitalismus verändern: So stellten Diskussionen über die Wandlungen der Finanzmärkte (vor allem deren Deregulierung und Internationalisierung) einen der zentralen Stränge in der Globalisierungsdebatte der letzten Jahre dar (vgl. dazu Altvater/Mahnkopf 1999, Kap. 5; Huffschmid 2002).

9. Krise

9.1 Zyklus und Krise

Als *ökonomische* Krise bezeichnet man schwere Störungen der ökonomischen Reproduktion einer Gesellschaft. In einer kapitalistischen Ökonomie heißt dies, dass ein großer Teil der produzierten Warenmenge nicht mehr absetzbar ist: nicht etwa weil kein Bedürfnis für die entsprechenden Produkte bestehen würde, sondern weil kein *zahlungsfähiges* Bedürfnis vorhanden ist. Das Warenkapital lässt sich nicht mehr vollständig in Geldkapital verwandeln, so dass sich das vorgeschossene Kapital immer schlechter verwertet und die Akkumulation abnimmt. Damit vermindert sich die Nachfrage der kapitalistischen Unternehmen nach den Elementen des produktiven Kapitals, also nach Produktionsmitteln und Arbeitskräften. Massenarbeitslosigkeit und ein Rückgang der Konsumtion der Arbeiterklasse sind die Folgen, was zu einem weiteren Rückgang der Nachfrage führt und die Krise verschärft.

Der Kapitalismus ist zwar nicht die einzige Produktionsweise, in der neben ungeheurem Reichtum riesige Armut existiert, er ist allerdings die einzige Produktionsweise, wo der Überfluss an Gütern ein Problem darstellt, wo unverkäufliche Güter zum Ruin ihrer Besitzer führen und es gleichzeitig Menschen gibt, denen es am Nötigsten fehlt und denen es auch nicht gelingt, das Einzige, worüber sie verfügen – ihre Arbeitskraft – zu verkaufen. Denn das Kapital benötigt ihre Arbeitskraft nicht, da es die Arbeitskraft nicht Profit bringend einsetzen kann.

Seit sich im frühen 19. Jahrhundert der Industriekapitalismus zunächst in England, dann auch in Frankreich, Deutschland und den USA durchgesetzt hatte, traten in den entwickelten kapitalistischen Ländern Krisen in ca. 10-jährigem Abstand auf. Der beschleunigten Akkumulation mit hohen Profitraten und steigenden Löhnen folgten Stagnation und Krise, die schließlich wieder in einen zunächst langsamen, dann beschleunigten Aufschwung der Akkumulation mündeten.

Im 20. Jahrhundert setzte sich diese zyklische Entwicklung zwar fort, doch waren die Zyklen häufig weniger ausgeprägt als früher. Dafür nahm die Bedeutung überzyklischer Entwicklungen zu: So setzte mit der Weltwirtschaftskrise von 1929 eine lange Phase wirtschaftlicher Depression ein, die erst in den frühen 1950er Jahren überwunden wurde und in Westeuropa und Nordamerika in den langen, vor allem vom «Fordismus» (vgl. oben Kapitel 5.5) getragenen Aufschwung der 50er und 60er Jahre überging. Dieser «Wirtschaftswunderkapitalismus» brachte nicht nur hohe Profitraten, sondern auch Vollbeschäftigung, steigende Reallöhne und einen Ausbau des Sozialstaats mit sich. Zwar gab es auch in dieser Phase noch Zyklen, aber ohne scharfe Kriseneinbrüche. Der Kapitalismus, den Marx vor Augen gehabt hatte, der von Krisen, Arbeitslosigkeit und Verelendungsprozessen gekennzeichnet war, schien zumindest in den kapitalistischen Metropolen überwunden zu sein. Mit der Weltwirtschaftskrise von 1974/75 änderte sich dies jedoch grundlegend: Das fordistische Akkumulationsmodell mit seinen «billigen» Methoden der Produktivkraftsteigerung (Taylorismus und Massenproduktion) war an seine Grenzen geraten, die Profitraten gingen zurück, die zyklischen Bewegungen nahmen an Stärke zu, wobei aber auch in den Aufschwungphasen die Wachstumsraten der Wirtschaft niedrig und die Arbeitslosigkeit hoch blieben. Allerdings erholten sich die Profitraten in den 80er und 90er Jahren vor allem aufgrund stagnierender oder rückläufiger Reallöhne sowie weitgehender Steuersenkungen für Unternehmen und Großverdiener, die in erster Linie über den Abbau sozialstaatlicher Leistungen finanziert wurden.

Daran, dass die Entwicklung des Kapitalismus in den letzten 180 Jahren de facto krisenhaft verlaufen ist, kann kein Zweifel bestehen. Allerdings ist umstritten, was die Ursachen dieser Krisenprozesse waren. So wurde von den meisten Vertretern der klassischen politischen Ökonomie genauso wie heute von der Neoklassik bestritten, dass Krisen aus der Funktionsweise des Kapitalismus resultieren. Für Klassik und Neoklassik werden Krisen durch «äußere» Einwirkungen verursacht (z.B. staatliche Wirtschaftspolitik), die kapitalistische Marktwirtschaft «an sich» sei aber krisenfrei. Lediglich John Maynard Keynes (1883-1946) führte zumindest die immer wiederkehrende Massenarbeitslosigkeit auf kapitalismusimmanente Ursachen zurück (Keynes 1936) und legte damit den Grundstein zum «Keynesianismus».

Demgegenüber versuchte Marx nachzuweisen, dass Krisen der kapitalistischen Produktionsweise selbst entspringen und ein krisenfreier Kapitalismus unmöglich ist. Allerdings gibt es bei Marx keine zusammenhängende Krisentheorie, sondern lediglich verstreute, mehr oder weniger ausführliche Bemerkungen, die dann in der marxistischen Tradition zu ganz unterschiedlichen Krisentheorien verarbeitet wurden (einen Überblick über diese Krisentheorien gibt Sablowski 2003).

Bereits bei der Analyse des Geldes als Zirkulationsmittel hatte Marx in der Vermittlung des Tausches durch Geld die allgemeine *Möglichkeit* der Krise ausgemacht: Man kann die eigene Ware verkaufen, ohne mit dem eingenommenen Geld neue Ware zu kaufen; indem man das Geld festhält, wird der Reproduktionszusammenhang unterbrochen (MEW 23, S. 127 f., vgl. oben Kapitel 3.7). Das sog. *Saysche Gesetz*, das besagt, dass es ein notwendiges Gleichgewicht zwischen Käufen und Verkäufen geben müsse bzw. jedes Angebot eine gleich große Nachfrage bedinge, gilt nur, wenn die (geldvermittelte) Warenzirkulation mit dem unmittelbaren Produktentausch gleichgesetzt wird: Nur dort fällt jeder «Verkauf» mit einem gleichzeitigen «Kauf» zusammen. Wenn also Klassik und Neoklassik mit dem Sayschen Gesetz die prinzipielle Krisenfreiheit einer Marktwirtschaft begründen, dann unterstellen sie im Grunde einen Kapitalismus ohne Geld.

Zu erklären ist allerdings, warum aus der bloßen Möglichkeit der Krise eine wirkliche Krise wird, warum der Reproduktionszusammenhang tatsächlich unterbrochen wird. Von den verschiedenen Marxschen Ansätzen zur Beantwortung dieser Frage (vgl. ausführlich dazu Heinrich 1999, S. 341-370) spielte im traditionellen Marxismus vor allem eine an das «Gesetz vom tendenziellen Fall der Profitrate» (vgl. oben Kapitel 8.3) angelehnte Überlegung eine wichtige Rolle: Aufgrund der fallenden Profitraten werde irgendwann auch die Masse des Profits fallen, so dass sich die Akkumulation immer weiter verlangsamen und schließlich zur Krise führen werde. Diese scheinbar enge Verbindung von Krisentheorie und «Gesetz des tendenziellen Falls der Profitrate» stand dann meistens auch hinter der vehementen Verteidigung dieses Gesetzes. Die entscheidenden krisentheoretischen Argumente sind bei Marx jedoch völlig unabhängig von diesem «Gesetz».

Als grundlegende Tendenz kapitalistischer Entwicklung hatte Marx bereits im ersten Band des «Kapital» die Produktion des relativen Mehrwerts aufgezeigt: die Senkung des Werts der Arbeitskraft durch Entwicklung der Produktivkraft der Arbeit. Und die wichtigste Methode zur Entwicklung der Produktivkraft ist die Einführung immer weiter verbesserter Maschinerie (vgl. oben Kapitel 5.2 – 5.3). Der Kosten sparende Einsatz von Maschinerie ist aber in der Regel mit einer Ausweitung des Produktionsumfangs verbunden. Die Produktivkraftsteigerung geht daher mit einer Vergrößerung der produzierten Gütermenge einher, die durch die Zwänge der Konkurrenz (möglichst der erste zu sein, der den Markt mit Produkten überschwemmt; der Entwertung der Produktionsmittel durch ihre möglichst schnelle produktive Vernutzung zuvor zu kommen etc.) noch verstärkt wird. Dieser tendenziell unbegrenzten Ausdehnung der *Produktion* steht aber, wie Marx im dritten Band des «Kapital» deutlich macht, eine mehrfach begrenzte *Konsumtionskraft* der Gesellschaft gegenüber (vgl. vor allem MEW 25, S. 253 ff.).

Die *gesellschaftliche Konsumtion* beschränkt sich nicht auf die individuelle Konsumtion der Endverbraucher. Sie setzt sich zusammen aus dem Konsum der Arbeiterklasse, dem Luxuskonsum der Kapitalisten und den Investitionen, genauer: den Ersatzinvestitionen, die verbrauchte Maschinerie ersetzen, und den Erweiterungsinvestitionen, bei denen zusätzliche Produktionsmittel angeschafft werden, also Kapital akkumuliert wird.

Der Konsum der Arbeiterklasse wird durch die Logik der Kapitalverwertung beschränkt: Die Kapitalisten versuchen, die Löhne wie auch die Zahl der beschäftigten Arbeitskräfte, möglichst niedrig zu halten, da für den einzelnen Kapitalisten der Lohn lediglich ein Kostenfaktor ist. Die «unterkonsumtionstheoretische» Begründung der Krisentheorie bezieht sich vor allem auf diese beschränkte Konsumtionskraft der Arbeiterklasse. Als Erklärung für die Existenz von Krisen ist das Argument zu niedriger Löhne und der aus ihnen resultierenden «Nachfragelücke» aber unzureichend: Die Löhne sind immer kleiner als der Gesamtwert des Produkts (dieser Gesamtwert ist gleich $c + v + m$, die Löhne sind nur gleich v), sie reichen – egal ob hoch oder niedrig – als Nachfrage für das Gesamtprodukt niemals aus.

Zur Nachfrage der Arbeiterklasse kommen stets noch die Luxusnachfrage der Kapitalisten, die gesamtwirtschaftlich gesehen allerdings relativ gering ist, so dass wir sie hier vernachlässigen können, sowie die Investitionsnachfrage hinzu. Letztere ist die entscheidende Variable: Von ihr hängt direkt die Nachfrage des Kapitals nach zusätzlichen Produktionsmitteln ab und indirekt die weitere Entwicklung des Konsums der Arbeiterklasse, insofern nämlich zusätzliche Arbeitskräfte eingestellt werden oder nicht. Ob die Investitionen in produktives Kapital (Produktionsmittel und Arbeitskräfte) aber hoch oder niedrig sind, hängt einerseits von den *Profiterwartungen* ab – werden lediglich geringe Profite erwartet, dann werden Investitionen zurückgehalten –, andererseits von dem Vergleich zwischen (erwarteter) Profitrate und Zinssatz: Zwar nicht die Kapitalistenklasse als Ganze, aber der einzelne Kapitalist hat immer die Wahl, ob er sein Kapital in produktivem Kapital investieren oder als zinstragendes Kapital verwenden will. Je höher der Zinssatz oder je stärker die Erwartung steigender Börsenkurse, desto mehr wird in fiktives Kapital statt in produktives investiert.

Kapitalistische Produktion und kapitalistische Konsumtion sind also nicht nur ganz unterschiedlich bestimmt, ihre Bestimmungsmomente verhalten sich geradezu gegensätzlich: Einer tendenziell unbegrenzten Produktion steht eine (nicht durch die Bedürfnisse, sondern durch die Logik der Verwertung) begrenzte Konsumtion gegenüber. Die Konsequenz ist die Tendenz zur *Überproduktion von Waren* (Überproduktion gemessen an der zahlungsfähigen Nachfrage) und zur *Überakkumulation von Kapital* (akkumuliertes Kapital, das sich nicht oder nur noch schlecht verwertet), was schließlich zur Krise führen muss: Die Reproduktion gerät ins Stocken, investiertes Kapital wird entwertet oder sogar gänzlich vernichtet, die am wenigsten profitablen Produktionsstätten werden geschlossen, die am wenigsten profitablen Einzelkapitale gehen bankrott, Arbeitskräfte werden entlassen und mit steigender Arbeitslosigkeit nehmen auch die Löhne ab. Krisen sind also enorm zerstörerische Prozesse: Gesellschaftlicher Reichtum wird vernichtet und die Lebensverhältnisse einer großen Zahl von Menschen verschlechtern sich erheblich.

Allerdings sind es gerade diese destruktiven Momente, die auf gewaltsamem Wege das Missverhältnis von Produktion und gesellschaftlicher Konsumtion beseitigen. Krisen haben nicht nur eine zerstörerische Seite, für das kapitalistische System als Ganzes sind sie durchaus «produktiv»: Die Vernichtung der unprofitablen Kapitale vermindert die Produktion, die Entwertung des noch fungierenden Kapitals und die niedrigen Löhne steigern die Profitrate der verbleibenden Kapitale. Schließlich sinken die Zinsen auch wieder, da die Nachfrage nach Leihkapital zurückgeht. Das alles zusammen macht den Weg frei für einen neuerlichen Aufschwung, der häufig noch durch die Einführung technischer Neuerungen unterstützt wird: Es werden dann verstärkt neue Maschinen nachgefragt, was die Investitionen in Abteilung I (dem Produktionsmittel produzierenden Sektor) ankurbelt und als Folge zunehmender Beschäftigung auch die Akkumulation in Abteilung II (dem Konsumtionsmittel produzierenden Sektor) beschleunigt. Ein neuer Aufschwung beginnt, der schließlich wieder in die nächste Krise mündet.

Krisen sind also nicht nur zerstörerisch, vielmehr wird in Krisen die Einheit von Momenten, die (wie Produktion und Konsum) zwar zusammengehören, aber gegeneinander verselbstständigt sind (Produktion und Konsum gehorchen unterschiedlichen Bestimmungen) gewaltsam wieder hergestellt. Dass Krisen gerade durch ihre Zerstörungen diese positiven Leistungen für das kapitalistische System erbringen, darauf weist Marx immer wieder hin (z.B. MEW 42, S. 360, MEW 26.2, S. 501, MEW 25, S. 259, 316).

Auch wenn der Krisenmechanismus im Allgemeinen durchschaut ist, kann die Krise nicht einfach verhindert werden. Zum einen *zwingt* der Druck der Konkurrenz die einzelnen Kapitalisten zu einem bestimmten Verhalten, selbst wenn sie wissen, dass dieses Verhalten insgesamt zerstörerisch wirkt – nur kann eben keiner individuell aussteigen, die einzige Hoffnung besteht darin, selbst einigermaßen ungeschoren davon zu kommen.[53] Zum anderen ist der Punkt des Krisenzyklus, an dem man sich gerade befindet, nie mit Sicherheit zu bestimmen. Befindet sich die Wirtschaft noch im Aufschwung und wird dieser eine Weile andauern, so dass sich eine Ausweitung der Produktion noch lohnt, oder ist der Zustand der Überproduktion gerade erreicht und wird er sich demnächst in einem Absatzeinbruch bemerkbar machen? Gerade die beständige Entwicklung der Produktivkräfte, durch die Einführung neuer Produktionsmethoden, zu der jedes Unternehmen gezwungen ist, wenn es sich auf dem Markt behaupten will, führt zur Verschiebung der Nachfrageströme. Neue Branchen entstehen, alte verschwinden oder verlieren an Bedeutung, Maschi-

---

53 Vor Jahren erhöhte mitten in einer Krise des Automarktes BMW seine Produktionspläne. Von Journalisten darauf angesprochen, erklärte der damalige Vorstandsvorsitzende des Unternehmens, er wisse sehr wohl, dass es insgesamt zu viele Autos auf dem Markt gebe, allerdings zu wenige BMWs.

nen und Rohstoffe, die bis vor kurzem noch von Bedeutung waren, sind es nicht mehr, alte Unternehmen werden entwertet, neue entstehen, ohne dass aber klar ist, ob sie wirklich in dem erwarteten Ausmaß Profit abwerfen. Das Einzige, das in diesen ökonomischen Stürmen gewiss ist, ist die Ungewissheit. Und die einzige Chance, unter diesen Umständen als Kapitalist zu überleben, liegt darin, alle Möglichkeiten zu nutzen, um den Profit zu steigern, egal welche Auswirkungen dies hat. Innerhalb des Kapitalismus lassen sich Krisen nicht vermeiden, selbst wenn man mehr oder weniger gut durchschaut, aufgrund welcher Entwicklungen es zu Krisen kommt.

Über konkrete Krisenverläufe kann auf der von Marx im «Kapital» angezielten allgemeinen Darstellungsebene nichts weiter ausgesagt werden. Diese Krisenverläufe sind abhängig von den jeweils konkreten Umständen, etwa den technischen und betriebsorganisatorischen Entwicklungen, der Struktur des Kreditsystems, der Stellung eines Landes auf dem Weltmarkt (auf den das Kapital insbesondere in Krisenzeiten drängt), der Organisation der Arbeiterklasse und ihren Kämpfen und der Art und Weise staatlicher Eingriffe in den Konjunkturverlauf. Und dies gilt nicht nur für den Ablauf des üblichen ca. 10-jährigen Konjunkturzyklus, sondern erst recht für die langfristigen, überzyklischen Entwicklungen. Hier erreichen wir die Grenze der von Marx angestrebten Darstellung der kapitalistischen Produktionsweise «in ihrem idealen Durchschnitt».

9.2 Gibt es bei Marx eine Zusammenbruchstheorie?

Aufgrund ihrer destruktiven Seiten wurden ökonomische Krisen in der Geschichte der Arbeiterbewegung immer wieder als für den Kapitalismus existenzbedrohend angesehen. So können schwere ökonomische Krisen zu Krisen des politischen Systems führen: Angesichts der Schwierigkeiten der ökonomischen Reproduktion verlieren die politischen Herrschaftsverhältnisse ihre Legitimation, und die Menschen beginnen zu rebellieren. In den frühen 1850er Jahren sah Marx in den revolutionären Bewegungen, die 1848/49 Europa erschütterten, eine Folge der schweren Wirtschaftskrise von 1847/48. Dieses Resultat verallgemeinerte er etwas vorschnell und erwartete mit der nächsten Krise auch die nächste Revolution (vgl. MEW 7, S. 441). Die folgenden Wirtschaftskrisen machten allerdings deutlich, dass ein unmittelbarer Zusammenhang von Krise und revolutionärer Bewegung keineswegs zwangsläufig ist. Und spätestens seit dem 20. Jahrhundert wissen wir, dass die durch einschneidende Wirtschaftskrisen hervorgerufenen Verunsicherungen auch den Nährboden für nationalistische und faschistische Bewegungen bilden können.

Weit verbreitet war in der Geschichte der Arbeiterbewegung die Vorstellung, dass die ökonomischen Krisen schließlich zum Zusammenbruch des Kapitalismus führen würden, dass der Kapitalismus seiner «Endkrise» entgegenstrebe. Aus dem «Kapital» wurde eine «Marxsche Zusammenbruchstheorie» herausgelesen. In den 1990er Jahren wurde diese alte Idee vor allem von Robert Kurz und der Gruppe Krisis wiederbelebt.

Im dritten Band des «Kapital» spricht Marx zwar von den «Schranken» der kapitalistischen Produktionsweise, aber nicht im Sinne eines zeitlichen Endes. Beschränktheit ist hier als Bornierung zu verstehen: Borniert ist, dass das Kapital zwar die Produktivkräfte in einem Ausmaß entwickelt wie keine Produktionsweise zuvor, dass diese Entwicklung aber einzig der Kapitalverwertung dient.

«Die *wahre Schranke* der kapitalistischen Produktion ist *das Kapital selbst*, ist dies: daß das Kapital und seine Selbstverwertung als Ausgangspunkt und Endpunkt, als Motiv und Zweck der Produktion erscheint; daß die Produktion nur Produktion für das Kapital ist und nicht umgekehrt die Produktionsmittel bloße Mittel für eine stets sich erweiternde Gestaltung des Lebensprozesses für die *Gesellschaft* der Produzenten sind.» (MEW 25, S. 260)

In der Folge spricht Marx dann zwar von einem «fortwährenden Konflikt» zwischen der unbeschränkten Entwicklung der Produktivkräfte und dem beschränktem kapitalistischen Zweck – von einem irgendwie gearteten «Zusammenbruch» ist aber nicht die Rede.

Lediglich an einer einzigen Stelle – nicht im «Kapital», sondern in den früher entstandenen «Grundrissen» – findet sich eine Bemerkung, die sich als Zusammenbruchstheorie verstehen lässt. Dort ist in Zusammenhang mit der zunehmenden Bedeutung der Anwendung der Wissenschaft davon die Rede, dass für die Produktion des Reichtums nicht mehr in erster Linie die im Produktionsprozess verrichtete Arbeit, sondern die Anwendung der Wissenschaft als «allgemeiner Produktivkraft» von Bedeutung sei. Aus diesen Veränderungen innerhalb des kapitalistischen Produktionsprozesses schließt Marx dann gleich auf den «Zusammenbruch» der ganzen Produktionsweise:

«Sobald die Arbeit in unmittelbarer Form aufgehört hat, die große Quelle des Reichtums zu sein, hört und muß aufhören die Arbeitszeit sein Maß zu sein und daher der Tauschwert [das Maß] des Gebrauchswerts. Die *Surplusarbeit* [Mehrarbeit, M.H.] *der Masse* hat aufgehört, Bedingung für die Entwicklung des allgemeinen Reichtums zu sein, ebenso wie die *Nichtarbeit der wenigen* für die Entwicklung der allgemeinen Mächte des menschlichen Kopfes. Damit bricht die auf dem Tauschwert ruhnde Produktionsweise zusammen...» (MEW 42, S. 601)

Marx kommt in seinen späteren Werken allerdings nie mehr auf diese Idee aus den «Grundrissen» zurück. Zwar wird die Bedeutung der Wissenschaft für den kapitalistischen Produktionsprozess auch im ersten Band des «Kapital» an mehreren Stellen behandelt, doch gilt dort die «Scheidung der geistigen Potenzen des Produktionsprozesses von der Handarbeit» (MEW 23, S. 446) nicht als Schwächung der kapitalistischen Produktionsweise, sondern als ein Moment zur Steigerung der Macht des Kapitals über die Arbeit (ebd., vgl. oben Kapitel 5.3).

Die Wertseite des angesprochenen Prozesses, dass immer weniger Arbeit im Produktionsprozess der einzelnen Waren verausgabt werden muss, wird im «Kapital» nicht als Zusammenbruchstendenz, sondern als Grundlage der Produktion relativen Mehrwerts analysiert. Der scheinbare Widerspruch, von dem Marx in den «Grundrissen» so frappiert war, dass das Kapital «die Arbeitszeit auf ein Minimum zu reduzieren strebt, während es andrerseits die Arbeitszeit als einziges Maß und Quelle des Reichtums setzt» (MEW 42, S. 601), wird bei Kurz, Trenkle und anderen Vertretern der Krisis-Gruppe gar zum «logischen Selbstwiderspruch des Kapitals», an dem der Kapitalismus zwangsläufig zugrunde gehen müsse. Im ersten Band des «Kapital» entschlüsselt Marx diesen Widerspruch dagegen beiläufig als ein altes Rätsel der politischen Ökonomie, mit dem bereits der französische Ökonom Quesnay im 18. Jahrhundert seine Gegner gequält habe. Dieses Rätsel, so Marx, sei leicht zu begreifen, wenn man berücksichtige, dass es den Kapitalisten nicht um den absoluten Wert der Ware, sondern um den Mehrwert (bzw. Profit) gehe, den ihm diese Ware einbringt. Die zur Produktion der einzelnen Ware nötige Arbeitszeit kann durchaus sinken, der Wert der Ware abnehmen, sofern nur der von seinem Kapital produzierte Mehrwert bzw. Profit wächst. Ob sich der Mehrwert/Profit auf eine kleinere Zahl von Produkten mit hohem Wert oder auf eine größere Zahl von Produkten mit niedrigerem Wert verteilt, ist dabei unerheblich (MEW 23, S. 338 f.).

Abgesehen von allen Einwendungen im Detail stehen Zusammenbruchstheorien vor dem grundsätzlichen Problem, dass sie eine unausweichliche Entwicklungstendenz angeben müssen, mit welcher der Kapitalismus so wenig umgehen kann, dass seine weitere Existenz unmöglich wird – ganz egal, was auch immer im historischen Prozess passieren mag. In der Geschichte des Marxismus wurde diese Zusammenbruchstendenz mit unterschiedlichen Faktoren begründet. Bei Kurz übernimmt diese Rolle die «mikroelektronische Revolution», d.h. eine bestimmte Phase technologischer Entwicklung, die Arbeit weitgehend überflüssig mache und zum «Abschmelzen der Wertsubstanz» führe.[54]

Für die Linke hatte die Zusammenbruchstheorie historisch immer eine Entlastungsfunktion: Egal wie schlimm die aktuellen Niederlagen auch waren, das Ende des Gegners war letztlich doch gewiss. Die Kritik der Zusammenbruchstheorie ist nun alles andere als eine «Kapitulation vorm Kapitalismus» (so der Titel eines gegen diese Kritik gerichteten Aufsatzes von Norbert Trenkle), denn das Fehlen dieser prophetischen Gewissheiten macht den Kapitalismus um keinen Deut besser.

---

54 Für eine ausführlichere Kritik an der Kurzschen Zusammenbruchstheorie siehe Heinrich (1999b). Eine Ironie am Rande: Der technologische Determinismus, mit dem hier der Zusammenbruch des Kapitalismus begründet wird, passt ganz wunderbar zu dem von Kurz ansonsten heftigst kritisierten «Arbeiterbewegungsmarxismus», der mit einer schematischen «Dialektik von Produktivkräften und Produktionsverhältnissen» den Gang der Weltgeschichte erklärt.

10. Der Fetischismus der bürgerlichen Verhältnisse

10.1 Die «trinitarische Formel»

Mit der Durchsetzung der kapitalistischen Produktionsweise lösen sich die ständischen und feudalen Beziehungen mitsamt ihren politischen und religiösen Verkleidungen auf. Stände, Privilegien, angeborene Vorrechte verschwinden hinter der Gleichheit der Warenbesitzer, die nur noch die Ungleichheit des Besitzes kennen. Die systematische Entwicklung von Wissenschaft und Technik, die der Kapitalismus benötigt und vorantreibt, unterminiert hergebrachte Vorurteile und religiöse Welterklärungen. Auf dieser Grundlage entstand das Selbstverständnis der bürgerlich-kapitalistischen Gesellschaft als Hort von Aufklärung, Zivilisation und Kultur, in dem die abendländische Zivilisation endlich ihren Höhepunkt erreicht habe. Aus diesem Blickwinkel erschienen alle anderen Gesellschaftsformen als unentwickelte Vorstufen zur bürgerlichen Gesellschaft oder sie galten als «primitiv», was sich u.a. an deren «Fetischismus» zeigte, der einem bestimmten Stück Holz oder Stoff magische Kräfte zuspricht. Dieses Überlegenheitsgefühl lieferte nicht zuletzt dem Kolonialismus des 19. und 20. Jahrhunderts seine ideologische Verbrämung: Der kolonialisierten Bevölkerung sollte doch lediglich Kultur und Zivilisation gebracht werden.

Das rationalistische Selbstverständnis der bürgerlich-kapitalistischen Epoche hat sich auch in der soziologischen Reflexion niedergeschlagen. So stellte Max Weber (1864-1920), einer der wichtigsten Gründerväter der modernen Soziologie, die «Entzauberung der Welt» und eine alle Lebensverhältnisse durchdringende «Rationalisierung» als entscheidende Eigenschaften der vom Kapitalismus geprägten Gesellschaften heraus.

Auch Marx und Engels hatten eine solche «Entzauberung der Welt» vor Augen, als sie 1848 im «Kommunistischen Manifest», die Konsequenzen des Aufstiegs der Bourgeoisie folgendermaßen charakterisierten:

«Die Bourgeoisie, wo sie zur Herrschaft gekommen, hat alle feudalen, patriarchalischen, idyllischen Verhältnisse zerstört.

(...) Sie hat mit einem Wort, an die Stelle der mit religiösen und politischen Illusionen verhüllten Ausbeutung die offene, unverschämte, direkte, dürre Ausbeutung gesetzt. (...) Alles Ständische und Stehende verdampft, alles Heilige wird entweiht, und die Menschen sind endlich gezwungen, ihre Lebensstellung, ihre gegenseitigen Beziehungen mit nüchternen Augen anzusehen.» (MEW 4, S. 464 f.)

Marx und Engels sind hier noch der Auffassung, dass mit der Durchsetzung des Kapitalismus die gesellschaftlichen Verhältnisse durchsichtiger würden: Herrschaft und Ausbeutung seien jetzt nicht mehr verklärt und verkleidet, sondern offen sichtbar. Daran knüpft sich die Hoffnung, dass die Unterdrückten und Ausgebeuteten, nun, da sie ihre Situation «mit nüchternen Augen» ansehen müssten, sich auch zunehmend gegen die ausbeuterischen Verhältnisse zur Wehr setzen würden.

Dass die Ausbeutung der Arbeiterklasse im Kapitalismus eigentlich offen zu Tage liege und es nur die Manipulationen der Herrschenden seien, die dies mit Hilfe von Presse, Kirche, Schule etc. verschleiern, war auch im traditionellen Marxismus eine weit verbreitete Auffassung. Ideologiekritik wurde deshalb meistens als Entlarvung verstanden: Die «wirklichen Interessen», die hinter einem Gedanken standen, sollten enthüllt werden.[55]

Allerdings blieb Marx nicht auf dem Stand des «Kommunistischen Manifest» stehen. Im «Kapital» ist keineswegs mehr davon die Rede, dass die gesellschaftlichen Verhältnisse im Kapitalismus so ohne weiteres zu durchschauen seien. Ganz im Gegenteil geht es dort an zentralen Stellen um die «Mystifikation» dieser gesellschaftlichen Verhältnisse. Was Marx im «Kapital» als Fetischismus und Mystifikation bezeichnet, sind Verkehrungen, die nicht aufgrund einer Manipulation der Herrschenden entstehen, sondern aus der Struktur der bürgerlichen Gesellschaft und der diese Struktur beständig reproduzierenden Handlungen entspringen. Dass Marx dabei von Fetischismus spricht, ist eine deutliche Spitze sowohl gegen die aufklärerisch-rationalistische Selbstgewissheit der bürgerlichen Ge-

---

55 Dabei stützte man sich gerne auf die in diesem Punkt sehr einfache Weltsicht der 1845/46 verfassten «Deutschen Ideologie», in der Marx und Engels schrieben: «Die Gedanken der herrschenden Klasse sind in jeder Epoche die herrschenden Gedanken, d.h. die Klasse, welche die herrschende materielle Macht der Gesellschaft ist, ist zugleich ihre herrschende *geistige* Macht.» (MEW 3, S. 46)

sellschaft, als auch gegen das empiristische Selbstverständnis der politischen Ökonomie, die genau diesem Fetischismus aufsitzt (vgl. oben Kapitel 3.8 f.).

Die unterschiedlichen Fetischformen und Mystifikationen, die in den vorangegangenen Kapiteln angesprochen wurden, stehen nicht unverbunden nebeneinander. Sie bilden ein Ganzes, das Marx am Ende des dritten «Kapital»-Bandes unter dem Titel «Die trinitarische Formel» zusammenfassend skizziert (MEW 25, S. 822 ff).

Der kapitalistische Produktionsprozess ist eine bestimmte historische Form des gesellschaftlichen Produktionsprozesses. Ihm liegt die Trennung der unmittelbaren Produzenten von den Produktionsmitteln zugrunde, weshalb die Arbeiter und Arbeiterinnen – obwohl formell frei – materiell gezwungen sind, ihre Arbeitskraft den Kapitalisten, die über die Produktionsmittel verfügen, zu verkaufen. Die Kapitalisten zahlen im Lohn den Wert der Arbeitskraft (ihre Reproduktionskosten), lassen die Arbeitskraft aber länger arbeiten als zur Reproduktion ihres Wertes notwendig ist: Die Kapitalisten pumpen Mehrarbeit aus den Beschäftigten und diese Mehrarbeit stellt sich beim Verkauf des Produkts als Mehrwert dar. Der Mehrwert verbleibt aber nicht vollständig beim Kapitalisten: Zunächst hat er an den Grundeigentümer *Grundrente* zu zahlen (oder Boden zu kaufen, um damit selbst zum Grundeigentümer zu werden). Grundrente müssen die Kapitalisten zahlen, da der Boden beschränkt und Privateigentum der Grundbesitzer ist. Die Rentenzahlung können sie nur aus dem Mehrwert leisten, auch wenn sie die Rente für einen gewöhnlichen Kostenfaktor halten. Die Kapitalistenklasse, die sich den Mehrwert als erste aneignet, muss ihn sich mit der Klasse der Grundeigentümer teilen.[56]

Allerdings werden die Produkte nicht zu ihren Werten verkauft, daher eignet sich der einzelne Kapitalist auch nicht

---

56 Wovon die Höhe der Grundrente im Einzelnen abhängt, muss hier nicht weiter behandelt werden. Nur so viel zum «Wert des Bodens»: Sofern es sich um unbearbeiteten Boden handelt, ist «Wert des Bodens» ein ebenso «imaginärer» Ausdruck wie «Wert der Arbeit» (vgl. Kapitel 4.5). Dieser «Wert» hängt von der Höhe der erwarteten Grundrente ab. Der Bodenpreis ist etwa so hoch, wie eine Kapitalsumme, die beim üblichen Zinssatz einen Zins in Höhe dieser Grundrente abwirft. Der «Wert des Bodens» berechnet sich also in einer ähnlichen Weise wie der «Wert» des fiktiven Kapitals.

genau den Mehrwert an, den die von ihm beschäftigten Arbeitskräfte geschaffen haben. Von zufälligen Schwankungen abgesehen erhält der einzelne Kapitalist den Durchschnittsprofit, d.h. einen Profit proportional zur Größe des von ihm vorgeschossenen Kapitals. Und dieser Durchschnittsprofit teilt sich dann in Zins und Unternehmergewinn.[57]

Das jährliche Gesamtprodukt der Ökonomie spaltet sich also stofflich und wertmäßig auf in einen Teil, der die verbrauchten Produktionsmittel ersetzt, einen Teil, den die Arbeiter und Arbeiterinnen als Lohn erhalten und der für ihre Reproduktion notwendig ist, und ein über die Reproduktion von Produktionsmitteln und Arbeitskraft hinausgehendes Mehrprodukt, das in Grundrente, Zins und Unternehmergewinn aufgeteilt wird.

Kapital, Grundeigentum und Arbeitskraft, so grundverschieden sie sind, haben die gemeinsame Eigenschaft, dass sie für ihre Besitzer *Quellen des Einkommens*[58] sind: Kapital wirft Profit bzw. Zins ab, Grundeigentum Grundrente und Arbeitskraft Arbeitslohn (bzw. Arbeit wirft Arbeitslohn ab: So erscheint es sowohl den Arbeitern und Arbeiterinnen wie den Kapitalisten, vgl. oben Kapitel 4.5). Diese Einkommen können vollständig verzehrt werden, ohne dass ihre jeweilige Quelle versiegt.

Kapital ist eine Einkommensquelle, da es dem Kapitalisten erlaubt, Mehrarbeit aus den beschäftigten Arbeitskräften herauszupumpen; Grundeigentum ist eine Einkommensquelle, da es ermöglicht, dass die Grundeigentümer einen Teil des von den Kapitalisten ausgepumpten Mehrwerts an sich ziehen; und Arbeit ist Einkommensquelle, weil die Arbeiter und Arbeiterinnen mittels Arbeit einen Teil des von ihnen selbst geschaffenen Wertes erhalten. Kapital, Grundeigentum und Arbeit sind also nur deshalb *Einkommensquellen*, weil es sich bei ihnen um Mittel der Aneignung handelt: Unter kapitalistischen Verhältnissen kann man sich mittels Kapital, Grundeigentum und

---

57 Die Summe der Grundrentenzahlungen bildet einen Abzug vom gesamtgesellschaftlichen Mehrwert. Aufgrund dieses Abzugs ist die gesamtgesellschaftliche Profitmasse geringer, als sie ohne diesen Abzug wäre. Der Durchschnittsprofit bezieht sich immer schon auf diese geringere gesamtgesellschaftliche Profitmasse; er teilt sich daher nur in Zins und Unternehmergewinn.
58 Marx benutzt häufig den französischen Ausdruck für Einkommen und spricht von «Revenuequellen».

Arbeit *einen Teil des jährlichen Produkts als Einkommen aneignen*.

Den Produktionsagenten (Kapitalisten, Grundeigentümer und Arbeitskräften) genau wie den meisten volkswirtschaftlichen Theorien stellt sich die Sache aber in verkehrter Form dar. Ihnen erscheinen Kapital, Grundeigentum und Arbeit als drei verschiedene und voneinander unabhängige *Quellen des jährlich produzierten Werts*, und nur weil sie *Quellen des Werts* seien, könnten sie – folgern der Alltagsverstand und der Ökonom gleichermaßen – überhaupt zum *Mittel der Aneignung* von Teilen dieses Werts werden. Für die Produktionsagenten sieht es so aus, als erhalten die Besitzer von Kapital, Grundeigentum und Arbeit im Normalfall als Einkommen genau den Wertteil, den ihr «Produktionsfaktor» dem Produkt an Wert zufügt.

Wie kommt es zu diesem Schein? Bereits im Abschnitt über den Warenfetisch (Kapitel 3.8) wurde deutlich, dass der Wertcharakter der Waren in der bürgerlichen Gesellschaft als eine «gesellschaftliche Naturtatsache» erscheint: Zwar ist klar, dass Wert keine natürliche Eigenschaft wie Gewicht oder Farbe hat, es scheint aber so, als besäßen Produkte in jedem gesellschaftlichen Zusammenhang automatisch Wert und nicht nur in einem ganz bestimmten. Rein stofflich betrachtet ist das einzelne Produkt Resultat eines Produktionsprozesses, bei dem Arbeit verausgabt wird, (produzierte) Produktionsmittel angewandt werden und Boden (in der Landwirtschaft oder bei der Gewinnung von Rohstoffen) genutzt wird. Ganz analog dazu wird dann der Wertbildungsprozess aufgefasst: als Addition von Wertbeiträgen der Produktionsfaktoren.

Die Grundlage dieser Verkehrung besteht darin, dass zwischen Arbeit und Lohnarbeit kein wesentlicher Unterschied zu bestehen scheint. Die Trennung zwischen Arbeit und materiellen Arbeitsbedingungen wird als natürlich akzeptiert.[59] Gibt es aber keinen wesentlichen Unterschied zwischen Arbeit und Lohnarbeit, dann gibt es auch keinen solchen Unterschied zwischen den der Arbeit gegenüberstehenden Produktionsmitteln und Kapital sowie zwischen Erde und Grundeigentum. Marx fasst dies folgendermaßen zusammen:

---

59 Beim selbstständigen Handwerker ist diese Trennung zwar aufgehoben, doch erscheint sie dort als das zufällige Zusammenfallen des eigentlich Getrennten.

«Fällt also die Arbeit mit der Lohnarbeit zusammen, so fällt auch die bestimmte gesellschaftliche Form, worin die Arbeitsbedingungen nun der Arbeit gegenüberstehn, zusammen mit ihrem stofflichen Dasein. Die Arbeitsmittel sind dann als solche Kapital, und die Erde als solche ist Grundeigentum. Die formale Verselbständigung dieser Arbeitsbedingungen gegenüber der Arbeit, die besondre Form dieser Verselbständigung, die sie gegenüber der Lohnarbeit besitzen, ist dann eine von ihnen als Dingen, als materielle Produktionsbedingungen untrennbare Eigenschaft, ein ihnen als Produktionselementen notwendig zukommender, immanent eingewachsener Charakter. Ihr durch eine bestimmte Geschichtsepoche bestimmter sozialer Charakter im kapitalistischen Produktionsprozeß ist ein ihnen naturgemäß, und sozusagen von Ewigkeit her, als Elementen des Produktionsprozesses eingeborner dinglicher Charakter.» (MEW 25, S. 833)

Die *sozialen Formbestimmungen* Lohnarbeit, Kapital und Grundeigentum fallen anscheinend mit den *stofflichen Produktionsbedingungen* Arbeit, Produktionsmittel und Erde zusammen, so dass jeder Arbeitsprozess eigentlich schon kapitalistischer Produktionsprozess ist. Marx spricht deshalb von der «Versachlichung der Produktionsverhältnisse» (MEW 25, S. 838): Den Produktionsverhältnissen ist nicht mehr anzusehen, dass es sich um bestimmte historische Verhältnisse zwischen Menschen handelt, diese scheinen vielmehr rein sachlich begründet zu sein, in der Tatsache, dass überhaupt produziert werden soll.

Lohn, Profit und Rente scheinen dann nichts anderes zu sein als die Teile des Produktenwerts, die auf das Wirken von Lohnarbeit, Kapital und Grundeigentum zurückgehen. Dabei ist die Verwandlung von Wert der Arbeitskraft in «Wert der Arbeit» (vgl. Kapital 4.5) fundamental: Eben weil im Lohn anscheinend der «Wert der Arbeit» bezahlt wird, müssen die verbleibenden Wertteile Profit und Rente aus den beiden anderen «Produktionsfaktoren», Kapital und Grundeigentum, entspringen. Und da die Waren nicht zu Werten, sondern zu Produktionspreisen getauscht werden, ist dieser Schein an der einzelnen Ware auch nicht auflösbar. Zwischen der verausgabten Arbeit einerseits, Durchschnittsprofit und Rente andererseits scheint keinerlei Zusammenhang zu bestehen: Der Profit hängt (unter normalen Bedingungen) von der Größe des Kapitals ab, egal ob viele oder wenige Arbeitskräfte beschäftigt werden, und die Rente hängt davon ab, welcher und wie viel Boden benutzt wurde.

Kapital–Profit bzw. Zins, Grundeigentum–Rente, Arbeit–Arbeitslohn: Diese «Trinität» (Dreiheit) als Ausdruck des scheinbaren Zusammenhangs des Werts mit seinen Quellen bezeichnet Marx als *trinitarische Formel*. In ihr, so Marx, ist

«die Mystifikation der kapitalistischen Produktionsweise, die Verdinglichung der gesellschaftlichen Verhältnisse, das unmittelbare Zusammenwachsen der stofflichen Produktionsverhältnisse mit ihrer geschichtlich-sozialen Bestimmtheit vollendet: die verzauberte, verkehrte und auf den Kopf gestellte Welt, wo Monsieur le Capital und Madame la Terre als soziale Charaktere und zugleich unmittelbar als bloße Dinge ihren Spuk treiben.» (MEW 25, S. 838).

«Kapital» und «Boden» erhalten in der kapitalistischen Gesellschaft ähnlich magische Fähigkeiten wie die Holz- oder Stofffetische in den angeblich primitiven Gesellschaften. Auch die Menschen in der bürgerlichen Gesellschaft leben deshalb in einer «verzauberten» Welt, in der es zur «Personifizierung der Sachen» kommt: Subjekte des gesellschaftlichen Prozesses sind nicht die Menschen, sondern Ware, Geld und Kapital. Dabei handelt es sich keineswegs nur um «falsches Bewusstsein». Es ist die gesellschaftliche Praxis der kapitalistischen Gesellschaft, die immer wieder die Verselbstständigung der «Produktionsfaktoren» hervorbringt und den gesellschaftlichen Zusammenhang als einen Sachzwang konstituiert, dem die Einzelnen nur bei Strafe des ökonomischen Untergangs entfliehen können. Insofern besitzen die personifizierten Sachen durchaus materielle Gewalt.

Dem Fetischismus der gesellschaftlichen Verhältnisse unterliegen alle Mitglieder der bürgerlichen Gesellschaft. Dieser Fetischismus schlägt sich in «objektiven Gedankenformen» nieder, welche die Wahrnehmung aller Gesellschaftsmitglieder strukturieren (vgl. Kapitel 3.8). Weder Kapitalisten noch Arbeiter haben eine privilegierte Position, um dem Fetischismus zu entgehen.

Allerdings ist der Fetischismus auch kein völlig in sich geschlossener Verblendungszusammenhang, aus dem es kein Entrinnen gibt. Er bildet vielmehr einen strukturierenden Hintergrund, der stets vorhanden ist, sich auf die Einzelnen aber unterschiedlich stark auswirkt und aufgrund von Erfahrungen und Reflexion auch durchbrochen werden kann.

10.2 Exkurs zum Antisemitismus

Im Vorwort zum «Kapital» schreibt Marx, dass er die «Gestalten von Kapitalist und Grundeigentümer» keineswegs «in rosigem Licht» zeichne, dass es sich um die Personen aber nur insoweit handle, als sie «die Personifikation ökonomischer Kategorien sind», und es daher auch nicht darum gehen könne, «den einzelnen verantwortlich [zu] machen für Verhältnisse, deren Geschöpf er sozial bleibt, sosehr er sich auch subjektiv über sie erheben mag» (MEW 23, S. 16). Wie weiter oben gezeigt wurde (vgl. Kapitel 4.2 oder 5.2), folgen die ökonomischen Akteure einer Rationalität, die ihnen durch die ökonomischen Verhältnisse selbst aufgezwungen ist. So resultiert der beständige Versuch der Kapitalisten, die Kapitalverwertung zu erhöhen (im Normalfall) keineswegs aus einer «übermäßigen Gewinnsucht» der einzelnen Kapitalisten; es ist vielmehr die Konkurrenz, die den einzelnen Kapitalisten, bei Strafe des ökonomischen Untergangs, ein solches Verhalten aufzwingt. Alle, auch diejenigen, die vom Wirken des Kapitalismus profitieren, sind Teil eines großen Räderwerks. Der Kapitalismus erweist sich als eine anonyme Maschine, die keinen Maschinenmeister kennt, der diese Maschine mit seinem Willen lenkt und den man für die von dieser Maschine angerichteten Zerstörungen verantwortlich machen könnte. Will man diese Zerstörungen beenden, reicht es nicht, die Kapitalisten zu kritisieren, es müssen vielmehr die kapitalistischen Strukturen in ihrer Gesamtheit abgeschafft werden.

Mit der «Personifizierung der Sachen und Versachlichung der Produktionsverhältnisse» (MEW 25, S. 838) scheint der Kapitalismus als Ganzer gegen Kritik aber weitgehend immun zu werden. Da die kapitalistische Maschine anscheinend nichts anderes ist als die fortgeschrittenste Gestalt des gesellschaftlichen Lebensprozesses (dass soziale Formbestimmungen vom stofflichen Inhalt nicht mehr geschieden werden können, ist ja gerade das, was die *trinitarische Formel* zum Ausdruck bringt), kann sich die Gesellschaft dieser Maschine gar nicht entziehen; der Unterwerfung unter angeblich unausweichliche «Sachzwänge» ist, so scheint es, nicht zu entkommen; man muss sich mit ihnen abfinden.

Angesichts der Zumutungen des Kapitalismus` – seiner krisenhaften, für die Lebensperspektiven der einzelnen Menschen oft katastrophalen Entwicklung, seiner immer wieder erneuten

Infragestellung aller Lebensverhältnisse – kommt es jedoch immer wieder zu Formen einer borniertten Negation des Fetischismus: Hinter der anonymen kapitalistischen Maschinerie werden «Schuldige» gesucht, die man für die Misere verantwortlich machen kann. Auf ihre Handlungen soll Einfluss genommen werden, im Extremfall sollen sie für die ihnen zugeschriebenen Untaten büßen. So lässt sich in den verschiedenen kapitalistischen Gesellschaften immer wieder eine *Personalisierung der fetischistischen Verhältnisse* feststellen. Dazu gehört auch der *Antisemitismus*, der sich allerdings nicht auf eine solche Personalisierung reduziert.[60]

Im «Kapital» ist Marx weder auf solche Personalisierungen noch auf den Antisemitismus eingegangen. In diesem Abschnitt soll es vor dem Hintergrund der Marxschen Analyse des Fetischismus um eine Auseinandersetzung mit diesen Phänomenen gehen. Dabei stoßen wir allerdings an die Grenzen einer Darstellung der kapitalistischen Produktionsweise «in ihrem idealen Durchschnitt»: Personalisierung und Antisemitismus lassen sich aus den Kategorien der Kritik der politischen Ökonomie keineswegs «ableiten». Die Personalisierung kapitalistischer Verhältnisse kann je nach dem historischen Kontext und den jeweiligen sozialen Strukturen ganz unterschiedliche Formen annehmen, wobei auch mehrere dieser Formen gleichzeitig existieren können.

Eher selten werden «die Kapitalisten» in ihrer Gesamtheit für die jeweilige Misere verantwortlich gemacht. Zu deutlich ist, dass auch Kapitalisten oft genug die Getriebenen sind, die den «Anforderungen des Marktes» gehorchen müssen, wenn sie nicht untergehen wollen. Vor allem für die kleineren und mittleren Kapitalisten scheint dies zu gelten, während den Großkonzernen und «Monopolen» durchaus die Macht zugesprochen wird, sich diesen Anforderungen zu entziehen, bzw. sie überhaupt erst hervorzubringen. Im Resultat wird dann zwischen dem guten Kapitalismus der Kleinen und dem

---

60 Die Begriffe Personifikation, Personifizierung und Personalisierung sind genau auseinander zu halten: *Personifikation* bedeutet, dass eine Person lediglich der Logik einer Sache gehorcht (der Kapitalist als Personifikation des Kapitals), *Personifizierung* einer Sache bedeutet, dass der Sache Eigenschaften einer Person beigelegt werden (das Kapital erscheint als selbsttätiges Subjekt) und *Personalisierung*, dass gesellschaftliche Strukturen auf das bewusste Wirken von Personen reduziert werden.

schlechten, gewissenlosen, ausbeuterischen Kapitalismus der Großen unterschieden, wobei Letztere als die eigentlichen Drahtzieher im Hintergrund gelten.

Eine andere Variante der Personalisierung ist der Verweis auf «die Banken» (eventuell auch «die Spekulanten»), die über Kredite und Aktienbesitz eine große Zahl von Unternehmen kontrollierten und damit die geheimen Lenker der Wirtschaft seien. Hier wird dem guten, industriell-produktiven Kapital das schlechte, geldgierige Finanzkapital gegenübergestellt.

Diese Personalisierungen finden ihre Grundlage in durchaus realen Unterschieden: Die Konkurrenzsituation und der Handlungsspielraum eines Kleinunternehmens sieht in der Regel ganz anders aus als bei einem Großunternehmen; zwischen Banken und Industrieunternehmen gibt es in vielen Fragen erhebliche Interessensunterschiede. Auch lassen sich genügend Beispiele finden, wie die Chefs von Großunternehmen und Banken den Versuch machen, ihre Machtpositionen auszunutzen. Doch können sich Großunternehmen genauso wenig wie Großbanken dauerhaft den Zwangsgesetzen des über den Wert vermittelten ökonomischen Zusammenhangs entziehen. Oft wird Großkonzernen, Banken und Spekulanten zum Vorwurf gemacht, dass sie einzig und allein ihren Profit im Sinn hätten. Nur: Genau darum geht es im Kapitalismus und zwar, unter dem Zwang der Konkurrenz, bei jedem Kapitalisten, ob groß oder klein.

Eine besondere Form der Personalisierung findet im *Antisemitismus* statt. Hier wird «den Juden» einerseits ökonomische Orientierung an Geld und Gewinn zugeschrieben, die in ihrer Wesensart oder – seit dem Aufkommen der «Rassetheorien» im 19. Jahrhundert – in ihrer «Rasse» wurzeln soll, sowie ein unbedingtes Machtstreben bis hin zur Weltherrschaft, das angeblich in weiten Teilen bereits erfolgreich gewesen sei.

Judenhass und Judenverfolgung gab es auch schon in vorbürgerlichen Gesellschaften, vor allem im europäischen Mittelalter. Allerdings gibt es zwischen dem mittelalterlichen Judenhass und dem Antisemitismus des 19. und 20. Jahrhunderts deutliche Unterschiede. Seit den Kreuzzügen (der erste fand 1096 statt) hatte der Judenhass eine stark religiöse Komponente. Die Juden waren zwar schon früher wegen der Kreuzigung Jesu als «Gottesmörder» beschimpft worden, vor allem mit den Kreuzzügen erhielt dieser Vorwurf aber eine neue Qualität: Es verbreitete sich die Meinung, dass man diese «Gottesmörder» eigentlich genauso erschlagen solle, wie die «Muselmanen», die das «Heilige Land» besetzt hielten. In der gleichen Periode wurde für Christen das Verbot, Zinsen zu nehmen, verschärft (III. Laterankonzil 1179) und Juden zugleich eine ganze Reihe von Erwerbszweigen verwehrt (IV. Laterankonzil 1215). Wollten sich Juden nicht taufen lassen, dann blieben ihnen vor allem Handel und Geldverleih als Erwerbsquellen übrig.

In vorbürgerlichen Gesellschaften gab es zwar auch Tausch und Geld, diese spielten aber nur eine untergeordnete Rolle. Ausbeutung und Herrschaft vermittelten sich über direkte, persönliche Gewalt- und Abhängigkeitsverhältnisse (Abhängigkeit der Sklaven von ihrem Besitzer, der leibeigenen oder zu Frondiensten verpflichteten Bauern vom Grundherren etc.). Die Ausbreitung von Tausch und Geld unterminierte die vorbürgerlichen Verhältnisse und steigerte dabei das Elend der Unterschichten, wobei die Verelendung häufig durch Verschuldung bei einem kleinen Geldverleiher eingeleitet wurde.

Adel und Fürsten nahmen die Dienste der großen jüdischen Bankiers in Anspruch. Diese erhielten dafür zwar eine privilegierte Stellung am Hof, wurden aber auch schnell das Objekt des allgemeinen Neids und für politische und finanzielle Schwierigkeiten verantwortlich gemacht.

Juden waren im Mittelalter und der frühen Neuzeit nicht die Einzigen, die mit Handel und Geldverleih beschäftigt waren, sie waren aber über die Jahrhunderte hinweg durch eine erzwungene Kleiderordnung, das Wohnen in Ghettos und die Nicht-Teilnahme an den christlichen Festen als «fremde» Gruppe deutlich sichtbar. Es fiel daher leicht, sie mit der zerstörerischen Macht von Geld und Zins zu identifizieren, unabhängig davon, ob man selbst von dieser zerstörerischen Macht betroffen war und überhaupt Kontakt zu Juden hatte. Die Juden wurden zum Objekt eines weit verbreiteten Hasses, der zusätzlich durch die abenteuerlichsten Gerüchte, etwa über angebliche Ritualmorde an christlichen Kindern, angestachelt wurde. Seit dem Hochmittelalter entlud sich dieser Judenhass immer wieder in Pogromen und Vertreibungen, oft mit Billigung von Kirche, Fürsten oder städtischer Oberschicht. Am Ende bedienten sich dann Untere wie Obere am Vermögen der Juden.

Für den modernen Antisemitismus spielt das religiöse Moment keine bedeutsame Rolle. In einer zunehmend säkularisierten Welt kann die «falsche» Religion kein entscheidendes

Kriterium mehr sein. Allerdings erhält das, was «den Juden» als ökonomisches Verhalten zugeschrieben wird, nämlich einzig an Geld und Gewinn interessiert zu sein, aufgrund der Macht des Geldes, selbst nicht arbeiten zu müssen, sondern von der Arbeit anderer zu leben, ein ganz neues Gewicht. Geld, Kapitalverwertung, Profitmaximierung und Zins spielen nicht nur am Rande der Gesellschaft eine Rolle, sie sind konstitutiv für die kapitalistische Produktionsweise. Damit unterscheidet sich der Antisemitismus der bürgerlich-kapitalistischen Gesellschaft grundsätzlich von allen anderen Diskriminierungen, Vorurteilen und Zuschreibungen. Sowohl in der bürgerlichen als auch in den vorbürgerlichen Gesellschaften wurden und werden auch andere Gruppen diskriminiert und es werden ihnen besondere Verhaltensweisen oder Fähigkeiten zugeschrieben (besondere Verschlagenheit, aggressive sexuelle Potenz etc.). Aber nur im modernen Antisemitismus werden *zentrale Konstitutionsprinzipien der eigenen Gesellschaft «nach außen», auf eine «fremde» Gruppe projiziert.*[61] Dabei beschränkt sich die Projektion nicht auf den ökonomischen Bereich, sondern auch kulturelle Charakteristika der modernen bürgerlichen Gesellschaft (Intellektualität, Mobilität etc.) werden «den Juden» im Übermaß zugeschrieben und zugleich als dekadent abgewertet.

Und schließlich gilt die Fremdheit, die im antisemitischen Denken den Juden auszeichnet, als eine prinzipielle, die jeder Gemeinschaft entgegenstehe. Zwar gilt z.B. auch ein Türke in Deutschland als fremd, aber nur deshalb, weil er (angeblich) einer *anderen* Gemeinschaft angehört. Die Juden werden im Antisemitismus aber nicht einfach als Angehörige einer anderen Gemeinschaft wahrgenommen, sondern als Zersetzer und Zerstörer jeder Gemeinschaft.

Beschränken wir uns auf die Ökonomie, dann kann man die antisemitischen Stereotypen werttheoretisch auf unterschiedlichen Ebenen festmachen: Die aus vorkapitalistischen Verhält-

---

[61] Dass mit dem Aufkommen der «Rassentheorien» im späten 19. Jahrhundert der Antisemitismus «rassentheoretisch» begründet wurde, scheint mir als Charakteristik des Antisemitismus demgegenüber von geringerer Bedeutung und eher der Wissenschaftsgläubigkeit des 19. Jahrhundert geschuldet zu sein: Der Antisemitismus sollte ein wissenschaftliches Mäntelchen erhalten. Wirksam war der moderne Antisemitismus jedenfalls sowohl vor dem Aufkommen der «Rassetheorien» als auch nach ihrer Diskreditierung.

nissen überkommenen Vorstellungen von der «jüdischen Krämerseele», die im Handel noch dem kleinsten Vorteil hinterher jage und als «Wucherer» den Schuldner gnadenlos ins Unglück stürze, verbleiben im Grunde (auch wenn es um Zins geht) auf der Ebene der einfachen Zirkulation von Ware und Geld. Die Gewalt des im Geld verselbstständigten Werts, welcher der konkreten Arbeit und dem Gebrauchswert gegenübersteht, wird auf «die Juden» als von ihnen ausgehender Gewalt projiziert. Es ist der unbegriffene Geldfetisch, der hier personalisiert wird.

Mit der insbesondere vom Nationalsozialismus gepredigten Entgegensetzung von «schaffendem» (nicht-jüdischem) und «raffendem» (jüdischem) Kapital, wobei letzteres das erste mittels Banken und Börse im Würgegriff habe, wird der Gegensatz von im Geld verselbstständigtem Wert und konkreter Arbeit auf die Ebene des Gesamtprozesses kapitalistischer Reproduktion verschoben. Es ist der *Kapitalfetisch* in seiner entwickeltsten Gestalt als zinstragendes Kapital, der hier personalisiert wird. In Kapitel 8.1 wurde gezeigt, wie der Zins als anscheinend originäre Frucht des Kapitals den Unternehmergewinn zur Frucht unternehmerischer Arbeit macht und damit die fungierenden Kapitalisten auf eine besondere Kategorie von Arbeitern reduziert. Auf diesem Schein baut die Personalisierung auf, um die es hier geht. Die Trennung von Zins und Unternehmergewinn wird nicht in Frage gestellt, sondern die mysteriöse Kraft des Kapitals, den Zins hervorzubringen: Es sind jetzt «die Juden», die die wirklich Arbeitenden, ob nun Unternehmer oder Arbeiter, in «Zinsknechtschaft» halten und als Nicht-Arbeiter selbst nichts anderes als «Schmarotzer» sind.[62]

Indem «die Juden» im antisemitischen Denken als die wirklichen Kapitalisten ausfindig gemacht wurden, lassen sie sich für alle Übel und alle Umwälzungen verantwortlich machen, die der Kapitalismus hervorbringt. Zugleich erscheinen sie damit aber auch als übermächtig: Über die Banken und die Börse beherrschen sie die großen Unternehmen, mit ihrem Geld können sie die Presse kaufen (was angeblich durch jeden

---

[62] Der Antisemitismus in dieser Gestalt baut auf einer verkürzten und schiefen Kapitalismuskritik auf. Doch ist nicht jede verkürzte Kapitalismuskritik, die z.B. in der Rolle der Finanzmärkte den Grund allen kapitalistischen Übels sieht, schon antisemitisch. Allerdings bieten solche schiefen Kritiken einfache Anschlusspunkte für antisemitische Stereotype.

Zeitungsartikel, der sich gegen antisemitisches Denken richtet, bewiesen wird) und schließlich beeinflussen sie auch Parteien und Regierungen. Gleichzeitig gelten «die Juden» als heimatlos und als nirgendwo verwurzelt, aber mit weltweiten Verbindungen zu Ihresgleichen. Diese beiden Stereotypen, die Übermacht der Juden und ihre Wurzellosigkeit, führt im antisemitischen Denken dann zu einem dritten Stereotyp: der «jüdischen Weltverschwörung» (zu der häufig auch noch der «jüdische Kommunismus» gerechnet wurde). Den Juden wird unterstellt, dass sie die Weltherrschaft anstrebten und diesem Ziel auch schon recht nah gekommen seien. Alle Bedrohungen, die von anonymen, unfassbaren Mächten ausgehen, vom Geld, vom Kapital, vom Weltmarkt, erhalten jetzt ein Gesicht: es ist die Bedrohung durch das «Weltjudentum».

Mit dieser allgemeinen Bestimmung des Antisemitismus ist allerdings noch nichts darüber ausgesagt, ob und in welchem Umfang Antisemitismus tatsächlich verbreitet ist. Dass die Personalisierung kapitalistischer Verhältnisse den an diesen Verhältnissen leidenden Individuen eine Entlastung verschafft, heißt nicht, dass sie mit Notwendigkeit zu dieser Entlastung greifen, und wenn sie es tun, ist nicht gesagt, dass die verwendeten Personalisierungen immer einen antisemitischen Charakter haben.[63] Und erst recht ist auf der allgemeinen Argumentationsebene des Marxschen «Kapital», auf der sich auch die vorangegangenen Überlegungen bewegten, keine Aussage darüber möglich, in welcher Weise sich der Antisemitismus gesellschaftlich auswirkt, welches Ausmaß von Unheil er anrichtet.[64]

---

63 Deshalb ist es durchaus plausibel sich den von der bürgerlichen Gesellschaft hervorgebrachten psychischen Strukturen zuzuwenden, wenn man Genaueres über die Verbreitung des Antisemitismus erfahren will. Auf diese von Horkheimer/Adorno sowie von Wilhelm Reich bereits in den 1930er Jahren angestoßene Debatte kann hier aber nicht eingegangen werden.
64 Der Gefahr einer solchen vorschnellen Eindeutigkeit erliegt Moishe Postone in seinem Aufsatz «Nationalsozialismus und Antisemitismus»: Er suggeriert einen direkten und zwangsläufigen Weg vom Warenfetisch bis nach Auschwitz.

10.3 Klassen, Klassenkampf und Geschichtsdeterminismus

Viele Strömungen des traditionellen Marxismus verstanden die Marxsche Kapitalanalyse in erster Linie als Klassenanalyse, als Untersuchung des Kampfes zwischen Bourgeoisie und Proletariat. Den meisten der heutigen Konservativen und Liberalen gelten die Begriffe «Klassen» und insbesondere «Klassenkampf» als «ideologisch», was so viel heißen soll wie «unwissenschaftlich». In der Regel sind es meistens Linke, die diese Begriffe benutzen. Allerdings ist die Rede von Klassen keineswegs spezifisch für Marx. Schon vor Marx sprachen bürgerliche Historiker von Klassen und Klassenkampf und David Ricardo, der wichtigste Vertreter der klassischen politischen Ökonomie, stellte die fundamental gegensätzlichen Interessen der drei großen Klassen der kapitalistischen Gesellschaften (Kapitalisten, Grundeigentümer, Arbeiter) heraus.

Klassen und Klassenkampf bildeten für Marx vor allem im «Kommunistischen Manifest» (1848) den zentralen Bezugspunkt seiner Argumentation. Dort findet sich gleich zu Beginn der berühmte Satz «Die Geschichte aller bisherigen Gesellschaft ist die Geschichte von Klassenkämpfen» (MEW 4, S. 462). Worin Marx seinen eigenen Beitrag zur Klassentheorie sah, fasste er 1852 in einem Brief an seinen Freund Weydemeyer zusammen. Marx betont, er habe keineswegs die Existenz der Klassen oder deren Kampf entdeckt. Aber er habe nachgewiesen, dass 1. «die *Existenz der Klassen* bloß an *bestimmte historische Entwicklungsphasen der Produktion* gebunden ist; 2. dass der Klassenkampf notwendig zur *Diktatur des Proletariats* führt; 3. dass diese Diktatur selbst nur den Übergang zur *Aufhebung aller Klassen* und zu einer *klassenlosen Gesellschaft* bildet» (MEW 28, S. 508; das Wort «Diktatur» meint hier nicht eine autoritäre Herrschaftsform, sondern einfach nur Klassenherrschaft, unabhängig von ihrer politischen Form). Die Punkte 2. und 3. klingen sehr *deterministisch*, die Geschichte scheint – vom Klassenkampf vorangetrieben – auf ein bestimmtes Ziel hinzusteuern, eine Auffassung, die man auch im «Kommunistischen Manifest» findet.

Im «Kapital» spricht Marx zwar immer wieder von Klassen, es findet sich aber kein Versuch einer systematischen Behandlung oder auch nur einer Definition. Erst ganz am Ende des dritten Bandes begann Marx mit einem Abschnitt über die

Klassen und genau hier bricht das Manuskript nach wenigen Sätzen ab. Aus dieser Anordnung kann man entnehmen, dass eine systematische Behandlung von Klassen nicht die Voraussetzung seiner Darstellung bildet, sondern als Resultat an ihrem Ende stehen sollte.

Im folgenden soll nicht darüber spekuliert werden, was Marx in den ungeschriebenen Abschnitt über die Klassen vielleicht alles aufnehmen wollte. Vielmehr soll auf Grundlage der voran gegangenen Kapitel zusammengefasst werden, was sich über Klassen und Klassenkampf aussagen lässt. Der folgende Abschnitt ist also sehr stark von der hier skizzierten Auffassung der Kritik der politischen Ökonomie abhängig (vgl. einführend zur Marxschen Klassentheorie Kößler/Wienold 2001, S. 199ff; zu unterschiedlichen klassentheoretischen Auffassungen vgl. z.B. die Beiträge in Fantômas Nr. 4, 2003 sowie meine Kontroverse mit Karl Reitter 2004, Heinrich 2004a).

Von gesellschaftlichen Klassen lässt sich in zwei verschiedenen Bedeutungen sprechen. In einem *strukturellen* Sinn bestimmen sich Klassen durch ihre Stellung im gesellschaftlichen Produktionsprozess. Insofern kann jemand einer Klasse angehören, auch wenn sich die betreffende Person nicht darüber im Klaren ist. Davon zu unterscheiden sind Klassen in einem *historischen* Sinn. Dabei handelt es sich um soziale Gruppen, die sich in einer bestimmten historischen Situation selbst als Klassen im Unterschied zu anderen Klassen begreifen, die Mitglieder der Klasse zeichnen sich durch ein gemeinsames «Klassenbewusstsein» aus.

Im «Kapital» verwendet Marx den Klassenbegriff überwiegend im strukturellen Sinn. So wenn er feststellt, dass dem Kapitalverhältnis ein bestimmtes Klassenverhältnis zugrunde liegt: die Besitzer von Geld und Produktionsmitteln einerseits, die im doppelten Sinne «freien» Arbeiter und Arbeiterinnen andererseits (vgl. oben Kapitel 4.3). Als Mittelklassen oder auch Kleinbürgertum bezeichnete Marx Gruppen, die weder Bourgeois noch Proletarier sind, vor allem kleine Selbstständige wie Handwerker, kleine Händler oder kleine Bauern.

Klassen im strukturellen Sinn dürfen nicht mit ihren jeweiligen historischen Ausprägungen identifiziert werden: zum Kapitalisten gehört nicht notwendigerweise Zigarre und Chauffeur, genauso wenig wie sich Proletarier auf Industriearbeiter reduzieren, die in einer Arbeitersiedlung wohnen. Die Auflösung solcher Stereotypen ist kein Beleg für das Ende der

Klassen, sondern lediglich für eine Veränderung ihrer historischen Gestalt.

Wer im strukturellen Sinn zu welcher Klasse gehört, lässt sich auch nicht durch formelle Eigenschaften bestimmen, wie etwa die Existenz eines Lohnarbeitsverhältnisses, sondern nur durch die Stellung innerhalb des Produktionsprozesses. Genauer gesagt: sie lässt sich nur auf der Ebene des «Gesamtprozesses des Kapitals» bestimmen, die Marx im dritten Band erreicht, wo die Einheit von Produktions- und Zirkulationsprozess bereits vorausgesetzt wird (vgl. oben den Anfang von Kapitel 7). Auf dieser Ebene wird klar, dass es keineswegs nur Besitz oder Nicht-Besitz von Produktionsmitteln ist, der über die Klassenzugehörigkeit entscheidet. Der Vorstandsvorsitzende einer Aktiengesellschaft mag formell ein Lohnarbeiter sein, tatsächlich ist er «fungierender Kapitalist», er verfügt über Kapital (auch wenn es nicht sein Eigentum ist), organisiert die Ausbeutung und seine «Bezahlung» richtet sich nicht am Wert seiner Arbeitskraft aus sondern am produzierten Profit. Dagegen sind viele formell Selbstständige (die vielleicht sogar einige kleine Produktionsmittel besitzen) nach wie vor Proletarier, die de facto vom Verkauf ihrer Arbeitskraft leben, nur dass dies eventuell unter schlechteren Bedingungen erfolgt, als bei einem formellen Lohnarbeitsverhältnis.

Zwar unterscheiden sich die Lebensumstände (Einkommen, Bildung bis hin zur Lebenserwartung) der strukturell bestimmten Klassen «Bourgeoisie» und «Proletariat» auch heute noch erheblich, aber auch innerhalb des «Proletariats» gibt es eine große Spannbreite ganz unterschiedlicher Lebensrealitäten (bei Arbeit, Einkommen und Bildung genauso wie beim Freizeit- und Konsumverhalten). Dass sich eine gemeinsame Klassenlage in ein gemeinsames Bewusstsein und Handeln umsetzt, sich die strukturell bestimmte Klasse in eine historisch-soziale Klasse verwandelt, ist daher alles andere als sicher: es kann passieren oder auch nicht.

Aber auch wenn sich das (strukturell bestimmte) Proletariat oder Teile davon in eine historische Klasse verwandelt und Klassenbewusstsein entwickelt, heißt das nicht automatisch, dass zu diesem Klassenbewusstsein auch die Vorstellung einer emanzipatorischen Überwindung des Kapitalverhältnisses gehört. Auch das klassenbewusste Proletariat ist nicht automatisch «revolutionär».

Im kapitalistischen Produktionsprozess stehen sich Bourgeoisie und Proletariat direkt gegenüber, die Ausbeutung des

Proletariats ermöglicht erst die Existenz des Kapitals als sich verwertender Wert. Die konkreten Bedingungen, unter denen sich die Kapitalverwertung vollzieht, sind stets umkämpft: der Wert der Arbeitskraft muss für die normale Reproduktion reichen, was aber als normal gilt, hängt auch davon ab, welche Ansprüche die Arbeiterklasse durchsetzen kann (vgl. Kapitel 4.4). Ebenso umkämpft sind die Länge des Arbeitszeit (vgl. Kapitel 5.1) und die jeweiligen Bedingungen, unter denen sich der Produktionsprozess abspielt (vgl. Kapitel 5.4). Insofern existiert mit dem Kapitalverhältnis immer auch der *Klassenkampf*, ob er nun so genannt wird oder nicht. Und insbesondere in Klassenkämpfen kann sich bei den Kämpfenden Klassenbewusstsein herausbilden, das aber je nach den historischen Umständen ganz unterschiedlich aussehen kann.

Klassenkämpfe nehmen nicht nur die Form einer unmittelbaren Konfrontation von Bourgeoisie und Proletariat an, sie können sich auch auf den Staat beziehen, indem dieser durch staatliche Gesetze bestimmte Positionen festschreiben oder beseitigen soll (Arbeitszeitbegrenzungen, Kündigungsschutz, soziale Absicherung etc.). Klassenkonflikte sind allerdings nicht die einzigen maßgeblichen Konfliktlinien in kapitalistischen Gesellschaften. Für die gesellschaftliche Entwicklung sind Konflikte um Geschlechterpositionen, rassistische Unterdrückung oder den Umgang mit Migrationsbewegungen ebenfalls von erheblicher Bedeutung.

Der traditionelle Marxismus betrachtete Klassenkonflikte oft als die einzig wirklich wichtigen gesellschaftlichen Auseinandersetzungen. Der italienische «Operaismus», eine in den 60er Jahren entstandene linksradikale Strömung, sah in Klassenkämpfen sogar den entscheidenden Faktor für die kapitalistischen Krisen. Dass die erfolgreiche Durchsetzung von Ansprüchen der Arbeiterklasse Krisen verstärken oder auslösen kann, ist nicht zu bestreiten. Gerade bürgerliche Ökonomen, wie die modernen Neoklassiker, stellen im Grunde diesen Zusammenhang heraus, wenn sie zu hohe Löhne, zu starke Gewerkschaften und (zu arbeitnehmerfreundliche) Regulierungen des Arbeitsmarktes als Ursachen von Krise und Arbeitslosigkeit anführen. Für die Analyse der Entwicklung des Kapitalismus in einem bestimmten Land während einer bestimmten historischen Periode sind Ausmaß und Formen des Klassenkampfs ohne Zweifel wichtige Größen. Wenn jedoch auf der Ebene der Darstellung der kapitalistischen Produktionsweise «in ihrem idealen Durchschnitt» (d.h. auf der Darstellungsebene des Marxschen «Kapital» vgl. oben Kapitel 2.1) Krisen auf Klassenkämpfe reduziert werden, wird der entscheidende Punkt der Marxschen Krisentheorie verfehlt. Denn Marx wollte gerade zeigen, dass es dem Kapital immanente Krisentendenzen gibt, die ganz unabhängig vom Stand der Klassenkämpfe zu Krisen führen. Das heißt, auch wenn der Klassenkampf weitgehend still gestellt wäre, käme es immer noch zu Krisen.

Klassenkämpfe sind zunächst einmal Kämpfe *innerhalb* des Kapitalismus: das Proletariat kämpft um seine Existenzbedingungen *als Proletariat*, es geht um höhere Löhne, bessere Arbeitsbedingungen, Festschreibung von Rechtspositionen etc. Insofern sind Klassenkämpfe kein Anzeichen einer besonderen Schwäche des Kapitals oder gar einer bevorstehenden Revolution, sondern die normale Bewegungsform der Auseinandersetzung von Bourgeoisie und Proletariat. Auch die Begründungen der aufgestellten Forderungen bleiben meistens innerhalb des von der trinitarischen Formel abgesteckten Rahmens: wird ein «gerechter» Lohn gefordert, dann wird einer solchen Forderung genau die Irrationalität der Lohnform (nämlich Lohn als Bezahlung des Werts der Arbeit und nicht als Bezahlung des Werts der Arbeitskraft, vgl. oben Kapitel 4.5) zugrunde gelegt, von der schon Marx festgestellt hatte, dass sie die Grundlage aller Rechtsvorstellungen des Arbeiters wie des Kapitalisten bilde (MEW 23, S. 562). Das heißt, wenn sich in der bürgerlichen Gesellschaft die Menschen, seien es nun Arbeiter und Arbeiterinnen oder Kapitalisten, über ihre Interessen klar zu werden versuchen, dann tun sie dies zunächst einmal in den fetischisierten Denk- und Wahrnehmungsformen, die das spontane Alltagsbewusstsein beherrschen.

Allerdings besitzen Klassenkämpfe auch eine Eigendynamik. Sie können zu Lern- und Radikalisierungsprozessen führen, bei denen auch das kapitalistische System als Ganzes in Frage gestellt wird. Der Fetischismus ist eben nicht undurchdringlich. Vor allem in der Durchsetzungsphase des modernen Industriekapitalismus wurde auf vom Proletariat geführte Kämpfe oft mit brutaler staatlicher Unterdrückung reagiert (z.B. Verbot von Gewerkschaften und Streiks, Verfolgung von Aktivisten), wodurch Radikalisierungsprozesse häufig noch verstärkt wurden. Im Vergleich zum 19. und frühen 20. Jahrhundert ist diese unmittelbare Repression in vielen Ländern zurückgegangen (in einer Reihe von Ländern spielt sie allerdings immer noch eine bedeutende Rolle). Heute gibt es in den führenden kapitalistischen Ländern eine mehr oder wenige starke gesetzliche Regulation der Formen, in denen sich die direkte Auseinandersetzung zwischen Bourgeoisie und Proletariat abspielt: der Klassenkampf soll zwar stattfinden können, aber ohne systemgefährdend zu werden (so ist z.B. in Deutschland das Streik- und Koalitionsrecht gesetzlich garantiert, aber auch das Recht der Unternehmer auf Aussperrung; garantiert ist ebenfalls die Tarifautonomie, verboten ist aber der politische Streik). D.h. bestimmte Kampfformen sind von direkter staatlicher Repression weitgehend frei, andere werden dafür um so stärker verfolgt.

In der Geschichte des Marxismus kam es im Zusammenhang mit Klassen und Klassenkampf häufig zu zwei Fehlschlüssen. Zum einen wurde von der Klassenlage auf ein Klassenbewusstsein geschlossen, das sich notwendigerweise über kurz oder lang entwickeln würde; und zum anderen wurde angenommen, dass dieses Klassenbewusstsein einen mehr oder weniger «revolutionären» Inhalt haben müsse. Deshalb wurde nicht selten jeder auftretende Klassenkampf als Vorbote eines bald einsetzenden revolutionären Endkampfes gedeutet. Es wurde unterstellt, dass sich das Proletariat im Lauf der Entwicklung des Kapitalismus notwendigerweise zur klassenbewussten, revolutionären Klasse entwickeln würde. In der Geschichte gab es zwar einzelne Situationen, in denen Teile des Proletariats revolutionär agierten, doch waren solche Situationen nicht Ergebnis einer allgemeinen Tendenz der Entwicklung des Proletariats zur revolutionären Klasse sondern Ausdruck der konkreten historischen Umstände (z.B. in Deutschland 1918 des verlorenen Krieges und des Legitimationsverlustes der bis dahin bestimmenden aristokratisch-militaristischen Kreise). Dass Teile des Proletariats revolutionär orientiert waren, blieb deshalb auch stets eine nur vorübergehende Erscheinung.

Viele marxistische «Klassenanalysen», die sich um die Frage drehten, «wer gehört zum Proletariat?», gingen aber von der Vorstellung einer notwendigen Entwicklung des Proletariats zur revolutionären Klasse aus. Mit dem analytisch bestimmten Proletariat glaubte man, das «revolutionäre Subjekt» gefunden zu haben. Sofern die realen Proletarier sich über ihre Rolle nicht im Klaren waren, sollte ihnen auf die Sprünge geholfen werden – meistens durch die «Partei der Arbeiterklasse», ein Titel, um den sich üblicherweise mehrere Kandidaten erbitterte Gefechte lieferten.

Auch bei Marx kann man die beiden genannten Fehlschlüsse und eine darauf aufbauende deterministische Auffassung der Geschichte finden, vor allem im «Kommunistischen Manifest» – also gerade in dem Text, der im traditionellen Marxismus und in den verschiedenen Arbeiterparteien stets eine wichtige Rolle spielte.

Im «Kapital» ist Marx erheblich vorsichtiger. Allerdings gibt es auch dort einen Nachhall des früheren Geschichtsdeterminismus. Am Ende des ersten Bandes skizziert Marx ganz knapp auf drei Druckseiten die «Geschichtliche Tendenz der kapitalistischen Akkumulation» (so der Titel dieses Abschnitts). Zunächst fasst er die Entstehung der kapitalistischen Produktionsweise als Enteignung der einzelnen kleinen Produzenten (der kleinen Bauern und Handwerker) zusammen. Im Zuge der sog. «ursprünglichen Akkumulation» verlieren sie ihr Eigentum an den Produktionsmitteln, so dass sie gezwungen sind, ihre Arbeitskraft an die Kapitalisten zu verkaufen. Auf kapitalistischer Grundlage setzt dann eine fundamentale Umwandlung des Produktionsprozesses ein: aus Kleinbetrieben werden Großbetriebe, es findet Konzentration und Zentralisation des Kapitals statt, Wissenschaft und Technik werden systematisch eingesetzt, die Produktionsmittel werden ökonomisiert und die nationalen Ökonomien werden in den Weltmarkt integriert. Marx fährt dann fort:

«Mit der beständig abnehmenden Zahl der Kapitalmagnaten, welche alle Vorteile dieses Umwandlungsprozesses usurpieren [vereinnahmen, M.H.] und monopolisieren, wächst die Masse des Elends, des Drucks, der Knechtschaft, der Entartung, der Ausbeutung, aber auch die Empörung der stets anschwellenden und durch den Mechanismus des kapitalistischen Produktionsprozesses selbst geschulten, vereinten und organisierten Arbeiterklasse. Das Kapitalmonopol wird zur Fessel der Produktionsweise, die mit und unter ihm aufgeblüht ist. Die Zentralisation der Produktionsmittel und die Vergesellschaftung der Arbeit erreichen einen Punkt, wo sie unverträglich werden mit ihrer kapitalistischen Hülle. Sie wird gesprengt. Die Stunde des kapitalistischen Privateigentums schlägt. Die Expropriateurs [wörtlich: die Enteigner, M.H.] werden expropriiert [enteignet, M.H.].» (MEW 23, S. 790f)

In dieser Skizze erscheint die Entwicklung des Proletariats zur revolutionären Klasse und der Sturz der Herrschaft des

Kapitals als ein unausweichlicher Prozess. Und hier zitiert Marx in einer Fußnote auch das «Kommunistisches Manifest», wo es über die Bourgeoisie heißt: «Ihr Untergang und der Sieg des Proletariats sind gleich unvermeidlich» (MEW 23, S. 791, Fn. 252).

In der frühen Arbeiterbewegung wurden solche Botschaften gerne aufgenommen, machte man doch tagtäglich die Erfahrung, dass man von eben jener bürgerlichen Gesellschaft, um deren unausweichliches Ende es hier ging, ausgeschlossen und gedemütigt wurde. In der sozialdemokratischen Presse vor dem 1. Weltkrieg und später in der kommunistischen wurde dieser dreiseitige Abschnitt aus dem ersten Band des «Kapital» abgedruckt und häufig zitiert, so dass er die Vorstellung, worum es in Marxschen Analyse gehen würde, wesentlich prägte.

Allerdings sind diese Prognosen durch Marx' eigene Untersuchung überhaupt nicht gedeckt. Inwiefern das Kapitalmonopol «zur Fessel der Produktionsweise, die mit und unter ihm aufgeblüht ist» geworden sei, ist nicht klar. Dass die Früchte und sozialen Kosten der kapitalistischen Entwicklung so extrem ungleich verteilt werden, ist kein Hindernis der kapitalistischen Entwicklung, sondern – wie gerade die Marxsche Analyse deutlich machte – deren ureigene Bewegungsform. Und dass das Proletariat mit der Durchsetzung der kapitalistischen Produktionsweise zahlenmäßig zunimmt und durch die große Industrie in gewisser Weise «vereint» und «geschult» wird (etwa insofern als sich das Proletariat gewerkschaftlich und politisch in irgendeiner Weise organisieren musste, um als Proletariat überhaupt existieren zu können), ist zwar richtig, doch dass dies auf die unausweichliche Bildung einer revolutionären Klasse hinausläuft, folgt keineswegs aus der Marxschen Analyse. Ganz im Gegenteil, liefert das «Kapital» doch die Elemente, um zu verstehen, warum revolutionäre Entwicklungen so selten sind, warum die «Empörung», von der im Zitat die Rede ist, nicht gleich zum Kampf gegen den Kapitalismus führt: Mit der Analyse des Fetischismus, der Irrationalität der Lohnform und der trinitarischen Formel hatte Marx gezeigt, wie die kapitalistische Produktionsweise ein Bild von sich selbst hervorbringt, in welchem die gesellschaftlichen Beziehungen verdinglicht sind, wo kapitalistische Produktionsverhältnisse anscheinend aus den Bedingungen jeder Produktion entspringen, so dass es dann auch nur um Veränderungen innerhalb der kapitalistischen Verhältnisse gehen kann. Eine revolutionäre Entwicklung kann sich ergeben, sie ist nicht ausgeschlossen, aber sie ist alles andere als ein zwangsläufiges Resultat.

Marx zog in dem erwähnten Abschnitt Folgerungen, die auf einen Geschichtsdeterminismus hinauslaufen, der durch seine kategoriale Darstellung nicht begründet ist. Insofern ist dieser Abschnitt eher Ausdruck seiner Hoffnungen als seiner Analyse; der revolutionäre Enthusiasmus siegte hier über den kühlen Wissenschaftler. Die Darstellung der kapitalistischen Produktionsweise selbst ist jedoch an keiner Stelle von diesen fragwürdigen Folgerungen abhängig. Zum Verständnis der kapitalistischen Produktionsweise liefert das «Kapital» nach wie vor den besten Beitrag. Ob und wie diese Produktionsweise an ihr Ende kommt, lässt sich *vorab* jedoch nicht bestimmen. Hier gibt es keine Gewissheiten, sondern nur einen Kampf mit offenem Ausgang.

11. Staat und Kapital

Als Marx Ende der 1850er Jahre eine umfassende Kritik der politischen Ökonomie in Angriff nahm, wollte er auch ein Buch über den Staat schreiben. Insgesamt plante er sechs Bücher: über Kapital, Grundeigentum, Lohnarbeit, Staat, auswärtigen Handel und Weltmarkt (vgl. MEW 13, S. 7). Die drei Bände des «Kapital» umfassen vom Stoffumfang her etwa die drei ersten Bücher. Das geplante Buch zum Staat wurde nie geschrieben; im «Kapital» gibt es nur vereinzelte Bemerkungen zum Staat. Einige allgemeine Elemente einer Staatstheorie finden sich in den Spätschriften von Engels, dem «Anti-Dühring» (1878) und vor allem in «Der Ursprung der Familie, des Privateigentums und des Staates» (1884). Im 20. Jahrhundert gab es unter Marxisten zwar eine breite staatstheoretische Debatte, doch führte sie nicht zu einem gemeinsamen Staatsverständnis.[65] Im Folgenden soll keineswegs der Versuch unternommen werden, eine kurzgefasste «marxistische Staatstheorie» zu liefern. Vielmehr soll an einigen grundsätzlichen Punkten deutlich gemacht werden, dass es vor dem Hintergrund der Kritik der politischen Ökonomie nicht allein um eine zur bürgerlichen Theorie des Staates alternative Theorie geht, sondern vor allem um eine Kritik der Politik. Damit ist nicht eine Kritik bestimmter Politiken gemeint, sondern eine Kritik von Staat und Politik als sozialen Formen, d.h. als einer bestimmten Weise, den gesellschaftlichen Zusammenhang zu vermitteln.

11.1 Der Staat – ein Instrument der herrschenden Klasse?

Vor allem zwei von Marx und Engels angesprochene Punkte prägten die nachfolgenden staatstheoretischen Diskussionen erheblich. Zum einen die Rede von «Basis» und «Überbau», zum anderen die Auffassung des Staates als Instrument der herrschenden Klasse.

---

65 Aus der Fülle der Beiträge seien hier nur einige wenige genannt: Lenin (1917a), Paschukanis (1924), Gramsci (1929-'35). Althusser (1970), Agnoli (1975), Poulantzas (1977), Gerstenberger (1990), für eine erste kurze Einführung in die Debatte siehe Stützle (2003).

Im Vorwort von «Zur Kritik der politischen Ökonomie. Erstes Heft» (1859), fasste Marx auf etwa eineinhalb Druckseiten ganz kurz seine allgemeine Sicht der Gesellschaft zusammen. Die ökonomische Struktur der Gesellschaft bezeichnete er dort als «die reale Basis, worauf sich ein juristischer und politischer Überbau erhebt» und betonte, dass «Rechtsverhältnisse wie Staatsformen weder aus sich selbst zu begreifen sind noch aus der sogenannten Entwicklung des menschlichen Geistes, sondern vielmehr in den materiellen Lebensverhältnissen wurzeln» (MEW 13, S. 8).

Damit war die von Marxisten später viel benutzte Rede von «Basis» und «Überbau», die bei Marx ansonsten sehr selten vorkommt, in die Debatte eingeführt. Im traditionellen Marxismus und Marxismus-Leninismus gelten die knappen Aussagen dieses Vorworts als eines der grundlegendsten Dokumente des «historischen Materialismus». Häufig wurde gefolgert, dass die ökonomische «Basis» den politischen «Überbau» (Staat, Recht, Ideologie) im Wesentlichen bestimme und jedes Phänomen des «Überbaus» eine Ursache in der ökonomischen «Basis» haben müsse. Diese simple Reduktion auf ökonomische Ursachen und Interessen bezeichnet man als *Ökonomismus*.

Viele Diskussionen unter Marxisten drehten sich darum, inwieweit die «Basis» den «Überbau» nun tatsächlich bestimmt. In dem Versuch, aus diesem Vorwort endgültige wissenschaftliche Ergebnisse herauszulesen, wurde aber oft übersehen, dass es Marx zunächst einmal nur um eine Abgrenzung zu der zu seiner Zeit vorherrschenden Staatsdiskussion ging, die den Staat unabhängig von allen ökonomischen Verhältnissen betrachtete. Demgegenüber betonte Marx, dass man Staat und Recht eben nicht aus sich selbst heraus begreifen könne, sondern immer vor dem Hintergrund der ökonomischen Verhältnisse sehen müsse. Wie die Analyse des Staates dann aber auszusehen hat, ist mit einer solchen Abgrenzung noch nicht einmal angedeutet.

Die ökonomistische Interpretation der Rede von Basis und Überbau passte sehr gut mit einer vor allem auf Engels zurückgehenden Charakterisierung des Staates zusammen. Am Ende vom «Ursprung der Familie» (1884) stellte Engels einige sehr allgemeine Überlegungen zum Staat an. Er betonte, dass es keineswegs in allen menschlichen Gesellschaften einen Staat gegeben habe. Erst wenn sich in einer Gesellschaft Klassen mit gegensätzlichen Interessen bilden und diese Klassengegensätze die Gesellschaft zu zerreißen drohen, sei eine «scheinbar über der Gesellschaft stehende Macht» nötig. Diese Macht, die zwar aus der Gesellschaft heraus entsteht, sich dann aber immer mehr verselbstständigt, sei der Staat (MEW 21, S. 165). Allerdings stehe der Staat nur scheinbar über den Klassen, tatsächlich sei er «Staat der mächtigsten, ökonomisch herrschenden Klasse, die vermittelst seiner auch politisch herrschende Klasse wird» (MEW 21, S. 166 f.).

Der Staat wird von Engels zunächst als eine der Gesellschaft *gegenüberstehende* Macht begriffen. Dies deckt sich mit dem allgemeinen, umgangssprachlichen Verständnis des Staates als einer Institution, die in einer bestimmten Gesellschaft über das Monopol legitimer Gewaltausübung (kurz: *Gewaltmonopol*) verfügt; von Notwehr abgesehen, darf niemand außer den dazu bestimmten staatlichen Organen wie Polizei oder Militär Gewalt ausüben. Engels hebt nun aber hervor, dass diese Institution zugleich ein Instrument der herrschenden Klasse sei – und zwar auch in einer demokratischen Republik mit allgemeinem Wahlrecht, was nach Engels an verschiedenen indirekten Herrschaftsmechanismen liegt: einerseits der «direkten Beamtenkorruption», andererseits einer «Allianz von Regierung und Börse» (aufgrund der Staatsschulden werde der Staat immer mehr von der Börse abhängig). Auch das allgemeine Stimmrecht stünde einer Instrumentalisierung des Staates nicht im Wege, solange «das Proletariat noch nicht reif ist zu seiner Selbstbefreiung» und die bestehende Gesellschaftsordnung als die einzig mögliche anerkennt (MEW 21, S.167 f.).

Wenn sich das Proletariat aber schließlich befreit und eine sozialistische/kommunistische Gesellschaft errichtet, dann, so Engels weiter, werden auch die Klassen verschwinden – nicht auf einen Schlag, sondern allmählich. Und da der Staat als eine der Gesellschaft gegenüberstehende Macht nur aufgrund der Klassenspaltung entstand, werde mit den Klassen auch der Staat verschwinden: Der Staat «stirbt ab», lautet die berühmte Formulierung aus dem «Anti-Dühring» (MEW 20, S. 262).

Die Auffassung, dass der Staat in erster Linie ein *Instrument* in der Hand der ökonomisch herrschenden Klasse sei, dominierte nicht nur in vielen marxistischen Debatten, auch radikaldemokratische bürgerliche Kritiker hielten zumindest den bestehenden Staat für ein Instrument unmittelbarer Klassenherrschaft. Ihrem eigenen Anspruch nach, sind die modernen Staaten allerdings *neutral* gegenüber den Klassen: Es gilt die

Gleichheit der Bürger vor dem Gesetz und die Verpflichtung des Staates auf das Gemeinwohl. Wer den Staat vor allem als Instrument der Klassenherrschaft auffasst, versucht daher nachzuweisen, dass das tatsächliche Handeln der Regierung und die Funktionsweise der staatlichen Organe diesem Neutralitätsanspruch zuwiderlaufen.

Eine solche Auffassung besitzt eine gewisse empirische Plausibilität: Es lassen sich immer Beispiele von Gesetzen finden, die vor allem die Wohlhabenden begünstigen, oder von legalen (oder auch illegalen) Formen der Einflussnahme kapitalistischer Lobbygruppen auf Gesetzgebung und das politische Handeln der Regierung. Dass einzelne Kapitalfraktionen versuchen, den Staat als Instrument zu benutzen, und damit zuweilen auch Erfolg haben, ist unbestritten. Die Frage ist nur, ob mit diesem Sachverhalt bereits die wesentliche Charakteristik des modernen, bürgerlichen Staates erfasst ist.

Unter den staatlichen Maßnahmen gibt es meistens auch solche, die den ärmeren Bevölkerungsschichten zugute kommen. Von den Vertretern der instrumentellen Staatsauffassung werden solche Maßnahmen als bloße Zugeständnisse interpretiert, als Methode, um die Unterdrückten und Ausgebeuteten ruhig zu stellen.

Staatskritik wird von den Vertretern dieser Auffassung vor allem als *Entlarvung* verstanden: Die Neutralität des Staates soll als eine nur scheinbare nachgewiesen werden. Die Staatskritik bezieht sich dann vor allem auf die jeweilige *Verwendung* des Staates, aber nicht auf Staat und Politik als soziale Formen.[66]

In der politischen Praxis führt die instrumentelle Staatsauffassung meistens zur Forderung nach einem *anderen* Gebrauch des Staates: Der Gemeinwohlanspruch soll endlich ernst genommen und die Interessen der unteren Klassen besser berücksichtigt werden. Wann dies erreicht werden kann, wird unterschiedlich beurteilt. «Revolutionäre» Strömungen betonen, dass eine staatliche Politik, die im «wirklichen» Interesse der Mehrheit liege, erst nach einer Revolution möglich sei. Unklar

---

66 In den Schriften des jungen Marx aus den frühen 1840er Jahren findet sich ebenfalls eine Staatskritik, die Norm und Wirklichkeit gegenüberstellt. Aufgrund der Unzulänglichkeit einer solchen Staatskritik kam Marx dann zur Beschäftigung mit der politischen Ökonomie (vgl. dazu Heinrich 1999, S. 88 ff.). Für eine an die Kritik der politischen Ökonomie anschließende Staatskritik erweisen sich diese frühen Arbeiten daher als wenig ergiebig.

bleibt aber meistens, wie die revolutionäre Politik in nicht-revolutionären Situationen aussehen soll. «Reformistische» Strömungen glauben dagegen, dass auch unter kapitalistischen Verhältnissen eine andere Politik, ein Klassenkompromiss, möglich sei. Dementsprechend wird von der Beteiligung linker Parteien an der Regierung eine «bessere» Politik erwartet. Die häufig folgenden Enttäuschungen werden von dem einen Teil dieser Reformisten dann als leider notwendige Kosten der Kompromisse gerechtfertigt, der etwas radikalere Teil der Reformisten kritisiert die enttäuschende Politik und führt sie auf Anpassung oder «Verrat» der führenden Köpfe der linken Parteien zurück. Nicht selten wird dann die nächste Partei gegründet, die es «wirklich» anders machen soll. Dass es für die kritisierte Anpassung vielleicht auch strukturelle Gründe geben könnte, wird dabei ausgeblendet (siehe dazu den Schlussteil von Kapitel 11.2).

11.2 Formbestimmungen des bürgerlichen Staates: Rechtsstaat, Sozialstaat, Demokratie

Mit der «instrumentellen» Staatsauffassung ist ein grundsätzliches Problem verbunden: Sie unterschlägt die qualitative Differenz von vorbürgerlichen und bürgerlichen Gesellschaftsverhältnissen und betont allein die Spaltung der Gesellschaft in unterschiedliche Klassen. Worauf es aber für eine Analyse des Staates ankommt, ist die *spezifische Form*, in der sich diese Klassen aufeinander beziehen und ihr Klassenverhältnis reproduzieren.[67]

In vorbürgerlichen Gesellschaften waren ökonomische und politische Herrschaft noch nicht getrennt: Dort war das Herrschaftsverhältnis der Sklavenbesitzer oder feudalen Grundherren ein persönliches Herrschaftsverhältnis über «ihre» Sklaven

---

67 Diesen Punkt betont Marx im «Kapital»: «Die spezifische ökonomische Form, in der unbezahlte Mehrarbeit aus den unmittelbaren Produzenten ausgepumpt wird, bestimmt das Herrschafts- und Knechtschaftsverhältnis, wie es unmittelbar aus der Produktion selbst hervorwächst und seinerseits bestimmend auf sie zurückwirkt. Hierauf aber gründet sich die ganze Gestaltung des ökonomischen, aus den Produktionsverhältnissen selbst hervorwachsenden Gemeinwesens und damit zugleich seine politische Gestalt.» (MEW 25, S. 799)

bzw. leibeigene Bauern, das (aus heutiger Sicht) gleichzeitig ein politisches Machtverhältnis und ein ökonomisches Ausbeutungsverhältnis darstellte.

In bürgerlich-kapitalistischen Gesellschaften fallen ökonomische Ausbeutung und politische Herrschaft auseinander. Der Eigentümer des Bodens oder der Produktionsmittel hat nicht auch noch eine mit diesem Eigentum verbundene richterliche, polizeiliche oder militärische Funktion, die ihm politische Herrschaft verleiht. Ökonomische Herrschaft hat daher auch keinen persönlichen Charakter mehr, der einzelne Lohnarbeiter ist nicht von einem bestimmten Kapitalisten persönlich abhängig. Auf dem Markt treten sich die Mitglieder der bürgerlichen Gesellschaft als rechtlich «gleiche» und «freie» Privateigentümer gegenüber, auch wenn die einen nur ihre Arbeitskraft und die anderen die Produktionsmittel besitzen. Sarkastisch bemerkte Marx dazu im «Kapital»:

«Die Sphäre der Zirkulation oder des Warenaustausches, innerhalb deren Schranken Kauf und Verkauf der Arbeitskraft sich bewegt, war in der Tat ein wahres Eden der angebornen Menschenrechte. Was allein hier herrscht, ist Freiheit, Gleichheit, Eigentum und Bentham[68]. Freiheit! Denn Käufer und Verkäufer einer Ware, z.B. der Arbeitskraft, sind nur durch ihren freien Willen bestimmt. Sie kontrahieren als freie, rechtlich ebenbürtige Personen. Der Kontrakt ist das Endresultat, worin sich ihre Willen einen gemeinsamen Rechtsausdruck geben. Gleichheit! Denn sie beziehen sich nur als Warenbesitzer aufeinander und tauschen Äquivalent für Äquivalent. Eigentum! Denn jeder verfügt nur über das seine. Bentham! Denn jedem von den beiden ist es nur um sich zu tun. Die einzige Macht, die sie zusammen und in ein Verhältnis bringt, ist die ihres Eigennutzes.» (MEW 23, S. 189 f.)

Das ökonomische Ausbeutungs- und Herrschaftsverhältnis wird durch Übereinkunft zwischen freien und gleichen Vertragspartnern konstituiert und kann jederzeit wieder aufgelöst werden. Dass die Ausgebeuteten ihrer Ausbeutung zustimmen, liegt daran, dass sie in einer Gesellschaft von Privateigentümern gar keine andere Möglichkeit haben, ihren Lebensunterhalt zu sichern. Der Lohnarbeiter ist zwar nicht von einem bestimmten Kapitalisten persönlich abhängig, muss seine Ar-

---

68 Jeremy Bentham (1748-1832) war ein englischer Philosoph, der eine auf dem Nützlichkeitsprinzip gegründete Ethik vertrat.

beitskraft aber an irgendeinen Kapitalisten verkaufen, um zu überleben.

Das aus der Produktion hervorwachsende Herrschaftsverhältnis zwischen den Klassen ist in der bürgerlichen Gesellschaft also ein ganz anderes, als in allen vorbürgerlichen Gesellschaften. Daher weist auch die politische Gestalt der bürgerlichen Gesellschaft, der *bürgerliche Staat*, ganz eigene Charakteristika auf.

In vorbürgerlichen Gesellschaften begegneten sich die Menschen von vornherein als rechtlich Ungleiche. Rechte und Pflichten waren durch ihren jeweiligen Stand bzw. sozialen Status definiert; ökonomische und politische Herrschaftsverhältnisse waren unmittelbar miteinander verschränkt. Unter kapitalistischen Verhältnissen ist die *unmittelbare* politische Gewalt zur Aufrechterhaltung der ökonomischen Ausbeutung nicht notwendig: Es genügt, wenn der Staat als eine jenseits der Gesellschaft stehende Gewalt gewährleistet, dass sich die Mitglieder der Gesellschaft als *Privateigentümer* verhalten. Allerdings muss es eine eigenständige, *unabhängige* Gewalt sein, denn sie soll ja *alle* zwingen, die anderen als Privateigentümer anzuerkennen.

Als *Rechtsstaat* behandelt der bürgerliche Staat seine Bürger als freie und gleiche Privateigentümer: Alle Staatsbürger sind denselben Gesetzen unterworfen und haben dieselben Rechte und Pflichten.[69] Der Staat schützt das Privateigentum eines jeden Bürgers, unabhängig vom Ansehen der Person. Dieser Schutz besteht vor allem darin, dass die Bürger verpflichtet werden, sich wechselseitig als Privateigentümer anzuerken-

---

69 In Anlehnung an die bekannte Marxsche Formulierung könnte man davon sprechen, dass diese und die folgenden Aussagen nur für den bürgerlichen Staat «in seinem idealen Durchschnitt» gelten. Genauso wenig wie die Darstellung der kapitalistischen Produktionsweise «in ihrem idealen Durchschnitt» bereits eine vollständige Analyse der kapitalistischen Gesellschaft liefert, ist dies beim Staat der Fall. So war die Durchsetzung der vollen rechtlichen und politischen Gleichheit der Bürger (und vor allem der Bürgerinnen) ein Prozess, der in vielen Staaten bis in die zweite Hälfte des 20. Jahrhunderts dauerte und zum Teil noch andauert. Darüber hinaus leben heute aufgrund weltweiter Migrationsprozesse in den meisten Staaten nicht nur rechtlich gleiche Staatsbürger, sondern auch eine wachsende Zahl von Bürgern anderer Staaten, die erheblich geringere oder, wie bei illegal Eingewanderten, fast überhaupt keine Rechte genießen.

nen: Aneignung fremden Eigentums ist nur bei beiderseitiger Übereinkunft erlaubt; fremdes Eigentum erhält man in der Regel nur durch Schenkung, Erbschaft, Tausch oder Kauf.

Der Staat verhält sich den einzelnen Bürgern gegenüber tatsächlich als eine neutrale Instanz; diese Neutralität ist keineswegs nur Schein. Gerade vermittels dieser Neutralität sichert der Staat vielmehr die Grundlagen der kapitalistischen Herrschafts- und Ausbeutungsverhältnisse. Der Schutz des Eigentums impliziert, dass diejenigen, die außer ihrer Arbeitskraft kein (relevantes) Eigentum besitzen, ihre Arbeitskraft verkaufen *müssen*. Um sich ihren Lebensunterhalt aneignen zu können, müssen sie sich dem Kapital unterwerfen. Damit wird der kapitalistische Produktionsprozess möglich und dieser reproduziert dann wieder die ihm vorausgesetzten Klassenverhältnisse. Der einzelne Arbeiter kommt aus dem Produktionsprozess so heraus, wie er in ihn einging. Sein Lohn reicht im Wesentlichen zur (eigenen bzw. familiären) Reproduktion. Um sich erneut zu reproduzieren, muss er erneut seine Arbeitskraft verkaufen. Auch der Kapitalist kommt wieder als Kapitalist aus dem Prozess heraus: Sein vorgeschossenes Kapital fließt mitsamt einem Profit zu ihm zurück, so dass er es sogar vergrößert vorschießen kann. Der kapitalistische Produktionsprozess produziert demnach nicht nur Waren, er reproduziert auch das Kapitalverhältnis selbst (vgl. dazu MEW 23, Kapitel 21).

Es ist allerdings ein spätes historisches Resultat, dass die Reproduktion des Kapitalverhältnisses, zumindest in den entwickelten kapitalistischen Ländern, weitgehend ohne *unmittelbaren* staatlichen Zwang vor sich geht (mittelbar, als Drohung, ist die Staatsgewalt jedoch stets präsent). Während der «ursprünglichen Akkumulation», als der «doppelt freie Arbeiter» (vgl. oben Kapitel 4.3) erst noch «produziert» werden musste, war dies ganz anders. Wie Marx am Beispiel Englands ausführlich zeigte, musste der Staat dauerhaft und direkt eingreifen, um die kapitalistische Produktion möglich zu machen und zu fördern: zunächst, indem er die Grundherren dabei unterstützte, die Bauern von dem Land zu vertreiben, das sie die ganze Zeit bewirtschaftet hatten (Schafzucht war für die Grundherren einträglicher); und dann, um die entwurzelten und vagabundierenden Menschen in die kapitalistischen Fabriken mit ihrer strengen Disziplin zu zwingen. Damit soll nicht gesagt werden, dass die verschiedenen Regierungen einem Generalplan zur Einführung des Kapitalismus gefolgt seien, hatten ihre Maßnahmen doch ganz unterschiedliche Gründe. Allerdings konnte sich der moderne Kapitalismus erst als Resultat dieser Gewaltmaßnahmen etablieren. Es dauerte eine ganz Weile, bis sich eine Arbeiterklasse entwickelte, «die aus Erziehung, Tradition, Gewohnheit die Anforderungen jener Produktionsweise als selbstverständliche Naturgesetze anerkennt».[70] Erst dann genügt für die «Herrschaft des Kapitalisten über den Arbeiter» der «stumme Zwang der ökonomischen Verhältnisse», so dass die staatliche Zwangsgewalt nur noch in Ausnahmefällen nötig ist (MEW 23, S. 765). Unter entwickelten kapitalistischen Verhältnissen wird die Aufrechterhaltung der Klassenverhältnisse gerade dadurch gesichert, dass der Staat als Rechtsstaat seine Bürger unabhängig von ihrer Klassenzugehörigkeit als freie und gleiche Privateigentümer behandelt, ihr Eigentum und ihren Verkehr als Eigentümer schützt.[71]

Der bürgerliche Staat ist allerdings nicht nur Rechtsstaat, der lediglich einen formalen Rahmen setzt und die Einhaltung dieses Rahmens durch sein Gewaltmonopol sichert. Er gewährleistet auch die allgemeinen *materiellen* Bedingungen der Kapitalakkumulation, sofern diese Bedingungen von den Einzelkapitalen nicht in kapitalistischer Weise hergestellt werden können, da sie keine ausreichenden Profite abwerfen. Zu diesen Bedingungen, die historisch wechseln bzw. in verschiedenen Perioden eine unterschiedliche Bedeutung haben, gehört unter anderem die Bereitstellung einer entsprechenden Infrastruktur (vor allem von Verkehrs- und Kommunikationsnetzen), von Forschungs- und Ausbildungskapazitäten sowie eines wertstabilen Geldes durch die Zentralbank[72]. Der Staat agiert

---

[70] Dieser von Marx nur kurz erwähnte Sachverhalt ist eines der zentralen Themen von Foucault (1976). In diesem Zusammenhang kritisierte Michel Foucault den traditionellen Begriff von Macht, der diese auf ein Vermögen reduziere, das sich die eine oder die andere Seite (Klasse) einfach aneignen könne. Dem stellte er eine «Mikrophysik der Macht» entgegen, welche jeden Einzelnen in seinen verinnerlichten Einstellungen und Verhaltensweisen durchziehe.

[71] Da sich die Kapitalverwertung immer neue Bereiche erobert, müssen Privateigentumsverhältnisse unter den veränderten Bedingungen auch immer wieder aufs Neue etabliert werden, aktuell etwa im Internet (vgl. dazu Nuss 2002).

[72] Die *Existenz* des Geldes beruht nicht auf staatlichen Akten, es ist vielmehr die Ware, die Geld notwendig macht (vgl. Kapitel 3). Allerdings ist es unter normalen kapitalistischen Bedingungen der

dabei, wie Engels es nannte, als «ideeller Gesamtkapitalist» (MEW 20, S. 260), der mit seiner Politik das *kapitalistische Gesamtinteresse* an einer möglichst profitablen Akkumulation verfolgt. Dieses *Gesamt*interesse ist nicht immer identisch mit den besonderen Interessen einzelner Kapitalfraktionen oder gar einzelner Kapitalisten, weshalb staatliche Handlungen durchaus diesen besonderen Interessen entgegenstehen können – gerade deshalb bedarf es einer eigenen, von den besonderen Kapitalien unabhängigen Instanz. Zwar gibt es immer wieder Beispiele dafür, dass Regierungen einzelne Kapitale direkt begünstigen, doch zeigt sich darin kein für den bürgerlichen Staat wesentliches, mit ihm notwendigerweise verbundenes Moment. Daher wird ein solches begünstigendes Verhalten gerade in bürgerlichen Kreisen, die Staat und Kapital keineswegs kritisch gegenüberstehen, als «Skandal» angeprangert.

Die wesentliche Voraussetzung kapitalistischer Akkumulation ist die Existenz von Lohnarbeitern und Lohnarbeiterinnen. Deren Reproduktion wird durch den Lohn, den das Kapital zahlt, ermöglicht. Für das einzelne Kapital stellt der Lohn (genauso wie Maßnahmen zum Arbeits- und Unfallschutz etc.) lediglich einen Kostenfaktor dar, der minimiert werden muss, um unter dem Druck der Konkurrenz einen möglichst hohen Gewinn zu erreichen. Trifft das Kapital dabei auf keine Gegenwehr in Gestalt von starken Gewerkschaften oder ähnlichen Zusammenschlüssen, dann werden überlange Arbeitszeiten, gesundheitsgefährdende Arbeitsbedingungen und Hungerlöhne durchgesetzt, die dazu führen, dass sich die Arbeitskräfte auf Dauer nicht mehr reproduzieren können: Dem Kapital mit seinem (von der Konkurrenz erzwungenen) Trieb zu immer größerer Verwertung ist somit eine Tendenz zur Zerstörung der Arbeitskraft immanent. Der einzelne Kapitalist mag dies zwar erkennen und auch bedauern, viel ändern kann er daran aber nicht, wenn er nicht bankrott gehen will. Damit das Kapital nicht das Objekt seiner Ausbeutung zerstört, muss dieses Objekt durch ein staatliches Zwangsgesetz geschützt werden. Ein gesetzlicher Normalarbeitstag (vgl. dazu MEW 23, Kapitel 8), Bestimmungen zum Unfall- und Gesundheitsschutz am Ar-

---

Staat, der den Wert der jeweils *konkreten Gestalt des Geldes* durch seine Institutionen (in einem entwickelten Kapitalismus die Zentralbank, vgl. Kapital 8) garantiert.

beitsplatz sowie gesetzliche Mindestlöhne (bzw. eine minimale staatliche Unterstützung wie die Sozialhilfe in Deutschland, die als Lohnuntergrenze wirkt) – häufig erst durch die Kämpfe der Arbeiter und Arbeiterinnen durchgesetzt – schränken zwar die Verwertungsmöglichkeiten des Kapitals ein, sichern sie aber auf Dauer.

Der Staat verhindert nicht nur die Zerstörung der Arbeitskraft, er gewährleistet als *Sozialstaat* auch ihre Reproduktion, soweit dies durch die zwischen Arbeiter und Kapitalist ausgehandelte Lohnzahlung allein nicht möglich ist. Durch die verschiedenen Sozialversicherungen sichert der Staat die Arbeitskraft gegenüber den grundlegenden Risiken, denen sie in einer kapitalistischen Ökonomie ausgesetzt ist: Die dauerhafte Unmöglichkeit des weiteren Verkaufs der Arbeitskraft aufgrund von Unfällen oder Alter (Unfall- bzw. Rentenversicherung); die vorübergehende Unmöglichkeit des Verkaufs der Arbeitskraft aufgrund von Krankheit oder Arbeitslosigkeit (Kranken- bzw. Arbeitslosenversicherung, Sozialhilfe).

Die Mittel für die sozialstaatlichen Leistungen stammen aus dem Akkumulationsprozess, egal ob sie über Sozialversicherungsbeiträge oder über Steuern finanziert werden. Ein Teil des gesellschaftlichen Wertprodukts wird dazu verwendet, so dass sich die Mehrwertmasse verringert. Für die einzelnen Kapitalisten bedeutet dieser Abzug genauso eine Einschränkung wie die oben erwähnten Schutzbestimmungen. Insofern verletzt der Staat als Sozialstaat das unmittelbare Interesse jedes einzelnen Kapitals nach maximaler Verwertung und stößt auf entsprechenden Widerstand. Daher sind sozialstaatliche Leistungen in vielen Fällen erst als Resultat von Kämpfen der Arbeiterbewegung zustande gekommen. Der Sozialstaat wird deshalb häufig als eine «Errungenschaft» der Arbeiterbewegung, ein Zugeständnis an die Arbeiterklasse (um sie ruhig zu halten) aufgefasst. In der Tat ist das Leben der Lohnarbeiter und Lohnarbeiterinnen mit sozialstaatlichen Sicherungen in der Regel erheblich einfacher und sicherer als ohne sie. Allerdings handelt es sich dabei keineswegs um einseitige Leistungen für die Arbeitskräfte, die – wie zuweilen behauptet wird – bereits den ersten Schritt zur Überwindung des Kapitalismus darstellen würden. Vielmehr handelt es sich um eine mit dem Kapitalismus konforme Sicherung der Existenz als *Lohnarbeiter*. Einerseits ist es im Interesse des Kapitals, dass diejenigen Arbeiter und Arbeiterinnen, deren Arbeitskraft aufgrund von Krankheit, Unfall oder mangels Nachfrage vorübergehend nicht zu verwerten ist, dem Kapital trotzdem in einem «ordentlichen» Zustand erhalten bleiben. Andererseits sind die sozialstaatlichen Leistungen in der Regel an den Verkauf der Arbeitskraft (bzw. die Bereitschaft dazu) gebunden: Leistungen wie das Arbeitslosengeld oder die Altersrente hängen vom vorherigen Lohn ab – ein Zusammenhang, der allein schon auf viele Arbeiter und Arbeiterinnen disziplinierend wirkt; bei arbeitsfähigen Personen ist die Zahlung von Arbeitslosengeld oder Sozialhilfe außerdem daran gebunden, dass sie sich aktiv um den Verkauf ihrer Arbeitskraft bemühen. Ist dies nicht der Fall, wird die Kürzung oder gänzliche Verweigerung der Zahlungen von den staatlichen Behörden als Mittel der Disziplinierung eingesetzt. Die Leistungen des Sozialstaats entbinden also keineswegs vom Zwang zum Verkauf der Arbeitskraft.

Eine entscheidende Schwäche der Auffassung, der bürgerliche Staat sei lediglich ein Instrument in der Hand der Kapitalistenklasse, besteht darin, dass sowohl eine einheitliche und politisch handlungsfähige «herrschende» Klasse vorausgesetzt wird als auch ein klar definiertes Klasseninteresse, dem nur noch das Instrument der Umsetzung fehlt. Weder das eine noch das andere ist selbstverständlich. Die «ökonomisch herrschende Klasse» besteht im Kapitalismus aus konkurrierenden Kapitalisten mit ganz unterschiedlichen, teilweise gegenläufigen Interessen. Zwar gibt es ein gemeinsames Interesse an der Aufrechterhaltung der kapitalistischen Produktionsweise. Wenn diese aber nicht gerade durch revolutionäre Bewegungen gefährdet ist, dann ist dieses Interesse viel zu allgemein, um eine Richtschnur für das «normale» Staatshandeln abzugeben. Die Interessen, die das Staatshandeln bestimmen, sind nicht einfach da und warten auf ihre Umsetzung, wie bei der instrumentellen Auffassung unterstellt wird, sie müssen überhaupt erst *konstituiert* werden.

Alle staatlichen Maßnahmen sind umstritten, egal, ob es um die konkrete Ausgestaltung des Rechtssystems, um die Sicherung der materiellen Bedingungen der Akkumulation oder um Art und Umfang sozialstaatlicher Leistungen geht. Jede Maßnahme bringt in der Regel für einige Kapitale (manchmal sogar für alle) Nachteile mit sich, für andere Vorteile (oder weniger Nachteile als für den Rest). Langfristig erwarteten – aber unsicheren – Vorteilen stehen unmittelbare Nachteile gegenüber. Worin das kapitalistische Gesamtinteresse besteht, auf welche Herausforderungen der Staat reagieren sollte und in welcher Art und Weise – alles das muss immer wieder neu herausgefunden werden. Die staatliche Politik setzt eine beständige *Ermittlung dieses Gesamtinteresses* und der *Maßnahmen* zu seiner Umsetzung voraus.

Nicht selten gibt es unterschiedliche Möglichkeiten, wie das kapitalistische Gesamtinteresse verfolgt werden kann. *Alternative Strategien* sind möglich, so dass sich die staatliche Politik nicht auf die einfache Umsetzung von Notwendigkeiten der kapitalistischen Ökonomie reduzieren lässt. Der in marxistischen Zirkeln beliebte Verweis auf den ökonomischen Zweck einer staatlichen Maßnahme ist als Erklärung unzureichend. Die Machtverhältnisse zwischen einzelnen Kapitalfraktionen, geschickte Bündnisse, Einfluss innerhalb des Staatsapparates und in den Medien der Öffentlichkeit und ähnliche Faktoren sind für die Durchsetzung oder Verhinderung einzelner Maßnahmen oder auch ganzer Strategien von entscheidender Bedeutung, und zuweilen werden dadurch auch für das kapitalistische Gesamtinteresse schädliche Ergebnisse hervorgebracht. Lobbyarbeit, das Ringen um Einfluss etc. ist keine Regelverletzung, sondern genau die Art und Weise, in der die Suche nach Konsens normalerweise stattfindet.

Die staatliche Politik setzt aber nicht nur einen Konsens innerhalb der wichtigsten Kapitalfraktionen über das kapitalistische Gesamtinteresse voraus. Diese Politik muss auch gegenüber den unteren Klassen *legitimiert* werden; auch von ihnen ist ein bestimmtes Maß an Konsens notwendig. Nur dann ist gewährleistet, dass sie durch ihre soziale Praxis die Reproduktion der kapitalistischen Verhältnisse nicht stören (wobei solche Störungen nicht erst bei politisch motiviertem Widerstand beginnen) und insbesondere den von ihnen häufig verlangten Opfern zustimmen oder diese zumindest passiv hinnehmen. Zur Herstellung von Legitimation und zur Aufrechterhaltung der «disziplinierten» Verhaltensweisen als Arbeiter und als Staatsbürger genügt es aber nicht, die Politik nur «gut zu verkaufen»; die Interessen der unteren Klassen – ihre Interessen *innerhalb* des Kapitalismus, d.h. ihre Interessen an einer besseren Existenz als Lohnarbeiter – müssen zumindest soweit berücksichtigt werden, wie sie das kapitalistische Gesamtinteresse an einer gelingenden Akkumulation nicht «zu sehr» beeinträchtigen. Auch dabei spielt es eine Rolle, wie stark und geschickt diese Interessen vertreten werden, welchen Einfluss ihre Repräsentanten in den Parteien, Staatsapparaten und Medien haben.

Die Auseinandersetzung über die verschiedenen politischen Maßnahmen und die unterschiedlichen Strategien, die Bildung von Konsens und Legitimation, die kapitalismuskonforme Integration von Interessen – all dies umfasst nicht nur die «herrschende», sondern auch die «beherrschten» Klassen. Sie erfolgt sowohl innerhalb wie außerhalb der staatlichen Institutionen: in den Medien der *bürgerlichen Öffentlichkeit* (Fernsehen, Presse) ebenso wie in den *Institutionen demokratischer Willensbildung* (den Parteien, Parlamenten, Ausschüssen). Zwar kann Politik mit den Machtmitteln des Staates auch diktatorisch gegen eine Mehrheit der Bevölkerung durchgesetzt werden. Eine länger andauernde Ausschaltung demokratischer Institutionen und die Einschränkung von Presse- und Meinungsfreiheit bringt jedoch erhebliche materielle Kosten mit sich (umso geringer die Legitimation ist, umso umfassender muss der Repressionsapparat sein) und stört zudem erheblich die Ermittlung des kapitalistischen Gesamtinteresses. Militärdiktaturen und Ähnliches sind in entwickelten kapitalistischen Ländern deshalb eher die Ausnahme.

Ein wesentliches Verfahren zur Herstellung von Legitimation wie auch eines kapitalismuskonformen Konsenses sind allgemeine, geheime und freie *Wahlen*. Damit wird es der Bevölkerungsmehrheit möglich, missliebige Politiker oder Parteien abzuwählen und durch andere zu ersetzen. Die neue Regierung, egal ob sich ihre Politik von derjenigen der alten Regierung unterscheidet oder nicht, kann sich gegenüber Kritikern darauf berufen, dass sie «gewählt» und somit von der Mehrheit der Bevölkerung auch «gewollt» sei. Diese «Legitimität durch Verfahren» steht in der politikwissenschaftlichen Behandlung der *Demokratie* im Vordergrund – bei weitgehender Ausblendung des kapitalistischen Kontextes. Dem Unmut der Bevölkerung über die Zumutungen der Politik wird durch die Möglichkeit von regelmäßigen Wahlen nicht nur ein frühzeitiges Ventil geboten, er wird auch kanalisiert, indem er sich gegen einzelne Politiker und Parteien richtet und nicht gegen das politische und ökonomische System, das hinter deren Politik steht. Dementsprechend gilt in der bürgerlichen Öffentlichkeit ein politisches System dann als *demokratisch*, wenn es die effektive Möglichkeit zur Abwahl der Regierung bietet.

Die in Teilen der Linken anzutreffende Idealisierung der Demokratie, welche die real existierenden demokratischen Institutionen am Ideal eines Staatsbürgers misst, der über möglichst viele Sachverhalte durch Abstimmungen selbst entscheiden sollte, sieht genauso vom sozialen und ökonomischen Kontext der Demokratie ab wie der oben erwähnte politikwissenschaftliche Mainstream. Neben den unterschiedlichen Varianten demokratischer Systeme (mit starkem Präsidenten, mit starkem Parlament etc.) gibt es keine «wirkliche» Demokratie, die man endlich einmal einführen müsste; unter kapitalistischen Verhältnissen sind die existierenden demokratischen Systeme bereits die «wirkliche» Demokratie (wer die «wirkliche» Demokratie in möglichst vielen und einfach einzuleitenden Volksabstimmungen erblickt, möge sich z.B. in der Schweiz umschauen, ob dies zu großen Veränderungen führt).

Staat und Öffentlichkeit stellen, wie oft hervorgehoben wird, einen Kampfplatz unterschiedlicher Interessen dar; in einem demokratischen System ist dies besonders deutlich zu sehen. Allerdings ist dieser Kampfplatz kein neutrales Spielfeld. Vielmehr wirkt sich dieses Spielfeld strukturierend auf die Auseinandersetzungen und die aus ihnen resultierende politische Praxis aus. Die staatliche Politik ist zwar keineswegs durch die ökonomische Situation vollständig determiniert, bei ihr handelt es sich aber auch nicht um einen offenen Prozess, bei dem alles möglich wäre. Einerseits spielen etwa Auseinandersetzungen innerhalb und zwischen den Klassen sowie die relative Stärke und Konfliktfähigkeit einzelner Gruppen etc. eine wichtige Rolle, so dass unterschiedliche Entwicklungen stets möglich sind. Andererseits muss die Politik aber immer auch dem kapitalistischen Gesamtinteresse an einer gelingenden Kapitalakkumulation Rechnung tragen. Parteien und Politiker mögen von ihrer Herkunft und ihren Werthaltungen her durchaus unterschiedlich sein; in ihrer Politik, insbesondere wenn sie an der Regierung sind, orientieren sie sich in der Regel an diesem Gesamtinteresse. Dies liegt nicht daran, dass sie von der Kapitalseite «bestochen» oder sonst irgendwie abhängig wären (obwohl dies auch vorkommen kann), sondern an der Art und Weise, wie sich Parteien durchsetzen, und an den Arbeitsbedingungen der Regierung – Prozesse und Bedingungen, denen sich auch linke Parteien, die auf Regierungsbeteiligung abzielen, nicht entziehen können.

Um als Präsident gewählt zu werden oder als Partei eine Mehrheit zu erhalten, müssen unterschiedliche Interessen und

Werthaltungen angesprochen werden. Um in den Medien ernst genommen zu werden (eine wesentliche Voraussetzung dafür, um überhaupt bekannt zu werden), müssen «realistische», «umsetzbare» Vorschläge gemacht werden. Bevor es einer Partei gelingt, auch nur in die Nähe der Regierungsbeteiligung zu kommen, durchläuft sie in der Regel einen langjährigen Erziehungsprozess, in welchem sie sich an die «Notwendigkeiten», d.h. an die Verfolgung des kapitalistischen Gesamtinteresses immer weiter anpasst, einfach um einen größeren Wahlerfolg zu haben. Ist eine Partei dann endlich an der Regierung, muss sie dafür Sorge tragen, dass sie die erreichte Zustimmung behält. Hier wird nun insbesondere wichtig, dass ihr «politischer Gestaltungsspielraum» ganz entscheidend von ihren finanziellen Möglichkeiten abhängt: Diese werden einerseits von der Höhe der Steuereinnahmen bestimmt und andererseits von der Höhe der Ausgaben, zu denen als größter Posten die sozialstaatlichen Leistungen gehören. Bei einer erfolgreichen Kapitalakkumulation ist das Steueraufkommen hoch und die Sozialausgaben für Arbeitslose und Arme sind relativ gering. In Krisenphasen geht dagegen das Steueraufkommen zurück und gleichzeitig steigen die Sozialausgaben. Die materielle Grundlage des Staates ist somit unmittelbar mit der Kapitalakkumulation verknüpft; keine Regierung kommt an dieser Abhängigkeit vorbei. Zwar kann eine Regierung ihren finanziellen Spielraum mittels Verschuldung etwas erhöhen, doch wachsen damit auch die zukünftigen Finanzlasten. Zudem erhält ein Staat nur so lange problemlos Kredit, wie die zukünftigen Steuereinnahmen, aus denen der Kredit zurückgezahlt werden soll, gesichert sind, was wiederum eine gelingende Kapitalakkumulation voraussetzt.

Die Förderung der Akkumulation ist aber nicht nur das selbstverständliche Ziel der Politiker, auch breiten Bevölkerungsschichten gilt es als Binsenweisheit, dass es «unserer» Wirtschaft gut gehen muss, damit es auch «uns» gut gehen kann. «Opfer», die zunächst einmal nur den kapitalistischen Unternehmen zugute kommen, werden in Erwartung besserer Zeiten für alle mehr oder weniger bereitwillig getragen. Eingängig formulierte der frühere sozialdemokratische Bundeskanzler Helmut Schmidt in den 1970er Jahren: «Die Profite von heute sind die Investitionen von morgen und die Arbeitsplätze von übermorgen.» Kritik regt sich bei der Mehrheit der Bevölkerung normalerweise nicht an den Zumutungen der Politik und der Förderung des Profits, sondern daran, dass diese Förderung nicht die erhofften Resultate gebracht hat.

Hier zeigt sich die politische Relevanz des Fetischismus, der die spontane Wahrnehmung der Akteure der kapitalistischen Produktion strukturiert. In der trinitarischen Formel erschien die kapitalistische Produktionsweise als «Naturform» des gesellschaftlichen Produktionsprozesses (vgl. Kapital 10). Der Kapitalismus erscheint als ein alternativloses Unternehmen, in dem Kapital und Arbeit ihre «natürlichen» Rollen einnehmen. Die Erfahrungen von Ungleichheit, Ausbeutung und Unterdrückung führen daher nicht zwangsläufig zur Kritik am Kapitalismus, sondern eher zur Kritik an Zuständen *innerhalb* des Kapitalismus: «Übertriebene» Ansprüche oder eine «ungerechte» Verteilung werden kritisiert, aber nicht die kapitalistische Grundlage dieser Verteilung. Arbeit und Kapital erscheinen als die gleichermaßen notwendigen und daher auch gleichermaßen zu berücksichtigenden Träger der Produktion des gesellschaftlichen Reichtums. Gerade vor dem Hintergrund der trinitarischen Formel wird verständlich, warum die Auffassung vom Staat als einem neutralen Dritten, der sich «ums Ganze» kümmern soll und an den appelliert wird, er solle «soziale Gerechtigkeit» herstellen, so plausibel und so weit verbreitet ist.

Dieses staatlich umhegte «Ganze» von Kapital und Arbeit wird dann, in den einzelnen Ländern in unterschiedlichem Ausmaß, als *Nation* angerufen, als imaginierte Schicksalsgemeinschaft eines «Volkes», das über eine angeblich «gemeinsame» Geschichte und Kultur konstruiert wird. Realisiert wird diese nationale Gemeinsamkeit in der Regel aber erst durch Abgrenzung gegen «innere» oder «äußere» Feinde. Der Staat erscheint als die politische Gestalt der *Nation*: Ihr «Wohl» hat er sowohl durch seine Politik nach innen als auch durch die Vertretung der «nationalen Interessen» nach außen zu verwirklichen. Und genau das macht der Staat auch, wenn er das kapitalistische Gesamtinteresse verfolgt, denn unter *kapitalistischen Verhältnissen* existiert kein anderes Gemeinwohl als dieses kapitalistische Gesamtinteresse.

11.3 Weltmarkt und Imperialismus

*B*eim Versuch, eine möglichst hohe Verwertung zu erreichen, hat das Kapital die Tendenz, jede nationale Grenze zu überschreiten – sowohl beim Einkauf der Elemente des konstanten

Kapitals (vor allem der Rohstoffe) als auch beim Verkauf seiner fertigen Produkte. Marx konnte daher über den Weltmarkt schreiben, dass er «überhaupt die Basis und die Lebensatmosphäre der kapitalistischen Produktionsweise bildet» (MEW 25, S. 120). Das kapitalistische Gesamtinteresse, das der bürgerliche Staat verfolgt, bezieht sich somit nicht nur auf die nationale, sondern auch auf die internationale Ebene. Die internationale Politik wird bis heute von vielen marxistischen Strömungen mehr oder weniger in der Tradition der Leninschen Imperialismustheorien analysiert, daher müssen wir zunächst kurz auf sie eingehen.

Unter *Imperialismus* versteht man den Versuch von Staaten, ihr Herrschaftsgebiet über ihre Grenzen auszuweiten, sei es direkt durch Vergrößerung des Staatsgebietes, sei es indirekt, durch eine ökonomische, politische oder militärische Dominanz über andere Staaten. Im letzten Viertel des 19. Jahrhunderts bemühten sich die entwickelten kapitalistischen Länder Westeuropas ebenso wie die USA und Japan verstärkt darum, Gebiete in der übrigen Welt (vor allem in Afrika, Asien und Lateinamerika) ihrem eigenen Herrschaftsbereich anzugliedern und nutzbar zu machen, wobei innerhalb einer relativ kurzen Zeitspanne, riesige Kolonialreiche entstanden, die teilweise bis nach dem Zweiten Weltkrieg existierten.

Zu Beginn des 20. Jahrhunderts untersuchten verschiedene marxistische Autoren, inwieweit dieses imperialistische Verhalten seinen Grund in Strukturveränderungen des Kapitalismus im Innern der imperialistischen Länder hat (Hilferding 1910, Luxemburg 1913, Kautsky 1914, Lenin 1917). Am einflussreichsten wurde der Beitrag Lenins, der in großen Teilen die Analyse des linksliberalen englischen Autors Hobson (1902) übernahm und sie in einem marxistischen Gewand präsentierte. Dabei wurde als wesentliche Strukturveränderung des zeitgenössischen Kapitalismus der Übergang vom «Konkurrenzkapitalismus» zum «Monopolkapitalismus» betrachtet. Kurz zusammengefasst argumentierte Lenin folgendermaßen: Immer mehr Branchen würden nur von einigen wenigen Industrieunternehmen beherrscht, wobei außerdem die großen Industrieunternehmen mit den Großbanken zum «Finanzkapital» verschmelzen würden. Im Resultat werde die Wirtschaft von einer Handvoll Monopolherren und Finanzmagnaten beherrscht, die auch einen bestimmenden Einfluss auf den Staat ausübten. Da die Monopole für immer größere

Teile ihres Kapitals im Innern eines Landes keine ausreichenden Verwertungsmöglichkeiten mehr finden könnten, stünden sie vor der Notwendigkeit, nicht mehr nur Waren in andere Länder zu exportieren, sondern auch Kapital. Dieser Kapitalexport werde durch die imperialistische Politik ermöglicht und abgesichert. Aufgrund des Kapitalexports eigne sich die Bourgeoisie der imperialistischen Länder einen großen Teil des Mehrwerts anderer Länder an, wodurch der imperialistische Kapitalismus einen «parasitären» Charakter erhalte. Und da der Monopolkapitalismus an Dynamik verliere (und auch den technischen Fortschritt künstlich aufhalte), habe er eine Tendenz zu «Stagnation und Fäulnis», der imperialistische Kapitalismus sei «verfaulender» und «sterbender» Kapitalismus.

Da die imperialistische Expansion von allen entwickelten kapitalistischen Ländern vorangetrieben werde, komme es schließlich zu einem Kampf um die Aufteilung der Welt. Der Erste Weltkrieg wurde von Lenin als unvermeidliches Resultat dieses Kampfes betrachtet. Dass die imperialistische Politik und schließlich auch der Krieg in vielen Ländern von großen Teilen der Arbeiterklasse akzeptiert wurde, erklärte Lenin damit, dass die oberen Schichten der Arbeiterklasse (die «Arbeiteraristokratie») durch eine Beteiligung an den Früchten des Imperialismus «bestochen» worden seien.

In dieser Sicht der Dinge ist der Imperialismus nicht bloß eine Politik, die im Grunde auch anders aussehen könnte, sondern eine ökonomische Notwendigkeit, die sich aus dem Übergang vom Konkurrenz- zum Monopolkapitalismus ergibt. Der Imperialismus wurde von Lenin daher als ein notwendiges Stadium in der Entwicklung des Kapitalismus aufgefasst, als Endstadium des Monopolkapitalismus. Und da es nach dem Monopolkapitalismus keine weitere Entwicklungsphase mehr geben könne, ist für Lenin der Imperialismus das höchste und letzte Stadium des Kapitalismus, das nur in Krieg oder Revolution enden könne[73]

---

[73] Da der «sterbende» Kapitalismus den Ersten (und auch den Zweiten) Weltkrieg offensichtlich überlebte, wurde im Rahmen des «Marxismus-Leninismus» die Theorie des «staatsmonopolistischen Kapitalismus» (kurz Stamokap) als die allerletzte Phase des letzten Stadiums Imperialismus entwickelt: Die Verschmelzung der Staatsapparate mit den Monopolen erhalte den «sterbenden» Kapitalismus noch eine Weile am Leben.

In der Leninschen Imperialismustheorie gibt es eine ganze Reihe von überaus problematischen Punkten. Dies beginnt bereits mit dem behaupteten Übergang vom Konkurrenz- zum Monopolkapitalismus. Aus dem Größenwachstum der Einzelkapitale und einer immer kleiner werdenden Zahl von Kapitalen, die eine Branche dominieren (Tendenzen, die im übrigen keineswegs durchgängig vorherrschen, die sich zuweilen sogar umkehren), wird auf eine Veränderung der kapitalistischen Vergesellschaftungsweise geschlossen: Nicht mehr der Wert, sondern der Wille der Monopolherren soll jetzt die Ökonomie beherrschen. Mehr oder weniger erfolgreiche Planungsversuche von Einzelkapitalen oder Kartellabsprachen werden dabei mit einer grundsätzlichen Veränderung der über den Wert vermittelten Vergesellschaftung verwechselt. Im Anschluss daran, wird der Staat auf ein bloßes Instrument dieser Monopolherren reduziert, der Imperialismus damit als unmittelbare Umsetzung einzelkapitalistischer Interessen aufgefasst. Die Charakterisierung des Imperialismus als «parasitär» ist schließlich nicht nur wegen ihres moralisierenden Untertons problematisch, sondern auch deshalb, weil nicht einzusehen ist, warum die Ausbeutung einer ausländischen Arbeiterklasse schlimmer sein soll als die der inländischen. Was von Lenin als Fortsetzung der Marxschen Analyse intendiert war, hat im Ergebnis mit der Marxschen Kritik der politischen Ökonomie nicht mehr viel zu tun.

Aber nicht nur theoretisch, sondern auch empirisch steht Lenins Imperialismustheorie auf schwachen Beinen: Der Kapitalexport, der die imperialistische Politik angeblich notwendig mache, fand zwar statt, allerdings ging ein großer Teil dieses Kapitalexports nicht in Kolonien und abhängige Gebiete, sondern in andere entwickelte kapitalistische Länder, die ebenfalls eine imperialistische Politik verfolgten. Das bedeutet, dass die Ursache des Kapitalexports nicht allein die mangelnde Profitabilität in den kapitalistischen Zentren sein konnte, denn dann hätte es keinen Kapitalexport in andere Zentren geben dürfen. Außerdem wurde ein solcher Kapitalexport auch nicht durch die imperialistische Politik des eigenen Landes, die auf die Beherrschung fremder Territorien außerhalb dieser Zentren abzielte, abgesichert. Und schließlich steht, wer heute noch an Lenins Theorie festhalten will, unter anderem vor dem Problem, dass für die USA, die als wichtigste imperialistische Macht gilt, nicht der Kapitalexport, sondern der Kapitalimport die entscheidende Größe ist (vgl. zur detaillierten Kritik an Lenins Imperialismustheorie Neusüss 1972, einführend zur Entwicklung der Imperialismustheorien Heinrich 2003c).

Allerdings gibt es auch Versuche, Imperialismustheorie jenseits des Leninschen Rahmens zu betreiben, wobei der Imperialismusbegriff dann sehr weit gefasst wird. Bezeichnet man bereits die staatliche Durchsetzung des kapitalistischen Gesamtinteresses auf der internationalen Ebene vermittels ökonomischen, politischen oder militärischen Drucks gegenüber anderen Ländern als *Imperialismus*, dann ist Imperialismus kein besonderes Stadium der Entwicklung des Kapitalismus, dann ist vielmehr jeder bürgerliche Staat imperialistisch – im Rahmen seiner jeweiligen Möglichkeiten. Mit dem Begriff «Imperialismus» ist dann aber nicht viel ausgesagt. Welche Ziele die imperialistische Politik verfolgt und von welchen Momenten sie angetrieben wird, lässt sich auf einer allgemeinen Ebene gar nicht bestimmen. Ein einfacher Mechanismus, wie etwa den Kapitalexport abzusichern, ist es jedenfalls nicht.

Auf der internationalen Ebene stehen sich eine Vielzahl von Staaten von ganz unterschiedlicher ökonomischer, politischer und militärischer Stärke und mit unterschiedlichen Interessen gegenüber, zwischen denen ganz verschiedene Abhängigkeits- und Bündniskonstellationen sowie Gegensätze bestehen. Dabei werden Handlungsmöglichkeiten jedes einzelnen Staates durch die Handlungen aller anderen Staaten eingeschränkt. In dieser Staatenkonkurrenz kommt es für jeden Staat zunächst einmal darauf an, eigene Handlungsoptionen zu gewinnen und zu erhalten. Damit wird ein eigenes Terrain staatlicher Auseinandersetzung um Macht und Einfluss konstituiert, das sich nicht in der unmittelbaren Umsetzung der ökonomischen Interessen einzelner Kapitalfraktionen erschöpft (obgleich auch dies vorkommt). Auf diesem Terrain geht es vor allem um die Ausgestaltung der internationalen «Ordnung» auf handels-, währungs-, rechts- und militärpolitischem Gebiet.

Neben spezifischen, aus ihrer besonderen Situation resultierenden Interessen haben die Staaten auch ein gemeinsames Interesse an der Existenz eines Minimums an internationaler Ordnung, denn nur bei einigermaßen stabilen und kalkulierbaren ökonomischen und politischen Verhältnissen kann es zu einer erfolgreichen Kapitalakkumulation kommen. Die konkrete Ausgestaltung dieser Ordnungen (wie viel Freihandel bzw.

Protektion gibt es? Welche Währung übernimmt die Rolle des Weltgeldes? Auf welchen Feldern gibt es eine Begrenzung der Rüstung?) bringt für die einzelnen Länder verschiedene Vor- und Nachteile mit sich, was zu unterschiedlichen Bündniskonstellationen führt, die in sich keineswegs widerspruchsfrei sind und deren Dauer begrenzt ist.[74]

Und schließlich ist für die entwickelten kapitalistischen Länder, von denen die meisten rohstoffarm sind, ein ganz entscheidender Punkt die gesicherte Versorgung mit Rohstoffen und Energieträgern. Allerdings geht es dabei weniger um die Eroberung entsprechender Territorien als um die «Ordnung» des Handels und seiner Bedingungen: um eine kalkulierbare Förderung und sicheren Transport, um die Art der Preisbildung und die Handelswährung.

Dass es ein gemeinsames Interesse an dieser internationalen Ordnung gibt, sagt noch nichts darüber aus, wie sie erreicht wird und welches Ausmaß sie annimmt. Die Bereitschaft zu einem kooperativen Vorgehen ist zwischen starken und schwachen Staaten sehr unterschiedlich verteilt: Für starke Staaten ist ein «unilaterales» Vorgehen (d.h. eine Interessendurchsetzung ohne Berücksichtigung der Interessen der anderen) eventuell eine realistische Perspektive, während die schwächeren Länder in der Regel eher zu einem «multilateralen» Vorgehen (d.h. einem mehr oder weniger kooperativen Verhalten) neigen und eventuell sogar eine verbindliche internationale Rechtsordnung einfordern. In der Regel findet beides statt und beides wird zur Durchsetzung der je eigenen Interessen genutzt.

Die Verhältnisse zwischen den Staaten sind nicht statisch, sie existieren vor dem Hintergrund eines sich entwickelnden Kapitalismus, der beständig die technischen Bedingungen der Produktionsprozesse, die Organisation der Unternehmen und ihre internationalen Verflechtungen umstrukturiert. Der Weltmarkt ist dabei nicht nur die Voraussetzung, sondern auch das beständig neu geschaffene Resultat der kapitalistischen Produktionsweise, so dass auch die Bedingungen für die Handlungsmöglichkeiten der Staaten immer wieder neu gesetzt werden.

---

74 Die von Hardt/Negri (2002) formulierte Vorstellung, der Imperialismus der Nationalstaaten (der von ihnen ganz unkritisch im Sinne der Leninschen Imperialismustheorie gedacht wird) sei von einem «Empire» ohne territoriales Zentrum der Macht abgelöst worden, ist eine grandiose Idealisierung dieser internationalen Ordnung.

In der Geschichte des Kapitalismus lassen sich sowohl in den einzelnen Ländern als auch für das kapitalistische Weltsystem als Ganzes strukturell unterschiedliche Perioden unterscheiden. Marx versuchte, die grundlegenden Gemeinsamkeiten dieser Perioden, die es überhaupt erlauben, durchgehend von Kapitalismus zu sprechen, zu analysieren (vgl. oben Kapitel 2.1). Die Periodisierung setzt also auf einer konkreteren Ebene der Analyse an als das Marxsche «Kapital». Allerdings sollte eine solche Periodisierung nicht (wie es in der Geschichte der Arbeiterbewegung häufig geschehen ist) mit einer zwangsläufigen Entwicklung hin auf ein Ziel – sei es nun ein irgendwann erreichtes «höchstes» Stadium des Kapitalismus oder gar ein «notwendiger» Übergang zum Sozialismus oder Kommunismus – verwechselt werden.

Andererseits ist auch Vorsicht geboten, wenn behauptet wird, «jetzt» handle es sich um einen ganz neuen, ganz anderen Kapitalismus. So stellen die Phänomene, die in den letzten Jahren unter dem Stichwort Globalisierung diskutiert wurden, keinen völligen Bruch in der Entwicklung des Kapitalismus dar; sie sind vielmehr die jüngste Phase in der krisenhaften Durchsetzung des Kapitalverhältnisses auf dem Weltmarkt und der damit einhergehenden tiefgreifenden Umwälzungen in den gesellschaftlichen und politischen Verhältnissen der einzelnen Länder (vgl. einführend zur Globalisierungsdebatte: Initiativgruppe Regulationstheorie 1997, Sablowski 2001, ausführlich: Hirsch 1995, Altvater/Mahnkopf 1999).

12. Kommunismus – Gesellschaft jenseits von Ware, Geld und Staat

Marx' politisches Ziel war die Überwindung des Kapitalismus. Eine sozialistische oder kommunistische Gesellschaft (Marx und Engels verwendeten diese Begriffe seit den 1860er Jahren meistens weitgehend synonym), in der das Privateigentum an Produktionsmitteln abgeschafft sei und daher auch nicht mehr mit dem Ziel der Profitmaximierung produziert werde, sollte an dessen Stelle treten. Eine ausführliche Konzeption für eine solche Gesellschaft entwarf Marx jedoch nicht, so dass noch heute manche Leser des «Kapital» überrascht sind, wenn sie erfahren, dass es dort nicht einmal ein kleines Kapitel über den Kommunismus gibt. Allerdings versuchte Marx an verschiedenen Stellen (sowohl im «Kapital» als auch in früheren Schriften), aus seiner Analyse des Kapitalismus Rückschlüsse auf allgemeine Bestimmungen des Kommunismus zu ziehen. Da solche Rückschlüsse vom jeweiligen Stand der Analyse abhängen, finden sich ganz unterschiedliche Äußerungen, die keineswegs zu einer einheitlichen Konzeption aufaddiert werden können.

Über das, was einen Kommunismus im Marxschen Sinn ausmacht, sind zwei Vorstellungskomplexe weit verbreitet. Beide haben allerdings mit der in den vorangegangenen Kapiteln skizzierten Kritik der politischen Ökonomie nicht viel zu tun.

Kommunismus als Ideal. Hier wird angenommen, mit Kommunismus sei ein Gesellschaft gemeint, wie sie aus ethischen Gründen sein *soll*: Menschen sollen andere Menschen nicht ausbeuten und unterdrücken, sie sollen nicht ihrem materiellen Vorteil hinterherjagen, sondern sich solidarisch und hilfsbereit zeigen etc. Vor allem in den Marxschen Frühschriften finden sich einige Äußerungen, die sich in dieser Richtung interpretieren lassen. Einer solchen Auffassung wird oft entgegengehalten, dass «die Menschen» nicht so gut seien, wie es der Kommunismus erfordere, dass sie immer ihren Vorteil suchten und der Kommunismus daher nicht funktionieren könne. Andererseits finden gerade ethisch oder religiös motivierte Menschen hier einen Anknüpfungspunkt, scheint sich doch die vorgebliche Marxsche Ethik z.B. mit der christlichen Ethik stark zu überschneiden. Von beiden Seiten unberücksichtigt bleibt dabei jedoch, dass Marx im «Kapital» keineswegs den Kapitalismus aus moralischen Gründen kritisiert (vgl. Kapitel 2.2), sondern im Verlauf seiner Analyse aufzeigt, dass moralische Vorstellungen gesellschaftlich produziert werden (vgl. Kapitel 4.3). Daher, so lässt sich folgern, gibt es immer nur die Moral der jeweiligen Gesellschaft, aber keine allgemeine Moral, an der man die einzelnen Gesellschaften messen könnte.

Kommunismus als Verstaatlichung der Produktionsmittel. Abschaffung des Privateigentums an Produktionsmitteln wird hier mit Verstaatlichung und staatlicher Planung der Wirtschaft gleichgesetzt. Dem wird gerne entgegengehalten, dass eine staatliche Planung viel zu schwerfällig und langsam sei und eine Tendenz zu autoritärer Herrschaft beinhalte. Häufig wird der «Realsozialismus» der Sowjetunion als mehr oder weniger direkte Umsetzung dieser Vorstellung von Kommunismus angesehen und dessen Zusammenbruch dann als offensichtlicher Beweis für das unausweichliche Scheitern des Kommunismus genommen. Die Forderung nach Verstaatlichung der Produktionsmittel findet sich zwar sowohl im «Kommunistischen Manifest» (MEW 4, S. 481 f.) als auch im «Anti-Dühring» (MEW 20, S. 261) von Engels – doch stets nur als erste Maßnahme und keineswegs als Charakterisierung des Kommunismus. Die Produktionsmittel sollen vielmehr in die Hand der Gesellschaft übergehen und der Staat schließlich «absterben» (MEW 20, S. 262).

In den wenigen grundsätzlichen Bemerkungen zum Kommunismus, die Marx auf der Grundlage der Kritik der politischen Ökonomie macht (vgl. im «Kapital» MEW 23, S. 92 f., MEW 25, S. 828; in der «Kritik des Gothaer Programms» MEW 19, S. 19 ff.), wird zumindest zweierlei deutlich. *Zum einen*, dass die kommunistische Gesellschaft nicht mehr auf Tausch beruht. Sowohl die Verausgabung der Arbeitskraft in der Produktion als auch die Verteilung der Produkte (zunächst ihrer Verwendung nach als Produktions- oder Lebensmittel, dann als Verteilung der Konsumgüter unter die einzelnen Mitglieder der Gesellschaft) erfolgt in einer von der *Gesellschaft* – also weder vom Markt noch vom Staat – bewusst und planmäßig geregelten Weise. Nicht nur Kapital (sich verwertender Wert), sondern auch Ware und Geld existieren nicht mehr. *Zum anderen* geht es Marx nicht nur um eine quantitativ andere Verteilung als unter kapitalistischen Verhältnissen (hauptsächlich diese Verteilungsfrage wurde jedoch im traditionellen Marxismus betont), sondern vor allem um die *Emanzipation* von einem verselbstständigten, sich den Einzelnen gegenüber als anonymer Zwang durchsetzenden gesellschaftlichen Zusammenhang. Nicht nur das Kapitalverhältnis als ein bestimmtes Ausbeutungsverhältnis, das für die Mehrheit der Bevölkerung schlechte und ungesicherte Arbeits- und Lebensbedingungen hervorbringt, soll überwunden werden, sondern auch der Fetischismus, der den Arbeitsprodukten «anklebt», sobald sie als Waren produziert werden (MEW 23, S. 87). Gesellschaftliche Emanzipation, die Befreiung aus selbst produzierten und damit überflüssigen Zwängen, ist erst möglich, wenn die gesellschaftlichen Verhältnisse, welche die verschiedenen Formen des Fetischismus hervorbringen, verschwunden sind. Erst dann können die Mitglieder der Gesellschaft als ein «Verein freier Menschen» (MEW 23, S. 92) ihre gesellschaftlichen Angelegenheiten wirklich *selbst* regeln und gestalten. Um diese umfassende Emanzipation und nicht bloß um eine Verteilungsfrage geht es bei Marx.

Für den traditionellen, weltanschaulichen Marxismus und den Marxismus-Leninismus war dagegen zentral, dass der Sozialismus oder Kommunismus zu einer anderen Verteilung führen würde, auf deren Grundlage die Einzelnen andere und bessere Entwicklungsmöglichkeiten erhalten sollten. Gemäß dieser verteilungszentrierten Auffassung kann auch schon ein autoritärer Wohlfahrtsstaat, der sogar gewisse marktwirtschaftliche Strukturen beibehält, als Sozialismus oder Kommunismus gelten. In genau diese Richtung entwickelte sich der «Realsozialismus» in Russland, Osteuropa und China: Eine Parteielite besetzte die staatlichen Machtpositionen und lenkte die Wirtschaft in Richtung einer möglichst großen Steigerung des materiellen Outputs, einer einigermaßen egalitären Einkommensverteilung sowie einer möglichst großen sozialen Sicherheit.[75] In diesem realsozialistischen Versorgungsstaat

---

75 Korruption und persönliche Bereicherung führender Funktionäre waren keineswegs selten, doch sagt dies über die wesentlichen Funktionsweisen des realsozialistischen Staates genauso wenig aus wie die entsprechenden Phänomene bei bürgerlichen Politikern über das Funktionieren des bürgerlichen Staates.

wurde die Politik der führenden Partei nicht nur gegen eine politische Opposition, welche die kapitalistischen Verhältnisse wieder herstellen wollte, autoritär durchgesetzt. Auch die Bevölkerungsmehrheit hatte keinen tatsächlichen Einfluss; sie war ein mehr oder weniger gut versorgtes, aber passives *Objekt* der Politik der Partei. Offene Diskussionen konnten, wenn überhaupt, nur sehr eingeschränkt stattfinden. Ihr Machtmonopol ließen sich die regierenden «kommunistischen» Parteien der «sozialistischen Länder» auch von kommunistisch gesinnten Kräften nicht in Frage stellen. Nicht die Gesellschaft regelte hier die gesellschaftlichen Prozesse, sondern die Partei. Sehr hellsichtig kritisierte Rosa Luxemburg bereits frühzeitig diese Tendenzen. In ihrer unvollendeten Schrift «Zur russischen Revolution» schreibt sie:

«Ohne allgemeine Wahlen, ungehemmte Presse- und Versammlungsfreiheit, freien Meinungskampf erstirbt das Leben in jeder öffentlichen Institution, wird zum Scheinleben, in der die Bürokratie allein das tätige Element bleibt. Das öffentliche Leben schläft allmählich ein, einige Dutzend Parteiführer von unerschöpflicher Energie und grenzenlosem Idealismus dirigieren und regieren, unter ihnen leitet in Wirklichkeit ein Dutzend hervorragender Köpfe, und eine Elite der Arbeiterschaft wird von Zeit zu Zeit zu Versammlungen aufgeboten, um den Reden der Führer Beifall zu klatschen, vorgelegten Resolutionen einstimmig zuzustimmen, im Grunde also eine Cliquenwirtschaft.» (Luxemburg 1918, S. 362)

Der Staat im Realsozialismus war vor allem ein Instrument der Herrschaftssicherung der Partei über die Gesellschaft. Das «Absterben des Staates» wurde auf eine ferne Zukunft vertagt. Für die Marxsche Konzeption von Kommunismus ist gerade dieser Punkt jedoch von entscheidender Bedeutung: Der Staat, sei es der bürgerliche oder der «sozialistische», stellt eine der Gesellschaft gegenüber verselbstständigte Gewalt dar, der eine bestimmte Form der Reproduktion (in gewissem Umfang) organisiert und (gegebenenfalls auch gewaltsam) durchsetzt. Der «Verein freier Menschen» (MEW 23, S. 92), als den Marx den Kommunismus charakterisiert, regelt seine Angelegenheiten jedoch, ohne auf eine solche verselbstständigte Gewalt zurückzugreifen – so lange diese Gewalt existiert, kann von einem «Verein freier Menschen» nicht die Rede sein.

Dass von Kommunismus nur gesprochen werden kann, wenn nicht nur Ware, Geld und Kapital abgeschafft sind, sondern auch der Staat verschwunden ist, heißt freilich nicht, dass eine solche Gesellschaft keine Regeln kennen würde. Die Mitglieder dieser Gesellschaft müssen ihr gesellschaftliches Leben regeln, sie müssen in den einzelnen Betrieben die Produktion organisieren, sie müssen die verschiedenen Betriebe koordinieren, sie müssen ihre unterschiedlichen Interessen als Produzenten und Konsumenten miteinander in Einklang bringen, sie müssen Formen des Umgangs mit Minderheitspositionen finden und sie müssen sich wohl noch eine ganze Weile mit verschiedenen Formen geschlechtlicher und rassistischer Diskriminierung auseinandersetzen – denn solche Diskriminierungen werden mit dem Ende kapitalistischer Ausbeutung nicht automatisch verschwinden.

Die enormen Koordinationsleistungen, die eine kommunistische Gesellschaft zu erbringen hat und die heute über den Markt erfolgen, sollten jedenfalls nicht unterschätzt werden, ebenso wenig Interessensunterschiede und Konflikte sowie die Gefahr einer erneuten Verselbstständigung der verschiedenen Koordinierungsinstanzen zu einer staatlichen Struktur. Wenn Engels im «Anti-Dühring» schrieb, «an die Stelle der Regierung über Personen tritt die Verwaltung von Sachen» (MEW 20, S. 262), dann ist dies zwar richtig, nur sollte man hinzufügen, dass die Verwaltung von Sachen ein Machtpotenzial in sich birgt, das immer wieder zur Herrschaft über Menschen führen kann.

Trotz all dieser Schwierigkeiten ist aber kein Argument ersichtlich, warum eine kommunistische Gesellschaft prinzipiell unmöglich sein sollte. Allerdings ist der Kommunismus, wenn es sich nicht um einen «rohen» Kommunismus handeln soll, der lediglich den Mangel verwaltet, an bestimmte ökonomische und soziale Voraussetzungen gebunden. Als wesentliche Voraussetzungen des Übergangs zu einer kommunistischen Gesellschaft betonte Marx (vgl. MEW 23, S. 510 ff., 514, 526, 528 f., 618; MEW 25, S. 827) die bereits im Kapitalismus erfolgte ungeheure Entwicklung der auf Wissenschaft und Technik gegründeten Produktivität sowie die dadurch notwendig gewordene umfassende Entwicklung der Fähigkeiten der Arbeiter und Arbeiterinnen – auch wenn beides unter kapitalistischen Verhältnissen nur auf einer borniertеn, durch den Zweck der Profitmaximierung beschränkten Grundlage erfolgt.

Im Anschluss an diese Marxschen Überlegungen wird zweierlei deutlich. Erstens reicht es für den Übergang zu einer kommunistischen Gesellschaft nicht aus, in einer Schwächephase der bürgerlichen Herrschaft die Staatsmacht zu erobern und zu verteidigen, wie 1917 in Russland. Ohne die entsprechenden sozialen und ökonomischen Voraussetzungen mag eine sozialistische Revolution vielleicht als Projekt der Machterhaltung einer Partei erfolgreich sein, aber nicht als Projekt einer gesellschaftlichen Emanzipation. Zweitens bedarf eine kommunistische Gesellschaft selbst noch einer bestimmten Entwicklung, um die innerhalb des Kapitalismus geschaffenen Voraussetzungen zu transformieren. Erst in einer «höheren Phase der kommunistischen Gesellschaft», wo «mit der allseitigen Entwicklung der Individuen auch ihre Produktivkräfte gewachsen und alle Springquellen des genossenschaftlichen Reichtums voller fließen» kann gelten: «Jeder nach seinen Fähigkeiten, jedem nach seinen Bedürfnissen!» (MEW 19, S. 21).

Auch wenn eine so charakterisierte kommunistische Gesellschaft nur schwer zu erreichen sein mag – angesichts der sozialen Verheerungen, die der globale Kapitalismus durch Krisen und Arbeitslosigkeit sowohl in den entwickelten Ländern wie auch in den Ländern der sogenannten Dritten Welt anrichtet, während gleichzeitig ein historisch noch nie da gewesenes Niveau materiellen Reichtums existiert; angesichts der von der kapitalistischen Produktion bewirkten Zerstörung der natürlichen Lebensgrundlagen, die längst nicht mehr nur lokal stattfindet, sondern bereits den Planeten als Ganzes betrifft (wie beim Klimawandel deutlich sichtbar); angesichts immer neuer Kriege, die auch von «demokratischen» bürgerlichen Staaten ausgehen oder gefördert werden; angesichts all dessen also – gibt es genug gute Gründe, den Kapitalismus abzuschaffen und zumindest zu versuchen, ihn durch einen «Verein freier Menschen» zu ersetzen.

Literatur

I. Zitierte Werke von Marx und Engels

Marx, Karl (1844): Ökonomisch-philosophische Manuskripte. In: MEW 40.

Marx, Karl (1845): Thesen über Feuerbach. In: MEW 3.

Marx, Karl, Engels, Friedrich (1845): Die Deutsche Ideologie. In: MEW 3.

Marx, Karl, Engels, Friedrich (1845): Manifest der kommunistischen Partei. In: MEW 4.

Marx, Karl (1857): Einleitung. In: MEW 42 (ebenfalls in MEW 13).

Marx, Karl (1857/58): Grundrisse der Kritik der politischen Ökonomie. In: MEW 42.

Marx, Karl (1858): Urtext von Zur Kritik der politischen Ökonomie. In: MEGA, II. Abteilung, Bd. 2.

Marx, Karl (1859): Zur Kritik der politischen Ökonomie. Erstes Heft. In: MEW 13.

Marx, Karl (1861-63): Theorien über den Mehrwert. MEW 26.1–26.3.

Marx, Karl (1865): Inauguraladresse der Internationalen Arbeiter-Assoziation. In: MEW 16.

Marx, Karl (1867): Das Kapital. Kritik der politischen Ökonomie. Erster Band (1. Auflage), MEGA, II. Abteilung, Bd. 5.

Marx, Karl (1867-94): Das Kapital. Kritik der politischen Ökonomie, 3 Bde. MEW 23-25.

Marx, Karl (1871/72): Ergänzungen und Veränderungen zum ersten Band des «Kapital». In: MEGA, II. Abteilung, Bd. 6.

Marx, Karl (1875): Kritik des Gothaer Programms. In: MEW 19.

Engels, Friedrich (1859): Karl Marx, «Zur Kritik der politischen Ökonomie». In: MEW 13.

Engels, Friedrich (1878): Herrn Eugen Dührings Umwälzung der Wissenschaft (Anti-Dühring). In: MEW 20.

Engels, Friedrich (1880): Die Entwicklung des Sozialismus von der Utopie zur Wissenschaft. In: MEW 19.

Engels, Friedrich (1884): Der Ursprung der Familie, des Privateigentums und des Staates. In: MEW 21.

II. Weitere Literatur[76]

Agnoli, Johannes (1975): Der Staat des Kapitals. Gesammelte Schriften Bd. 2. Freiburg 1995.

Althusser, Louis (1965): Für Marx. Frankfurt/M.

Althusser, Louis; Balibar, Etienne (1965): Das Kapital lesen. Reinbek.

Althusser, Louis (1970): «Ideologie und ideologische Staatsapparate». In: ders., Ideologie und ideologische Staatsapparate. Hamburg 1977. S. 108–-68.

Altvater, Elmar (1992): Der Preis des Wohlstands. Münster.

Altvater, Elmar u.a. (1999): Kapital.doc. Münster.

Altvater, Elmar; Mahnkopf, Birgit (1999): Grenzen der Globalisierung. Ökonomie, Ökologie und Politik in der Weltgesellschaft. 4., völlig überarb. Aufl. Münster.

Backhaus, Hans-Georg (1997): Dialektik der Wertform. Freiburg.

Backhaus, Hans-Georg (2000): «Über den Doppelsinn der Begriffe ‹ Politische Ökonomie › und ‹ Kritik › bei Marx und in der ‹ Frankfurter Schule › ». In: Dornuf, Stefan; Pitsch, Reinhard (Hrsg.), Wolfgang Harich zum Gedächtnis. Band II. München. S. 10–213.

Beck, Ulrich (1986): Risikogesellschaft, Frankfurt/M.

Behrens, Diethard (1993a): «Erkenntnis und Ökonomiekritik». In: ders. (Hg.), Gesellschaft und Erkenntnis. Freiburg. S. 129–164.

Behrens, Diethard (1993b): «Der kritische Gehalt der Marxschen Wertformanalyse». In: ders. (Hg.), Gesellschaft und Erkenntnis. Freiburg. S. 165-189.

Behrens, Diethard (2004): Westlicher Marxismus. Stuttgart (im Erscheinen).

Berger, Michael (2003): Karl Marx: «Das Kapital». Eine Einführung, München.

Brentel, Helmut (1989): Soziale Form und ökonomisches Objekt. Opladen.

Castells, Manuel (2001-2003): Das Informationszeitalter. 3 Bde. Opladen.

Conert, Hans-Georg (1998): Vom Handelskapital zur Globalisierung. Entwicklung und Kritik der politischen Ökonomie. Münster.

Dimoulis, Dimitri; Milios, Jannis (1999): «Werttheorie, Ideologie und Fetischismus». In: Beiträge zur Marx-

---

[76] Mit 🖻 gekennzeichnete Tiel finden sich im Internet unter http://www.oekonomiekritik.de oder sind dort verlinkt

Engels-Forschung. Neue Folge 1999. Hamburg. S. 12-56.

Elbe, Ingo (2003): Zwischen Marx, Marxismus und Marxismen Lesarten der Marxschen Theorie [Internet/PDF]. Bochum: Arbeitskreis rote ruhr uni. Quelle: http://www.rote-ruhr-uni.com/texte. ∎

Fantômas. magazin für linke debatte und praxis Nr. 4 (2003): Soziale Klassen, soziale Kämpfe

Foucault, Michel (1976): Überwachen und Strafen. Die Geburt des Gefängnisses. Frankfurt/M.

Gerstenberger, Heide (1990): Subjektlose Gewalt. Theorie der Entstehung bürgerlicher Staatsgewalt. Münster.

Glißmann, Wilfried; Peters, Klaus (2001): Mehr Druck durch mehr Freiheit. Die neue Autonomie in der Arbeit und ihre Folgen. Hamburg.

Gramsci, Antonio (1929-35): Gefängnishefte. 10 Bde. Hamburg 1991 ff.

Hardt, Michael; Negri, Antonio (2002): Empire. Die neue Weltordnung. Frankfurt/M.

Haug, Wolfgang Fritz (1989): Vorlesungen zur Einführung ins «Kapital». 5. Aufl. Köln.

Haug, Wolfgang Fritz (2003a): «Historisches/Logisches». In: Das Argument 251, S. 378-396.

Haug, Wolfgang Fritz (2003b): «Wachsende Zweifel an der monetären Werttheorie» In: Das Argument 251, S. 424-437.

Hecker, Rolf (1999): Die Entstehungs-, Überlieferungs- und Editionsgeschichte der ökonomischen Manuskripte und des «Kapital», in: Altvater u.a. (1999), S. 221-242.

Heinrich, Michael (1999): Die Wissenschaft vom Wert. Die Marxsche Kritik der politischen Ökonomie zwischen wissenschaftlicher Revolution und klassischer Tradition. Erweiterte Neuauflage. Münster.

Heinrich, Michael (1999a): «Kommentierte Literaturliste». In: Altvater u.a. (1999), S. 188-220. ∎

Heinrich, Michael (1999b): «Untergang des Kapitalismus? Die ‹ Krisis› und die Krise». In: Streifzüge 1/1999, S. 1-5. ∎

Heinrich, Michael (2003): «Geld und Kredit in der Kritik der politischen Ökonomie». In: Das Argument 251, S. 397-409.

Heinrich, Michael (2003a): «Imperialismustheorie». In: Schindler, Siegfried; Spindler, Manuela (Hrsg.), Theorien der Internationalen Beziehungen. Opladen, S. 279-308.

Heinrich, Michael (2004): «Über ‹Praxeologie› , ‹Ableitungen aus dem Begriff› und die Lektüre von Texten. Zu Wolfgang Fritz Haugs Antwort auf meinen Beitrag in Argument 251». In: Das Argument 254, S. 92-101.

Heinrich, Michael (2004a): Welche Klassen, welche Kämpfe?, in: grundrisse 11, S.35-42 ∎

Hilferding, Rudolf (1910): Das Finanzkapital. Frankfurt/M. 1968.

Hirsch, Joachim (1995): Der nationale Wettbewerbsstaat. Staat, Demokratie und Politik im globalen Kapitalismus. Berlin.

Hobson, John A. (1902): Der Imperialismus. Köln 1968.

Huffschmid, Jörg (2002): Politische Ökonomie der Finanzmärkte. Aktualisierte Neuauflage. Hamburg.

Initiativgruppe Regulationstheorie (1997): «Globalisierung und Krise des Fordismus. Eine Einführung». In: Becker, Steffen u.a., Jenseits der Nationalökonomie? Hamburg, S. 7-27

Itoh, Makoto; Lapavitsas, Costas (1999): Political Economy of Money and Finance. Palgrave.

Jacobs, Kurt (1997): «Landwirtschaft und Ökologie im ‹Kapital› ». In: PROKLA 108, S. 433–450.

Kautsky, Karl (1887): Karl Marx Oekonomische Lehren. Gemeinverständlich dargestellt und erläutert. Stuttgart.

Kautsky, Karl (1914): «Der Imperialismus». In: Die Neue Zeit 32, S. 908-922.

Keynes, John Maynard (1936): Allgemeine Theorie der Beschäftigung, des Zinses und des Geldes. Berlin 1983.

Kößler, Reinhart; Wienold, Hanns (2001): Gesellschaft bei Marx. Münster.

Krätke, Michael (1995): Stichworte: «Bank», «Banknote», «Börse». In: Historisch-kritisches Wörterbuch des Marxismus. Bd. 2. Hamburg. Sp. 1-22, 22-27, 290-302.

Kurz, Robert (1995): «Die Himmelfahrt des Geldes». In: Krisis 16/17, S. 21-76. ∎

Kurz, Robert (1991): Der Kollaps der Modernisierung. Frankfurt/M.

Kurz, Robert (1999): Schwarzbuch Kapitalismus. Frankfurt/M.

Lenin, Wladimir I. (1913): «Drei Quellen und drei Bestandteile des Marxismus». In: ders., Werke. Bd. 19. S.3-9.

Lenin, Wladimir I. (1917): «Der Imperialismus als höchstes Stadium des Kapitalismus». In: ders., Werke. Bd. 22. S. 189-309.

Lenin, Wladimir I. (1917a): «Staat und Revolution». In: ders., Werke. Bd. 25. S.393-507.

Luxemburg, Rosa (1913): Die Akkumulation des Kapitals. Ein Beitrag zur ökonomischen Erklärung des Imperialismus. Gesammelte Werke. Bd. 5. Berlin 1975.

Luxemburg, Rosa (1918): «Zur russischen Revolution». In: dies., Gesammelte Werke. Bd. 4. Berlin 1974. S. 332-365.

Mandel, Ernest (1968): Marxistische Wirtschaftstheorie. 2 Bde. Frankfurt/M.

Mandel, Ernest (1998): Einführung in den Marxismus. Köln.

Milios, John; Dimoulis, Dimitri; Economakis, George (2002): Karl Marx and the Classics. An Essay on value, crises and the capitalist mode of production. Ashgate.

Milios, Jannis; Economakis, Georg (2003): «Zur Entwicklung der Krisentheorie aus dem Kontext der Reproduktionsschemata: von Tugan-Baranovskij zu Bucharin». In: Beiträge zur Marx-Engels-Forschung. Neue Folge 2002. Hamburg. S. 160-184.

Neusüss, Christel (1972): Imperialismus und Weltmarktbewegung des Kapitals. Erlangen.

Nuss, Sabine (2002): «Download ist Diebstahl? Eigentum in einer digitalen Welt». In: PROKLA 126, S.11-35. ∎

Paschukanis, Eugen (1924): Allgemeine Rechtslehre und Marxismus. Freiburg 2003.

Postone, Moishe (1988): «Nationalsozialismus und Antisemitismus. Ein theoretischer Versuch». In: Diner, Dan (Hrsg.), Zivilisationsbruch. Denken nach Auschwitz. Frankfurt/M. ∎

Postone, Moishe (2003): Zeit, Arbeit und gesellschaftliche Herrschaft. Eine neue Interpretation der kritischen Theorie von Marx. Freiburg.

Poulantzas, Nicos (1977): Staatstheorie. Hamburg 2002.

Rakowitz, Nadja (2000): Einfache Warenproduktion. Ideal und Ideologie. Freiburg.

Reichelt, Helmut (1970): Zur logischen Struktur des Kapitalbegriffs bei Karl Marx. Freiburg 2001.

Reichelt, Helmut (2002): «Die Marxsche Kritik ökonomischer Kategorien. Überlegungen zum Problem der Geltung in der dialektischen Darstellungsmethode im ‹Kapital› ». In: Fetscher, Iring; Schmidt, Alfred (Hg.), Emanzipation als Versöhnung. Frankfurt/M. ∎

Reitter, Karl (2002): «Der Begriff der abstrakten Arbeit». In: grundrisse. zeitschrift für linke theorie & debatte 1, 2002, S. 5-18. ∎

Reitter, Karl (2004): Kapitalismus ohne Klassenkampf. Zu Michael Heinrich: «Kritik der politischen Ökonomie», in: grundrisse 11, S. 26-34 ∎

Ricardo, David (1817): «On the Principles of Political Economy and Taxation». In: Sraffa, Pierro (Ed.), The Works and Correspondence of David Ricardo. Vol. I. Cambridge 1951.

Rosdolsky, Roman (1968): Zur Entstehungsgeschichte des Marxschen «Kapital». Der Rohentwurf des Kapital 1857-1858. Frankfurt/M.

Rosdolsky, Roman (1968b): «Der Streit um die Marxschen Reproduktionsschemata». In: ders. (1968), Bd.III. S. 524-596.

Sablowski, Thomas (2001): Stichwort: «Globalisierung». In: Historisch-kritisches Wörterbuch des Marxismus. Bd. 5. Hamburg. Sp. 869-881.

Sablowski, Thomas (2003): «Krisentendenzen der Kapitalakkumulation». In: Das Argument 251, S. 438-452.

Smith, Adam (1776): An Inquiry into the Nature and Causes of the Wealth of Nations. 2 vols. The Glasgow Edition of the Works and Correspondence of Adam Smith II. Oxford 1976.

Stützle, Ingo (2003): «Staatstheorien oder ‹ Bekkenrandschwim-merInnen der Welt, vereinigt Euch!› ». In: grundrisse. zeitschrift für linke theorie & debatte 6, 2003, S.27-38. ∎

Trenkle, Norbert (1998): «Was ist der Wert? Was soll die Krise?» In: Streifzüge 3/1998, S. 7-10. ∎

Trenkle, Norbert (2000): «Kapitulation vorm Kapitalismus». In: Konkret 7/2000, S. 42 ff. ∎

v. Werlhof, Claudia (1978): «Frauenarbeit: der blinde Fleck in der Kritik der politischen Ökonomie» In: Beiträge zur feministischen Theorie und Praxis 1, S. 18-32.

Wolf, Harald (1999): Arbeit und Autonomie. Ein Versuch über Widersprüche und Metamorphosen kapitalistischer Produktion, Münster.

Sachregister

Es werden nur die Stellen angeführt, die eine kurze Worterklärung liefern. Aufgelistet wird nach den Substantiven (z.B.: Kapital, konstantes).

Akkumulation 21
    kapitalistische 131
    ursprüngliche 89, 209
Aktie 161ff
Antisemitismus 188ff
Äquivalent, allgemeines 59f
Äquivalentform 57
Arbeit
    abstrakte/konkrete 45ff, 63
    einfache/komplizierte 50
    privat verausgabte/gesellschaftliche 45, 63
    produktive/unproduktive 120ff, 134f
Arbeitskraft 87f, 90f, 117ff
Arbeitsprozess/Verwertungsprozess 97f
Arbeitswerttheorie 40, 42ff
Arbeitszeit
    gesellschaftlich notwendige 41
    notwendige/Mehrarbeitszeit 93
Ausbeutung 13, 93f

Bank 158f
Basis/Überbau 202f
Börse 162 Fn.50
Bourgeoisie 13, 195
Buchgeld 159f

Demokratie 215ff
Determinismus 23, 193, 199f
Dialektik 34ff
Dienstleistung 41f, 134
Durchschnittsprofit(rate) 144ff

Entfremdung 19f, 70 Fn. 20
Extramehrwert/Extraprofit 105f

Fabrik 108
Fetischismus 69ff, 96 Fn.28, 181, 218
Finanzmarkt 162 Fn. 50
Finanzkapital 219
Fordismus 120
Formbestimmung 38, 61, 74
Formel, trinitarische 181, 185

Gebrauchswert 38
Gedankenform, objektive 73f, 95, 171f
Geld 55, 61f
Geldfetisch 75
Geldform 54, 60
Geldkapital 131
Geldkapitalist 156
Geldware 60, 67f, 160f
Gesamtkapitalist, ideeller 211
Gesellschaft, bürgerliche 13, 76, 180
Grundrente 181f

Handelskapital 134f

Imperialismus 219ff
Kapital 15, 83
    fiktives 163f
    fixes/zirkulierendes 135f
    fungierendes 156
    industrielles 133f
    kaufmännisches (kommerzielles) 134f
    konstantes/variables 99
    produktives 131
    zinstragendes 155ff
Kapitalfetisch 110, 133, 158
Kapitalismus 15f
Kapitalist 85f
Kapitalmarkt 161f
Kapitalzusammensetzung
    organische/technische/wertmäßige 123f
Klasse (Klassenverhältnis) 12f, 88f, 193ff
    strukturelle/histoische 194f
Klassenkampf 91, 101f, 196ff
Kommunismus 216ff
Konkurrenz, Zwangsgesetze der 14f, 85f, 106, 123
Konzentration des Kapitals 126
Kostpreis 141
Kredit 154ff
Kreditgeld 159f
Kreditsystem 165
Kreislauf des Kapitals 131f
Kritik 31ff, 74
Krise 65, 169ff, 174
Kurswert (Börsenkurs) 162f

Logisch/Historisch 27ff, 55
Lohn(form) 94ff

Marxismus 23ff, 30, 62, 77, 165, 227

Marxismus-Leninismus 23f, 227
Manufaktur 108
Mehrwert 84, 99
    absoluter 102
    relativer 103f
Mehrwertrate 100
Monopolkapitalismus 219f
Mystifikation 96, 142, 181

Nation 209
Nominallohn 118

Ökonomie, bürgerliche 30f, 42f, 54ff
Ökonomismus 23, 194

Personalisierung 187 (Fn 60)
Personifikation 61, 85, 187 (Fn 60)
Personifizierung 187 (Fn 60)
Preis 63f
Produktionsfaktor 13f, 183f
Produktionsmittel 15, 98
Produktionspreis 145
Produktionszeit 132
Profit 100, 141f
Profitrate 100, 142
Proletariat 13, 17, 195

Realabstraktion 47
Reallohn 118
Realsozialismus 227f
Rechtsstaat 208f
Reproduktion
    einfache/erweiterte 137ff
Reservearmee, industrielle 125f

Saysches Gesetz 170
Sozialismus 225
Sozialstaat 212f
Staat, bürgerlicher 208

Subsumtion, formelle/reelle 117

Tauschwert 38
Taylorismus 108
Transformationsproblem 147ff

Überproduktion 173
Überakkumulation 173
Umlauf des Geldes 66
Umlaufszeit 132
Umschlag des Kapitals 135
Unterkonsumtionstheorie 172
Unternehmergewinn 156

Verdinglichung 32, 185
Verelendungstheorie 127ff
Verwertung 14, 83f

Ware 38, 41
Warenbesitzer 61
Warenfetisch 69ff
Warenkapital 132
Warenproduktion, einfache 78f
Warenzirkulation 65
Wechsel 159
Weltgeld 67
Weltmarkt 218ff
Wert 40, 47, 53, 57f

Werttheorie 42, 44f
   monetäre 62, 147, 165
   substanzialistische 47, 54, 62
Wertform
   allgemeine 58f
   einfache 56f
   entfaltete 58
   relative/Äquivalentform 57
Wertgesetz 42
Wertgröße 40f, 49, 53, 64
Wertpapier, festverzinsliches 161ff
Wertsubstanz 47, 54
Wertzeichen 66

Zahlungsmittel 67
Zentralisation des Kapitals 126
Zins 155f
Zirkulation
   einfache 79
   des Kapitals 131ff
Zirkulationskosten 132f
Zirkulationsmittel 64f
Zusammenbruchstheorie 175ff
Zyklus 169f

Hans-Jürgen Burchardt
Zeitenwende.
Politik nach dem Neoliberalismus

Der Neoliberalismus erweist sich mehr und mehr als Auslaufmodell. Die Asienkrise, der Ruin Argentiniens und auch n die Krisen in den Industrienationen hat er keine wirkliche Antwort. Soziale Ungleichheit und Armut sind auf dem Vormarsch und werden sowohl in den einzelnen Ländern als auch im Weltsystem von einer wachsenden politischen Instabilität begleitet. Grund genug für Burchardt, jetzt über die Gestaltung einer Politik nach dem Neoliberalismus, nach der Zeitenwende nachzudenken.
320 Seiten, br., 16.80 E, ISBN 3-89657-610-0, Schmetterling

Nikolaus Geiler
Das 20-Milliarden-Euro-Spiel.
Liberalisierung des Wasser- und Abwassermarktes
Nach Telekommunikation und Strom soll mit der Wasserversorgung die nächste große Privatisierung folgen. Über zwanzig Milliarden Euro Umsatz machen den Wassermarkt für die großen Energie- und Dienstleistungskonzerne begehrlich. Während sich auf der einen Seite die Marktradikalen um Weltbank, Bundesministerium für Wirtschaft, Banken und EU-Bürokraten scharen, stehen auf der anderen Seite besorgte Wasserwerker, auf Autonomie bedachte Kommunen und Globalisierungskritiker. 184 S., br., ca. 12,80 E, ISBN 3-89657-577-5

Janis Schmelzer
Devisen für den Endsieg.
Görings Geschäftsgruppe Devisen, die Schweiz und die deutsche Wirtschaft

Die illegalen Devisenbeschaffung mittels deutscher und EuropäischerWirtschaftsbosse während des II. Weltkriegs war wesentlicher Bestandteil des Nationalsozialismus. Ohne Tarngeschäfte, Goldraub und den Verkauf von Wertpapieren deportierter Juden wäre der II. Weltkrieg kaum durchführbar gewesen. Dank z.T. unveröffentlichter Akten gibt das Buch Einblick in ein brisantes Geflecht aus Politik und Wirtschaft. Eine Schlüsselrolle fiel dem «Stahlkönig» Otto Wolff und seiner schweizer Tarnfirma zu.
ISBN 3-89657-463-9, 184 Seiten, br., 13,80 E, Schmetterling